高校学生就业
与创新创业研究与应用

● 蔡静俏◎著

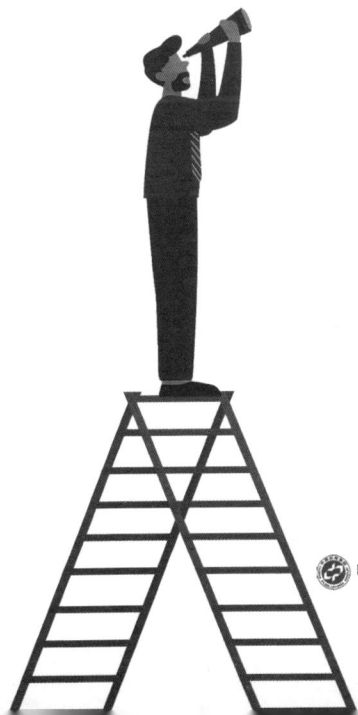

中国出版集团　现代出版社

图书在版编目(CIP)数据

高校学生就业与创新创业研究与应用 / 蔡静俏著
. -- 北京：现代出版社, 2022.11
ISBN 978-7-5231-0014-1

Ⅰ.①高… Ⅱ.①蔡… Ⅲ.①大学生－职业选择－研
究 Ⅳ.①G647.38

中国版本图书馆 CIP 数据核字(2022)第 222406 号

高校学生就业与创新创业研究与应用

作　　者	蔡静俏
责任编辑	刘全银
出版发行	现代出版社
地　　址	北京市安定门外安华里504号
邮政编辑	100011
网　　址	www.1980xd.com
电子邮箱	xiandai@vip.sina.com
印　　刷	湖北诚齐印刷股份有限公司
开　　本	787mm ×1092 mm　1/16
印　　张	13.75
字　　数	200千字
版　　次	2022年11月第1版　2022年11月第1次印刷
书　　号	ISBN 978-7-5231-0014-1
定　　价	47.00元

作者简介

　　蔡静俏(1981.08-),女,汉族,广东清远人,职称是讲师,职务是正科级。研究方向是高校学生思想政治教育与学生事务管理、创新创业教育。硕士,国家三级心理咨询师,生涯规划师、高校创业指导师、创业培训(SYB)课程讲师、网络创业(WLCY)讲师,湛江市创业导师团成员。曾主编教材1部、专著1部。主持参与国家级、省部级、市厅级课题6项、校级课题10多项。个人荣获省级奖励9项,校级奖励16项。曾获广东高校辅导员年度人物提名奖、广东高校就业创业工作典型个人、"三下乡"活动广东省先进个人、湛江市优秀团干、学校"优秀教师"、"优秀党务工作者"、"关爱学生先进教师"等光荣称号。

前　言

　　大学生是宝贵的人力资源,是社会发展和民族振兴的生力军。大学生就业问题是政府和社会共同关注的焦点问题,是一个重要的民生问题,是关系到政治稳定、经济发展、社会和谐和实现人民群众根本利益的重大全局性问题。

　　伴随着高等教育的快速发展,高校毕业生的就业必须给予充分的重视,它关系着数百万毕业生的切身利益,关系着高等教育的发展改革和科教兴国战略的实施,关系着全社会的稳定。如何把大学生毕业和就业相结合,特别是在大学时给他们更多的自主就业、创业的指导,是缓解当前大学生的就业压力、解决就业难问题的有效途径之一。

　　做好高校毕业生就业工作是全面落实科学发展观的具体体现,是办好人民满意教育的必然要求。党中央、国务院高度重视高校毕业生就业工作,明确提出要把高校毕业生就业摆在当前就业工作首位,并陆续出台一系列优惠政策,从大学生到基层就业、鼓励大学毕业生参军入伍、服务外包企业吸纳毕业生、强化就业创业指导、加强思想政治教育、深化高等教育改革等多个方面,积极拓宽高校毕业生就业渠道,保持高校毕业生就业工作的基本稳定。

　　我们应当看到,在高校毕业生就业形势变化过程中,就业人口总量增加固然是直接的影响因素,同时,国家经济产业结构调整加剧、高等学校专业设置和培养方式不适应社会发展需要、大学生个体素质欠缺等也是影响大学生就业的重要因素。其中大学生在自我认知、就业观念、职业生涯规划、择业心理、求职技巧等职业素养方面的不足成为影响其顺利就业的关键因素。

因此,加强大学生职业发展教育和就业指导工作成为当前高等教育改革和发展中的一项重要任务,对于进一步增强大学生的职业认知能力、更新就业观念、强化就业技能、提高就业竞争力,提升高校人才培养质量具有十分重要的意义。

希望《高校学生就业与创新创业研究和应用》能够唤起更多的人来关心、支持高校毕业生就业工作。同时,也祝愿所有高校毕业生都能够顺利愉快地走向工作岗位,为我国社会主义现代化建设做出自己应有的贡献。

项目基金:广东海洋大学名辅导员工作室:大学生职业规划与就业创业指导工作室研究成果

2020年湛江市哲学社会科学规划项目:粤港澳大湾区建设背景下湛江青年创业实践与政府支持研究 研究成果

2020年广东海洋大学教研教改项目:翻转课堂在创新创业教育课程中的设计与应用 研究成果

2021年广东海洋大学教学质量与改革项目:《创新创业教育》课程建设研究成果

目 录

第一章 大学生就业概述

第一节 大学生就业形势认知

一、大学生就业形势

(一)大学生面临的就业形势

我国高校自1999年实施扩招以来,高校毕业生每年以15%的速度增长。据国家人力资源和社会保障局统计,2015年我国高校应届毕业生高达749万人,在接下来的几年中,高校应届毕业生人数逐步增加。2018年,全国高校毕业将达到820万,高校毕业生的就业形势更加严峻,更难就业季不断刷新。高校毕业生数量逐年增长,毕业生的就业形势日趋严峻,呈现出以下特点:

第一,大学毕业生由"精英"走向"大众"。根据西方经济学中的稀缺性原理,高等教育进入大众化时代,大学生不再是天之骄子,不再是稀缺资源,他们和其他社会层次的就业人员一样,不再占有优势。

第二,大学生就业市场进一步由"卖方"走向"买方"。在就业中,大学生处于劣势地位,用人单位处于优势地位,就业市场由卖方走向买方,大学生薪酬水平下降。

(二)大学生就业难的原因分析

大学生的就业行为是一种社会行为,关系到大学生人生社会价值的实现、家庭教育投资的收益,也关系到高等教育的可持续发展、人力资源的投入分配,关系到社会发展的方方面面,吸引着政府、社会、学校、家庭、个人等多方的视线。当前大学生就业难的原因既有来自社会环境、学校教育的客观原因,又有来自大学生个体的主观原因。

1.客观原因

(1)总量失衡

全社会大学生总量的扩张与需求的相对不足既是大学生就业所面临的严

峻形势,也是大学生就业难的首要原因。

近年来,我国高校连续大规模的扩招,高等教育已经由精英教育转向大众教育,大学毕业生人数的倍增期与全国就业高峰期重叠,高校毕业生人数连年攀升,再加上往年积压未就业毕业生的存在等因素,使得大学毕业生供需矛盾更加突出,大学生就业也就由过去的"卖方市场"日益走向现在的"买方市场"。与此同时,由于我国正处于全国性的就业高峰期,农民工、城镇下岗待岗人员、留学回国人员等多路劳动大军同时汇入劳动力市场,必然使得劳动力供求总量严重失衡,大学毕业生的就业空间受到挤压,而巨大的就业岗位缺口将使我国的就业压力长期存在,这对未来几年的大学生就业来说,仍将具有相当大的影响。

(2)产业结构不合理

产业结构不合理是造成大学生就业结构性矛盾突出的根本原因。从我国的产业结构看,过去30年里,我国的产业政策主要是发展劳动、资源为基础的传统产业,劳动密集型的低端制造业、资本密集型的重化工业发展迅速,而像先进制造业、现代服务业等能够大量吸纳高层次人才(即大学生)的知识密集型产业发育明显不足。

相对新兴的知识密集产业来说,传统产业对人才的需求是相对比较小的。我们知道,我国的比较优势是劳动力资源丰富、廉价,同时劳动力素质较低,因此在过去的几十年里,我们依靠发展低端的劳动密集型产业,使得经济的总量规模跃上了新台阶。相对而言,低端劳动密集型产业对普通劳动力和技术工人的需求更大。高等教育的根本目的是向社会输送有知识、有素质的高层次人才;与之对应的,必须要有足够的知识型的就业岗位相匹配,才能做到人尽其才。而现在,大学毕业生的大量供给和社会产业的较少需求,就造成了结构性的不匹配问题。劳动密集型的低端制造业、资本密集型的重化工业为主的产业结构,制约了劳动力市场对于知识型人才的需求。对于很多企业来说,技术工人和体力工人就能满足发展的需求,不需要雇用高成本的大学生来工作。

(3)空间结构失衡

大学生就业结构性矛盾突出的另一个表现是空间结构的失衡,包括区域结构和城乡结构。

从区域发展情况看,我国的经济社会发展在区域层面存在严重的不平衡。北京、上海、东部发达地区对大学生的就业需求比较大、生存环境比较好、经济回报也比较高,而广大的中西部欠发达地区虽然有较大的用人需求,但一方面是适合大学生的工作岗位不多,另一方面是工作环境和生活条件比较艰苦,经济回报相对低得多。这样,东部发达地区就成为主要的人才输入地,而中西部欠发达地区就出现了"门前冷落鞍马稀"的景象。

从城乡发展情况看,目前,我国劳动力市场从地域上可划分为城市劳动力市场和农村劳动力市场。城市劳动力市场的招工就业待遇比农村劳动力市场的招工就业待遇要好很多:不仅收入高、劳动条件好,而且机遇多、社会地位高。所以,大学生一般都选择城市,而鲜有问津农村劳动力市场。此外,社会保障政策的差别限制了大学生在城乡劳动力市场的自由流动,增加了大学生由城市流入农村的成本和代价。大学生即便在城市里,特别是在大城市找不到工作,也不愿去西部、去农村寻找工作。

(4)人才结构比例失调

有调查表明,我国近年来的人才市场供给需求情况是,有关技术岗位的劳动力呈现供不应求的局面,以机械加工为主的技术、技能型人才短缺,甚至出现了部分工科类大学生毕业后又到劳动部门开设的技工培训学校学习,拿到技能等级证书后才能顺利就业的情况。再如,目前国内银行业发展较快,各家银行都在大量招人,而银行业现在的内部培训跟不上,造成了业务较全面的人才缺乏。但同时,高校金融专业毕业生及留学生回国就业的人士虽然较多,但主要集中在低端和高端两头,中端的技术型人才如金融工程师、精算师等缺乏。所以,我们经常会看到,一方面金融机构高薪招揽人才,许多职位虚位以待,而另一方面高校财经、金融类专业的许多毕业生还是就业无门,被金融机构拒之门外,反差巨大。

(5)政府制定的有关政策不够完善

尽管国家出台了一系列促进大学生就业的政策规定,但很多还没有得以落实。不少地区限制毕业生就业的政策性障碍依然存在,例如,就业落户和人事档案流动配套政策不够完善,导致毕业生落实了单位而无法落户或单位不接受人事档案,造成毕业生就业难。人事制度、用工制度、户籍制度、社会保障制度等方面的不配套,使毕业生到非国有单位就业、西部就业、自主创业有后顾之忧,影响毕业生就业和创业。

另外,由于全国各地经济、社会发展水平差异较大,使得大学生到基层就业的道路变得障碍重重。有些基层单位对大学生重视不够,甚至让其为自己"打杂"，极大地挫伤了大学生在基层工作的热情。目前鼓励大学生到基层和艰苦地区就业的政策虽然在一些地方已经取得了长足的进展，但总体来看，要形成一套完整的、覆盖面广的政策保障体系，对大学生构成足够大的吸引力还有相当长的距离。

（6）大学生的就业机制不健全

求职企业类型、求职区域选择偏好对就业的影响，需要政府加大宏观调控和政策引导的力度，消除政策障碍，健全社会保障体系，形成高校毕业生多元化的就业方式，特别是要引导和鼓励他们到基层、到艰苦的地区、到艰苦的行业去建功立业。建立了"进入"机制，同时还要建立"退出"机制，来去自由，允许退出，理解退出，只有这样才能够消除他们的后顾之忧。

另外，我国毕业生就业实行的是"供需见面双向选择"的就业方式。但由于就业信息机制不健全，信息渠道不畅通，信息不充分，严重影响着毕业生的就业。很多高校存在着"本位主义"，人为制造信息"壁垒"，使得毕业生在就业信息的获取上严重不对称、不公平。目前，教育主管部门逐渐重视毕业生需求信息填报机制，加大投入建立统一的毕业生就业信息网络，将就业工作信息化，健全高校毕业生就业信息反馈机制，从而实现人才市场、劳动力市场、大学生就业市场的统筹运作，通过联网，为高校毕业生与用人单位搭建——方便快捷、覆盖面广、资源丰富的信息平台。

（7）就业市场不规范

在目前经济体制的转轨时期，大学毕业生的就业市场还有待于进一步明确。高等学校更多地把毕业生视为其产品，从而充当供给主体的角色。例如，国家已经明确了大学生就业实行"双向选择"的市场就业模式，但作为供给方，很多高校仍然有派遣大学生到一些地区或者跨省的指标名额。

各高校设置的毕业生就业指导中心、按行政区域设置的毕业生就业市场或毕业生就业指导中心，以及毕业生就业仲裁机构是目前毕业生就业市场的三个中介组织。这三个层次的中介组织虽大都已经建立，但其沟通供需双方市场信息、维护供需双方合法权益、促成合法交易有效形成和调解双方争议等功能还远未得到落实。

此外，毕业生的就业权益也因为市场不规范而缺乏保障，经常受到损害。例如，毕业生与用人单位签约行为不受劳动法保护，缺乏相应的法规解决有关纠纷；用人单位拖延签约时间或单方解除协议时，毕业生权益得不到保障。另外,用人单位对部分大学生存在歧视现象,如年龄歧视、户籍歧视、性别歧视、经验歧视、学历歧视等。这种歧视使很多毕业生失去了很多机会,有的连面试的机会也被剥夺,这对高校毕业生的自信心是一种摧残,使某些毕业生就业更为坎坷,也造成了社会人力资源的巨大浪费,对社会的发展进步造成极大影响。

(8)就业指导力度不够

就业指导是高校帮助毕业生顺利就业的不可或缺的常规性工作。目前从总体上看,高校就业指导工作尚缺乏系统性、规范性、针对性。学生由于得不到来自学校的更全面、更具体的帮助,因此只能自己在实践中摸索,自己去了解信息、去调整目标和心态,这难免会走弯路,浪费时间和精力。

尽管多数高校都设立了就业指导中心,但专职指导人员不足,达不到教育部文件规定的学校专职从事大学生就业指导人员与毕业生的人数之比为1∶500的比例要求,同时还存在着就业指导队伍专业素质不够高,对就业政策的认识不全面、不深入,就业指导经费缺乏等问题。不少高校将就业指导和就业服务混同在一起,认为就业指导的内容主要是签合同盖盖章,向学生发布就业信息,或组织供需见面会等。

此外,高校的就业指导内容也仅限于在毕业班开设就业指导课程,偶尔开设几次就业讲座、就业咨询或举行就业形势报告等。由于就业指导的方法一般比较简单,就业指导内容不充实,不分专业、学历,针对性差,往往只提供一些一般的就业信息和就业常识,指导意义远远不够。

2.主观原因

(1)大学生择业期望值过高

择业期望值偏高是近年来一直困扰毕业生就业工作的一个主要问题。不少毕业生在择业过程中将自身价值定位过高,而实际能力又偏低,由此产生的矛盾导致找工作时困难重重。同时,大多数的毕业生都渴望到沿海城市去挖金,却缺乏投身中西部的吃苦耐劳精神。有调查显示,在理想择业地区的选择上,有37.6%的毕业生首选沿海开放城市,而愿到中西部边远和贫困地区的仅占7.3%;在月薪的要求上,选择2000~4000元的毕业生占58%。这些都说明众多毕业生的要求偏高,对自己的期望也很高。

(2)知识结构陈旧让大学生学无所用

现在已经进入知识经济时代,在大学学到的知识已经远远不够用。有关调查显示,20世纪50年代,大学生知识能用30年;到20世纪90年代,大学生知识能用10年;而2003年的统计显示,大学生所学知识只能用3年。与此同时,大学生就业后的实际知识应用率不足40%,而且多数学生表现出所学过的知识转化不出来,不能变成自己在岗的实际能力。有调查显示,我国大学生一般适应周期为1—1.5年,也就是一年半后才能独立完成工作,而发达国家的大学生到岗适应期是2—3个月。

有关机构对2000多名已毕业的大学生进行调查,结果显示,30%的学生反映在校学习的知识离市场需求较远;30%的学生认为所学知识陈旧,要想在所学专业掌握更前沿的知识,需要自己通过上网、到书店、去企业、进图书馆、听讲座等途径来补充新知识。因此,知识结构是否能够不断更新,知识是否能学以致用,都事关大学生的就业。

(3)大学生创业面临困难

和过去几年相比,近年来在大学生群体中自主创业的人有所增加。2011年,中国青少年网络协会联合中国传媒大学调查统计研究所、中国青年网、中国共青团网等在北京共同发布《全国大学生创业调研报告》。报告显示,八成被调查者对创业感兴趣,认为通过自主创业能够实现自我价值,享受人身自由。同时认为,资金、人脉关系、市场环境是影响创业的主要因素,希望能够参加创业有关的辅导课程或相关实践活动。

调查显示,在校学生渴望获得更多的创业辅导和实践机会。被调查者中,76.7%的在校大学生对创业感兴趣,并有26.8%的大学生打算今后创业,但只有14%的大学生参加过创业辅导课程或创业大赛;48.8%的被调查大学生希望能够提供创业相关的专业培训。而谈及创业指导课程内容时,大学生最需要的是人际交流与沟通技巧,其次是开展一些与自己专业相关的创业实践活动和市场营销活动。

虽然这些年来大学生创业已经慢慢地被社会认可,但是大学生的创业还涉及资金投入等问题。因为贷款难申请,致使很多大学生被迫放弃自己的创业梦想。

第二节 就业市场

一、大学生就业市场的含义及类型

(一)大学生就业市场的含义

大学生就业市场是大学生择业、用人单位选人的场所,是毕业生就业所涉及的各种关系的总和,市场主体是毕业生和用人单位。大学生就业市场的形成不是孤立的、突变的、跳跃性的,它是随着我国经济体制改革、劳动人事制度改革、大学生就业制度改革的不断深入和发展而逐步建立和形成的。随着就业市场的逐步规范,大学生就业市场形成了不同于其他就业市场的类型和特点。

(二)大学生就业市场的类型和形式

大学生就业市场按其外在表现形式可分为有形市场和无形市场。有形市场是指有固定的场所、具体的时间和地点、特定的参加对象等。无形市场主要指毕业生联系工作不受特定的时间和空间限制,依据个人意愿,自行选择,其外在表现是没有具体的时间、地点和固定场所的,它是无形的,但又是客观存在的。

日前,有形市场按不同的分类标准,主要有以下几种形式:

1.从举办的单位来分

(1)单个学校举办的毕业生就业市场(招聘会、洽谈会)。它是针对本校毕业生的专业特点和服务行业,邀请与其密切相关的用人单位参加,主要为本校毕业生就业服务的市场。如长沙师范专科学校每年1月都要邀请数百家用人单位来校举办供需见面会。

(2)高校联办的毕业生就业市场。它是指两所或两所以上高校联合举办的毕业生就业市场,主要是为了克服就业市场规模小、单位少、效能差而实行的强弱联合或强强联合。

(3)企业自办的毕业生就业市场。它是由大型企业或企业集团举办的招聘本企业所需要的毕业生的就业市场。

(4)政府主管部门或人才中介机构主办的毕业生就业市场。如省、市、自治区主管毕业生就业部门组织各高校所设立的大学生就业市场或地方人事主管部门或人才中介机构所设立的人才市场。

2.从举办的区域来分

(1)地域性毕业生就业市场。它是由地方毕业生就业主管部门举办的,为本地区经济发展服务的就业市场。

(2)国际性毕业生就业市场。由国内外的人才中介组织举办的人才市场,实现毕业生在国际间的相互流动,招聘的人才可在国内外大型企业或跨国公司就业,形成了国际性的毕业生就业市场。

3.从举办的类别来分

(1)分科类毕业生就业市场。主要是地方毕业生就业主管部门从用人单位和学校两方面考虑,从市场细化的角度出发,把理、工、农、医、师等学科类的毕业生分别集中起来,与相应的用人单位双向选择。如有些省市每年春节前后举办的理工类、文科类、农林类、医学类、师范类专场双选会。

(2)分层次毕业生就业市场。主要是指招聘单位对学历层次的要求不同而形成的研究生就业市场、本专科毕业生就业市场等。如青岛市常年举办的中高级人才交流会、大中专毕业生交流会等。

(3)分行业毕业生就业市场。它是由中央部委主管毕业生就业部门主办的主要为本系统、本行业毕业生和用人单位服务的就业市场。如举行石油类、化工类、建筑类等人才招聘会。

当然,就业市场随着市场经济的发展已呈现多种多样的形式,用一种分类标准来划分有其局限性,有些市场已同时具备几种就业市场的特性。

虽然有形市场的作用是显而易见的,但无形市场在毕业生就业过程中的作用也越来越明显。随着信息化建设步伐的加快,教育部、中央其他部委、各地方政府和学校都在积极探索、建立并不断完善无形市场的建设。如建立了自己的毕业生就业信息网站和就业信息库,加强了就业信息的交流,实现了信息资源的共享。毕业生和用人单位通过计算机网络进行双向选择,大大提高了效率,节省了物力、财力。网上招聘和网上择业模式发展很快。

二、大学生就业市场的特点

大学生就业市场经过了多年的发展,逐步形成了以下几个特点:

(一)群体性

每年全国有几百万毕业生走出校门、聚合的,具有明显的群体性。

(二)时效性

毕业生一般从每年7月1日起离校,走向社会,它不是孤立的、分散的,而是集体的、在此之前大多数毕业生应落实到具体用人单位。由于时间紧、任务重且相对集中,因而具有强烈的时效性。毕业生在校期间的有效择业期约为9个月(当年10月至次年6月)。

(三)需求多变性

毕业生就业市场受整个社会政治和经济的影响较大,甚至受到国际经济发展态势的影响,其需求与经济和社会发展成正比,供求关系靠自身是不能调节的。

(四)形式多样性

毕业生就业市场形式灵活多样,既有有形的,也有无形的;既有规模大的,也有规模小的;既有综合的,也有分类的;既有区域的,也有部门的,等等。

(五)层次较高

与其他人才市场相比,大学毕业生是学有所长的专门人才,层次较高、素质较好、能力较强。教育部强调的"准入制度",实际上就是为了保证高层次的大学毕业生就业优先。

(六)年轻化

年轻化是指毕业生的年龄 般较小,同时他们所掌握的知识也"年轻"。年龄和知识均具有蓬勃的朝气和锐气,是社会所急需的新生力量。

(七)初次性

毕业生初出校门,没有实践经验,且多为第一次择业,即初次就业。在此基础上实现的就业率称为初次就业率,它是衡量一所高校办学质量和办学水平的国际公认的重要指标。

毕业生可根据上述就业市场特点,从自己的实际出发,选择不同的市场来就业。同时,市场是变化的,毕业生的就业策略和期望值也应随市场的变化而变化。当市场需求大时,毕业生可适度提高期望值,好中选优;当市场需求较小时,毕业生应及时调整就业观念,切实降低期望值,优中选高。当然,劣于优,低于高都是相对的,毕业生可酌情而定。

三、大学生就业市场的新变化

最近几年,我国大学毕业生就业出现了不少新变化,主要表现在以下几个方面：

(一)供求形势发生变化

我国高校大规模扩招以来,高等教育从精英教育走向大众化教育,大学毕业生数量迅猛增加。然而,社会的有效需求增长速度有限,由此而来的直接影响是大学毕业生供求关系发生变化,大学生就业市场由"卖方市场"转变成"买方市场"。同时,随着经济全球化步伐的加快,"人才国际化"步伐也在加快,大量海外归来的学子对我国国内大学生就业也造成了一定影响。还有,国有企业深化改革,人员下岗分流;机关事业单位减员增效等现实新情况,使那些原有的大学生就业主渠道单位接收毕业生的数量在下降。这些变化使得大学毕业生就业竞争日趋激烈。

(二)专业需求发生变化

影响大学生就业的重要因素之一是大学生所学的专业是否符合社会需求。一些专业过热、紧缺,而另一些专业变冷、不景气。如随着高新技术产业的迅猛发展和国家对基础设施投资的加大,计算机、土建、金融、电子、机械、自动化、医药、师范等学科类专业的大学毕业生需求旺盛;而哲学、社会学、法学、经济学、农学、林学等学科类专业的大学毕业生需求时有波动。用人单位在看重"专业"的同时,还对大学毕业生的"专长"很重视,有专长的复合型人才是用人单位竞相争聘的对象。

(三)就业市场将进一步规范、完善

近年来,在大学生就业市场运行过程中存在就业市场行为不规范、市场制度不健全等问题。如非法职业介绍机构随意插手毕业生就业市场,招聘、应聘中信息不通畅,甚至弄虚作假,供需双方轻率违约,合法权益得不到保护,各种乱收费现象以及某些招聘活动中非公开、非公正行为的存在等。这些问题严重干扰了大学生就业市场的正常运行。随着我国社会主义市场经济的不断发展和完善,就业市场也将进一步完善,并逐步走向规范化、法治化方向发展,公开、公正、公平竞争的良好择业氛围将会逐步形成。未来的就业市场也会逐步完善,不仅具有有效配置毕业生资源、交流供需信息的功能,而且具有就业指导和服务功能,即包括就业指导、服务、咨询、推荐就业、就业培训及就业测试等功能。

(四)无形市场发展加快

由于科学技术飞速发展,计算机网络技术广泛应用,毕业生可以通过网络等无形市场远程联系用人单位。网络、传真、电话等越来越便捷的通信工具为大学毕业生所使用,许多毕业生就业主管部门和高校纷纷建立起本地区或本校的就业信息网络,方便毕业生与用人单位的双向选择,大学生就业的无形市场得到了快速发展。

(五)宏观调控进一步加强

大学生就业市场虽然是在利用市场规律调节人才供求、优化人才配置。但是,大学生就业市场中存在着市场行为不规范、市场机制不健全等问题,需要加强宏观调控。近几年来,国家通过法律政策调控(如加强规范大学生就业市场的法律法规建设)、经济调控(如对于自愿去国家重点建设单位、艰苦行业、边远地区以及基层工作的毕业生予以奖励)、信息调控(如打破行业间的相互封闭,沟通人才供需信息)等调控手段,使大学生就业市场进一步向规范化、完善化方向发展。

四、大学生要增强市场就业意识

(一)就业市场竞争日趋激烈

目前大学毕业生就业形成了"买方市场",竞争日趋激烈。用人单位对毕业生的素质要求越来越高,选择毕业生更加理性。综合众多用人单位的招聘要求,可以看出具有下列素质和条件的毕业生将会受到用人单位欢迎,在激烈的人才市场竞争中具有优势。

1.具有较高的思想政治素质和良好的人品

在社会主义市场经济条件下,社会需要思想政治素养良好,品行端正的青年人才。优秀毕业生、优秀学生干部、三好学生、共产党员及诚实守信的毕业生在就业市场上大受用人单位的欢迎。

2.具有强烈的事业心和责任感

事业心和责任感已是许多用人单位对毕业生素质的基本要求。用人单位特别欢迎事业心强、眼光远大、心胸开阔、意志坚定、具有强烈使命感和社会责任感的人。而不看好追求眼前利益、只图实惠、自私自利、单纯追求个人价值实现的大学生,尤其对刚到就业单位,稍不顺心就"跳槽"者非常反感。

3.具有吃苦耐劳的创业精神

现在的大学生大多数是独生子女,依赖性强,从小到大家长、老师包办得过多,不少人最大的弱点是怕吃苦,缺乏实干的奋斗精神。因而许多用人单位十分看重毕业生是否具有吃苦耐劳的创业精神。那些缺乏吃苦精神,"骄""娇"习气十足,想坐享其成的人是不受欢迎的。

4.具有扎实的基础知识、精深的专业知识和宽广的知识面

基础知识是大学毕业生的专业知识结构的根基,精深的专业知识是大学生知识结构的核心部分,广博的知识面可以使现代社会中的毕业生做到知识的广博相济、以博促专,形成自己的特长优势以适应社会的需求。在就业市场上,学习成绩优良,知识面宽,综合能力较强的毕业生普遍受到欢迎。外语四级、计算机二级及其以上等级证书已是许多用人单位和一些城市接收毕业生的基本要求,更多的高层次单位要求学生外语达到六级以上。

5.具有较强的动手能力和创新意识

动手能力是在社会生产一线工作的大学毕业生的必备能力,它是用较强的专业技术来解决实际问题的能力。许多用人单位在招聘毕业生时,总希望毕业生动手能力强,并具有一定的工作经验。例如,当过学生干部的毕业生之所以"走俏",就是因为他们大多适应能力强,一上岗就能独当一面。学生在校期间有论文、作品、著作发表者之所以很"抢手",也是因为他们用自己的"成果"证明了其实际能力和创新意识。

6.具有互相协作的团队精神

现代社会越来越需要依靠集体智慧和力量,越来越需要发挥团队协作精神。因此,用人单位在招聘毕业生的过程中,十分注意考察了解毕业生是否具有团队协作精神。那些集体观念淡薄、自以为是、很难与他人合作的人是不受欢迎的。

7.身心健康者

俗话说:"身体是革命的本钱。"身心健康包含身体健康和心理健康两个方面的含义。身心健康是现代企业对人才基本素质的要求。如果一个毕业生在其他方面条件不错,但有严重的心理障碍或疾病,或者体弱多病,甚至未工作先要治病,用人单位也是不愿意接收的。一些用人单位在招聘过程中,对毕业生进行心理测试、身体健康检查等,就是对身心素质要求的体现。

(二)增强市场就业意识

大学生就业已经走向市场,且是其就业市场中的主体,享有自主择业的权利和自由,但同时也要承担就业竞争的压力和失业的风险。因此,在市场经济体制下,大学毕业生需要具有主动意识和自觉意识,树立自主就业的观念,积极

地实现就业,自己把握自己的命运,这也是大学生就业市场主体性的体现。大学生要增强市场就业意识,就要关心就业市场动态,积极收集用人信息,根据社会需求变化的趋势和自身的特点,适时地调整自己的学业目标;在校期间努力学习,全面培养自己的能力,有意识地接触社会,提升自己的综合素质,通过社会实践锻炼自己;在就业前恰当自我定位,撰写好个人自荐材料。做好进入大学生就业市场的各项准备。

第三节 大学生的创新精神与创业环境

一、大学生的创新精神

创新精神在《新世纪青年百科全书》中描述为:产生创新思维的频率和数量与人们的创新精神有关,也与人们的知识和经验因素有关。创新精神指的是创新主体在创新认识基础上产生的一种创新态度和追求,它是一种精神状态,是一种非智力因素。随着经济社会的飞速发展,新的产品、技术、模式快速更新换代,当代大学生不论是否准备创业,都应该拥有创新精神才能紧随时代脚步,甚至走在发展前列,创新精神对大学生的个人成长和事业发展都将具有重要作用。大学生培养创新精神可从以下几个方面实践:

(一)大学生要保持一份好奇心,多提为什么

好奇心包含着强烈的求知欲和打破砂锅问到底的探索精神,不断地发现问题,思考问题的原因,尝试各种解决办法,是创新精神的不竭源泉。

(二)大学生要有批判辩证思维,换个角度想问题

马克思主义辩证法告诉我们要学会辩证地看问题,并非有人验证过的就一定是真理,现有的知识不一定没有任何缺陷和疏漏。许多科学家对旧知识的扬弃都是从批判辩证的角度反复思考得出的结论。

辩证是发自内在的创造潜能,也是科学研究的重要方法,它激发人去钻研探索和尝试,我们要适度使用从而创新。

(三)大学生要有追求创新的欲望,预设新目标

心中有目标有追求才能在遇到挫折时候坚持努力,才能在遇到困难时候不断思考创新。

(四)大学生在创新过程中要有冒险精神,挖掘创新潜能

人们总是对否定现有旧知识、出现的新事物持有质疑、否定的态度,想要有所创新就需要有打破原有秩序的冒险精神,在合理化的范围内深度挖掘创造潜能。

二、大学生的创业环境

(一)创业环境的概念

创业环境是指开展创业活动的范围和领域,是创业者所处的环境和情况,是影响创业的各种外部因素和条件的总和,按照上述概念,创业环境包含三层含义。

第一,创业环境是创业活动的领域。包括创业的性质和活动的范围。

第二,创业环境是创业者面临的处境。环境是变化的,具有较大的不确定性,由于创业环境的不断变化和发展,创业者要不断面临新情况、解决新问题,这就决定了创业是一项变革和创新的活动。

第三,创业环境是创业活动的基本条件。环境是一种客观存在,存在决定意识。创业环境对创业活动的决定作用在于它能为人们的创业活动提供各种物质和精神条件,能从各个方面影响创业活动的进程,决定创业活动的成败

(二)创业环境的分类

从不同的角度可将创业环境分为不同的种类。

1.直接环境与间接环境

按照是否直接影响创业的角度,创业环境可分为直接环境和间接环境。直接影响创业活动的因素,如客户、竞争者、供应者、员工、合作伙伴、创业活动涉及的物资供应等为直接环境;而间接影响创业活动的因素,如政治经济、社会、技术等因素为间接环境。

2.社会环境和自然环境

从影响创业的宏观条件的角度,创业环境可分为社会环境和自然环境。

社会环境是指国情,是创业者所处的国家和社会的政治制度、经济制度、法律制度、思想文化、风俗时尚以及在特定历史时期的路线、方针、政策等,而自然环境是指创业者面对的地理、资源、气候等环境。社会环境和自然环境是创业活动开展的宏观条件,它的变化对创业活动的影响是不可抗拒的,创业者只能适应和利用它们而不能改变它们。

3.宏观环境与微观环境

从对创业的影响程度的角度,创业环境可分为宏观环境与微观环境两类。宏观环境是指影响创业活动的带全局性的因素,如国家的大政方针、经济政治形势等。微观环境是指一个地区和周边的环境,包括创业者所在地区的经济形势、社会发展以及周边的消费者、竞争者、同盟者、供应商等。一般来讲,微观环境的选择余地较大,要改变微观环境付出的代价较小。

4.外部环境与内部环境

从对创业的影响范围的角度,创业环境可分为外部环境和内部环境。影响创业活动的外界因素为外部环境,包括存在的机遇和可能面临的挑战,如政治、经济、技术、社会、自然等因素。内部环境是指影响创业活动的内部因素,如创业者的经济、技术、人际关系、创业能力等。外部环境是可变的,如新技术的采用、政策的变化、国内外经济形势的变化等。同样,内部环境也是可以改变的,如创业者通过业务培训提高创业能力等。

此外,从别的角度创业环境还可分为:合作环境与竞争环境、融资环境与投资环境、生产环境与消费环境等,创业环境是创业的土壤,良好的创业环境可使创业顺利实现其创业目标,而不利的创业环境将使创业难以开展。因此,策划创业时,应对创业环境进行分析,选择适合的环境。

(三)创业环境的特征

与一般环境一样,创业环境也具有客观性、复杂性、变化性等本质特征。但它作为特殊的环境,还具有自身的独特性,主要表现在如下四个方面。

1.机遇与挑战并存

创业环境是一个充满无限商机的领域,它给各类人才的脱颖而出提供了极为广阔的天地和舞台,提供了极为丰富的发展机会和动力支持以及丰富的物质基础和条件,这就是机遇。创业环境提供的机遇仅仅是一种成功的可能性,具有权强的时效性和确定性。并非所有的人都能抓住机遇并有效地利用,也不是无论什么时候抓住它都能取得成功,只有有才能、有勇气和有毅力的人才能抓住机遇和有效地利用机遇。抓住机遇需要迅速、果断,一旦错过机会,创业就会陷入困境。这说明创业环境在提供机遇的同时,也向人们提供了挑战,机遇与挑战并存,机遇与挑战紧密联系一起,机遇意味着挑战,挑战包含着机遇。机遇与挑战并存是创业环境最为典型的特征。

2.利益与风险同在

创业是一个发现和捕获机会并由此创造出新颖的产品或服务,实现其潜在价值的过程,是一个具有强烈功利色彩的活动。它为利益所驱动,每个创业者都以极大的致富热情投入其创业活动。但创业也是一个充满高风险的活动,并非所有创业者都能如愿以偿。创业活动具有逐利性和冒险性的程度,是由创业环境内含的利益与风险来决定的。利益和风险并存是创业环境的基本特征。利益和风险同时存在、相伴始终,它们之间联系紧密,无法分割。这种特征使人们的创业活动成为一项既充满利益诱惑,又富有风险刺激的事业。要想得到利益,就必须承担风险,创业者任何利益的获得,都是战胜风险的结果。

3.适应与创新共存

创业环境的另一个突出特征是适应与创新共存。一方面,创业环境为人们的创业活动提供必要的条件和现实根据,成为人们开展创业活动的出发点,要求人们的创业活动必须遵循客观规律,适应创业环境的客观实际;另一方面,随着时代的进步,创业环境也在不断变化,这就要求创业者开辟创新,改变现状,以适应新的创业环境。不适应创业环境的要求,创业活动就无法开展。同样,若不能与时俱进、开辟创新,创业活动也会失去其自身的价值。适应需要创新,创新也是一种适应,适应和创新是创业环境的固有趋向和内在要求,创业活动就是在适应和创新这两大动力的相互作用下推进的,创业者只有在创业活动中正确处理适应与创新的关系,在适应中求生存,在创新中求发展,既适应环境,又改造环境,才能使创业活动长久立于不败之地。

4.顺境与逆境俱存

创业环境既含有对创业有利的因素,也含有对创业不利的因素。当有利因素多于不利因素时称为顺境,此时对创业活动非常有利,做事得心应手;反之,处于逆境时,创业活动极其困难。创业活动中顺境与逆境俱存这一创业环境的特征,就要求创业者对创业活动要有正确的认识,认识到创业道路的曲折性和艰巨性。在顺境时不为一时的顺利冲昏头脑,要抓住良机,不断发展创业的大好形势;而在逆境中,不因暂时受挫而屈服,以百折不挠的精神战胜困难,变逆境为顺境。

(四)创业环境分析

创业环境的正确分析有助于创业的顺利开展,关系着创业活动的成败,创业环境的分析包括宏观环境分析和微观环境分析两大类。

1.创业宏观环境分析

创业宏观环境分析包括对政治环境、经济环境、技术环境、社会环境、自然环境等因素进行分析。

（1）政治环境分析

政治环境分析就是指对国内外政治形势和法律、法规、方针、政策等是否适合创业进行分析。政治环境分析包括：①分析政局是否稳定、国内外政治形势的变化情况；②分析国家对创业活动的有关政策，包括产业政策、投资政策、税收政策、融资政策、金融政策以及知识产权保护、关税、环境保护，外贸等政策。

（2）经济环境分析

经济环境分析就是指对国内外经济形势和市场需求进行分析。经济环境分析主要是分析三个方面。

第一，市场环境分析。主要分析市场需求情况和市场秩序以及物资供应情况。通过分析，掌握创业所需原料供应是否有保障，市场需求的活跃与否，金额市场秩序的正常与否，以避免或降低非市场因素的干扰。

第二，市场竞争情况分析。主要分析市场竞争的对手和合作伙伴是哪些以及它们的发展情况，以确定自己在市场竞争中采取的策略和方法。

第三，资金市场和劳动力市场的分析。主要分析资金市场的变化(如银行信贷政策、贷款利息的提高与降低、借款渠道的多少等)和劳动力市场的供求情况等。

（3）技术环境分析

技术环境分析就是指对国内外有关行业的科技发展水平及趋势和自己的技术情况进行分析。技术环境分析包括如下两个方面：

第一，与自己创业活动有关的国内外的科技发展水平及趋势，如新技术、新工艺、新材料、新设备、新能源的发现、发明及使用情况。

第二，自身科技发展情况及趋势。通过国内外与自身技术的比较分析，找出自身的优势与劣势以及与他们之间的差距，及时采取措施，引进并采用最新科技成果，避免技术上的落后。

（4）社会环境分析

社会环境分析是指对社会环境，包括人口、居民生活水平和文化教育水平、社会成员的构成、人口分布、年龄状况等这些影响产品需求和发展方向的因素进行分析。人口数量、分布和构成不同，需求也不同。不同的人口构成和分布，就对应不同的消费群体,从而就有不同的市场目标。生活水平高的地方,对服装、文化娱乐、高档次商品等的需求较多,对花色品种、商品质量的要求较高,而生活水平较低的地方情况则相反。只有对社会环境进行认真分析,才能使创业活动收到最大成效。

（5）自然环境分析

自然环境分析是指对自然资源的种类、数量、可用性以及自然地理、气候等影响因素进行分析。通过对自然环境的分析,有利于充分利用自然资源并根据当地自然地理气候条件,有针对性地开展创业活动。

2.创业微观环境分析

创业微观环境分析是指对创业周边的消费者、同盟者、竞争者、供应商以及创业者自身情况进行分析。

（1）消费者分析

消费者分析就是要对消费者的需求情况、消费心理、消费习俗、消费层次等进行分析在满足消费者要求的同时,积极引导需求,开拓新市场。

（2）竞争者分析

竞争者分析是指了解竞争者的优势、劣势和自己的优势、劣势以及其他公司或竞争者带来的有利信息和潜在威胁。通过这种分析,知己知彼,就能制订和实施有效的创业计划。

（3）同盟者和供应者分析

创业者应对本行的同盟者的状况、发展趋势以及特点进行分析,同时还应对供应商能否适时提供物资材料进行分析,以保障创业活动的顺利开展。

（4）创业者自身情况的分析

主要分析创业者自身的创业能力、经济、技术条件、人际关系等。

（五）高校大学生创业环境的分析

作为社会群体的重要组成部分——大学生群体在创业环境方面,既有有利方面,也有不利方面。

1.有利方面

改革开放以来,我国政治稳定,经济快速增长,技术和人才市场比较活跃,市场经济秩序日益规范,法律制度日益健全,资金比较充裕,这些为大学生创业提供了有利的条件,使创业环境不断改善,突出表现在如下三个方面:

第一,可供选择的创业方式不断增多,创业机会成本不断降低,创业风险也相应降低,为了鼓励创业,各地已不断简化创办企业的手续,缩短办事周期,降低各种收费,使创业门槛不断降低。

第二,创业扶持政策越来越多,如融资担保、税收优惠、中介服务、技术作价入股、利用外资、出口信贷等。

第三,创业载体和创业服务机构发展较快。经过十多年的发展,我国高新技术区、创业服务中心、大学科技园等有很大发展,已经成为大学生创业所依托的重要载体。为创业服务的生产力促进中心技术市场、科技咨询、科技评估、知识产权服务机构等中介服务机构在政府的支持下快速发展,对大学生、创业的影响越来越大。

2.不利方面

第一,创业活动面临激烈的竞争。目前,随着我国城市化进程的加快,大量农民工进城,高等学校大学生扩招,大学生就业困难加剧,这些必然使创业活动中的竞争更加激烈,如果大学生不能适应这种创业环境,创业工作就不能取得成功。

第二,创业能获得成功的要求更高。在创业活动面临的竞争更加激烈的情况下,必然对创业能获得成功的要求提高。过去进行创业,有一定的创业资金、场地等,加上创业者的努力奋斗,就能成功。随着创业竞争的加剧,创业更要求掌握合适的创业机会,采用先进的科学技术(特别是高新科技)和先进的管理方法等,因而创业获得成功的困难就越来越大。

第三,大学生自身的弱点与创业环境的适应程度,与创业能获得成功的要求有较大差距。突出表现在:大学生创业缺资金、阅历浅、缺乏经验;易犯冷热病,往往凭一时的兴趣,创业不能坚持;不能建立良好和谐的人际关系;等等。

第四节 大学生创新创业必须具备的素质和能力

创业活动能否成功,很大程度上取决于创业者所具备的能力与素质。要成功创业,需要创业者具备坚强的毅力、奋斗的精神、承受失败的勇气、敢于冒险的精神,以及各种美好的品质和解决问题的能力和知识。

一、良好的思想道德素质

厚德载物的古训告诉我们,高尚的思想道德是承载一切美好事物的基石。

良好的思想道德素质是创业成功的必要条件。古往今来,凡是在事业上有所成就的人,尤其是商界人士,都特别注重自身的品德修养,他们讲政治、讲道德、讲诚信、讲奉献。一位企业家曾说过,企业家在一定时期很像是艺术家,在度过温饱阶段后,应该把给别人带来快乐看成是最重要的事情。因此,拥有良好的思想道德素质是建立企业文化、树立企业形象的活广告,也是创业者取得成功的先决条件。

二、顽强的毅力与创业意识

创业不是一时的冲动,它是一项需要用长期的追求与不懈地努力去换取成功的活动。

创业需要执着,在确定了目标之后,就要坚持到底。创业的道路上充满了荆棘,时而迂回曲折,时而柳暗花明。纵有千难万险,也不能轻言放弃,只有具备执着的精神和顽强的毅力,才能成为最终的赢家。

创业意识多数指创新意识,是创业者取得成功必不可少的素质。能在瞬息万变的市场环境中不断地推陈出新,是创业活动生存下去的依据。新产品、新服务、新体验为企业提供更大的生存与发展空间,而创新的方式与途径通常来源于创业者开放的思维、前瞻的视角、敏锐的触觉,以及多种渠道获取信息的睿智。

想取得成功,创业者必须具备自我实现、渴望成功的强烈的创业意识。强烈的创业意识能帮助创业者克服创业道路上的一切艰难险阻,将创业的目标与创业者的人生奋斗目标合二为一。创业需要做好长期思想上的准备,包括对可能受到的阻碍、可能面临的问题,甚至可能因失败而变得一无所有的准备。同时,创业也需要具备不断思辨、不断进取、不断寻找新的契机的意识,事业的成功总是属于有思想准备的人,也属于有创业意识的人。

三、强烈的竞争意识

竞争是市场经济发展的推动力,也是一个企业生存和发展的基础。事事有竞争,时时有竞争。事物在竞争中不断发展,人在竞争中不断成长。古往今来,竞争的目的就只有一个,那就是取胜!愈演愈烈的竞争向我们揭示着我国社会主义市场经济正在从低级走向高级,从国内走向国际。不思进取、甘于平庸,只会被历史淘汰,放弃竞争实际上就等于放弃生存的权利。创业者只有敢于竞争,善于竞争,才能取得成功。创业的路上充满了竞争与压力,创业者应具备强烈的竞争意识才能乘风破浪、勇往直前。

四、良好的人际关系

创业活动归根到底是人的活动,任何一次创业都不是单枪匹马的杰作,在创业的道路上,良好人际关系起到了不可磨灭的作用。它可以帮助创业者获取广泛的信息,化解交往矛盾,降低工作难度,拓宽业务渠道,从而提高办事效率,增加成功概率。最重要的是,它还可以在关键时刻帮助企业渡过难关。

五、创新能力

创新是创业的核心,是企业不断进步的源泉。创业者只有不断地创新才能为企业带来勃勃生机。首先,创业者要能够及时地了解市场的变化,适时地调整经营方向,不断淘汰落后的产品与服务;其次,要能够激发员工的积极性,做员工创新的倡导者、协调者、组织者;最后,要能够将观念创新和理论创新相结合,推动企业全面创新。

六、创业自主能力

创业自主能力是对创业者个人能力提出的特定要求。创业者必须拥有超出常人的行动能力和意志品质,这其中主要包括:发展规划能力、自我提升能力、把控全局能力、承受压力能力。自主能力很大程度上决定着创业者能否把创业项目做大做强。

七、专业技术能力

专业技术是创业者生存的根本,没有核心技术,企业不可能长盛不衰。这种能力与新创企业的经营方向紧密相连,主要包括技术研发能力、市场分析能力、经营管理能力三个要素。其中,技术研发能力是基础。创业者获取利润的依据是为市场提供优质的产品与服务,而这些都依赖于新技术的研发。技术研发能力直接决定了大学生创业的成败得失。市场分析能力是企业可持续发展的必然要求。经营管理能力涉及创业活动的各个环节,从规划到决策、评价再到调适;也涉及创业实践活动中的人的选择、使用、组合和优化等各个方面。大学生创业过程的艰辛大多是因为缺少实践经验,只有不断地从经营、管理、选人用人、理财等方面进行锻炼,才能逐步胜任领导者的角色。

第二章 就业准备

第一节 树立正确的就业观

当前大学生在择业过程中存在的问题主要有以自我为中心,择业期望值过高,同时,缺乏正确的择业观念,在求职过程中出现了偏差。择业观的正确与否将直接影响到毕业生能否正确认识自我,适应社会并达到成功和就业,也将在一定程度上影响到国家经济和社会的持续发展。

一、什么是正确的择业观

观念是能影响主体行为的相对确定的思想、信念或看法。择业观既包括择业意识和择业意向,即对择业、就业问题的看法,以及想选择什么样的职业;也包括择业态度,即通过什么途径或方式实现就业;还包括择业标准,即评价职业的原则或标尺。因此,择业观是择业主体对选择职业这一实践活动的比较稳定的认识、根本态度和基本指导思想。是择业倾向、择业行为产生、变化和发展的内在动因。

择业观是毕业生关于择业理想、动机、标准和方向的根本观念和基本看法,是毕业生走向人才市场寻找工作的先导。择业观在毕业生择业过程中起着基础性和全面性作用,它是大学生的世界观、人生观和价值观在择业方面的集中体现。正确的择业观是大学毕业生对于择业的目的和意义有稳定明确的根本看法和态度的体现,也是其积极的世界观、人生观和价值观在现实问题上的综合反映,是大学毕业生选择职业成功的前提。

科学正确的择业观应当是系统、积极、乐观、理性而且高效的择业观。摒弃一个职业定终身、保住"铁饭碗"的传统择业观和消极等待的择业观,树立起终身学习、爱岗敬业、敢于自主创业、能够持续发展的择业观。

(一)系统的择业观

即全面、动态可持续发展的择业观。职业规划和职业生涯的设计是建立系统择业观的有效途径。进行职业规划设计,确定自己的发展方向,不仅有助于大学生在毕业求职时更具有目标,而且更有助于个人将来长远的发展,良好的开端也为他们的事业发展打下一个坚实的基础。系统的择业观的建立过程就是不断修正职业生涯路线,达到职业生涯目标的过程。事实表明,大学生毕业后无目的、无规划的盲目就业,将影响他们的长远发展。对部分在校大学生抽样调查表明:75%的大学生对自己将来发展没有规划,25%的大学生不明确,只有5%的大学生有明确的设计规划。

(二)积极的择业观

即主动出击去适应社会发展变化,不回避困难、勇于拼搏进取、勇于竞争的择业观。积极争取每一次机会。在求职择业过程中,人才市场上的供求关系总会存在这样或那样的一些不平衡之处,同一种职业往往有较多的择业者期望获得,择业者要想实现自己的期望目标唯有积极地去参与竞争,消极等待和接受只能使自己处于被动的境地,坐失良机。

(三)乐观的择业观

即以乐观的态度来对待职业,对职业充满热情,对生活积极向上永不言败的精神状态。一个人在视工作为乐趣、视自己的任务为挑战的乐观态度的指导下,就会迸发出强烈的责任感、积极主动忘我地工作。在积极乐观态度下的工作,能极大地调动和发挥个人的主观能动性,既能有助于个人自我价值的实现,又能为工作单位的发展作出更大的贡献,结果是个人和用人单位的双赢。

(四)明理的择业观

即在选择职业的过程中采用合法的、正当的手段获取职位,职业的选择是有利于推动国家经济发展和社会进步的。大学生应该认识到自觉服从社会的需要,为社会服务,是当代中国大学生应当承担的历史责任。因此,毕业生在择业时既要考虑个人才智的发挥和成长,也要考虑时代发展的需要、国家发展的需要,个人发展的选择要顺应时代发展的趋势,到国家发展最需要的地区和行业领域去,充分发挥自己的创造才能、实现自己的理想。

(五)高效的择业观

即最大化地使自己成才的择业观。高效的择业观应当是选择能最大化实现自我价值和预期收益、能顺利走向社会的择业观。首先,这就要求大学生在考虑择业时要分清利弊得失,合理取舍,要根据自身的身心特点,选择更能发挥自己优势、有利于持续发展的职业，而不是把工资等因素看得过于重要。其次，高效性还表现在要能从繁杂的信息中汲取对自己有用的信息或借助外界有利的条件，保证使自己在短期内能找到理想的工作，而不是碰运气或被动等机会找上门。

二、树立正确的择业观的意义

每个人的择业观都会受到政治、经济、文化教育及家庭等因素的影响。择业观在一定程度上影响着人们对各种不同职业的选择和取舍，同时，还影响着人们对所从事的职业的劳动态度。择业观念的产生和变化与社会、时代变迁紧密联系在一起，也离不开世界观、人生观、价值观的巨大作用。因此，择业观是涉及整个社会利益的重大问题，人们对职业的选择，直接关系到国家、集体和个人的利益，我们对此必须重视。

对大学生而言，找到合适、理想的职业既是大学生把职业理想转化为职业目标的关键环节，同时，又是大学生服务社会实现自我价值的基本途径。职业生涯的选择是摆在每个即将毕业的大学生面前的一项重要的抉择，不仅关系到学生本人和千家万户的利益，还关系到国家和社会的利益。总书记在十六届三中全会上指出："实现全面建设小康社会的奋斗目标，我们要坚持以经济建设为中心，坚持以人为本，树立全面、协调、可持续的发展观，大力实施科教兴国战略、可持续发展战略和人才强国战略。"大学生是知识经济时代最重要的资源。大学生就业是人才资源配置中最重要的一环，是落实人才战略任务，为国民经济和社会发展提供人才保证的一项重要工作。观念是行为的先导。择业观对当代大学生就业具有重要的导向作用。马克思、恩格斯在《共产党宣言》中指出："人们的观念、观点和概念，一句话，人们的意识，随着人们的生活条件，人们的社会关系、人们的社会存在的改变而改变。"择业观，是人们对择业的目的和意义、职业的评价和意向所持的根本观念和基本看法，它是人们的择业倾向和择业行为在思想和观念中的反映。思想是行为的先导，正确的思想意识对行为能够产生积极的导向作用，而错误的思想意识会使行为偏离正确的轨道，正如恩格斯所言，"在社会历史领域内进行活动的，是具有意识的、经过思虑或凭激情行动的、追求某种目的的人"。培养大学生树立正确的择业观，可以引导大学生正确面对现实生活中的择业问题并在择业的基础上实现自己的人生价值，具有稳定社会、实现人才合理配置、充分利用人才资源优势的现实意义。

树立正确的择业观念对于大学生实现就业的积极作用主要表现在六个

方面：

（一）明确择业目标

择业行为总会指向一定的职业目标。目标的确定受众多的主客观因素影响，择业观的指导作用在其中占据重要位置。除了具有唤起行为、维持行为以达到目标的作用外，还有引导主体向着某一方向行动的作用。因此，大学生一旦对自身的理想、特长产生清醒认知，必须培育和形成正确的择业观，这样才能在社会个人都需要的择业目标中切入并实现两者的双赢。

（二）引导建立合理的知识结构和提高综合素质

现代社会对大学生知识结构和综合素质提出了新要求。在时代的重压下，大学生建立合理的知识结构、提高综合素质，不论是对求职的选择，还是对在校学习乃至将来的成才、发展都至关重要。只有知识结构、能力结构合理，才能更好地发挥个人的作用。因此，及早形成和确定正确的择业观，有助于大学生自觉地把大学学习与今后的就业联系起来，以积极适应未来职业及岗位的需要。

（三）增强择业认知

择业观使大学生个体的择业行为带有一定的选择性和指向性，这种有意识的筛选，既在判断职业的性质、确定个人在职业活动中的责任，态度及行为方向具备定向作用，又在选择职业行为上有效地调节自找。大学生从注意到某一职业信息到进行信息判断和选择，始终脱不开择业观的影响。根据现代认知心理学的研究，知觉有赖于两种不同形式的信息来源，即来自环境的信息和来自知觉者自身的信息。择业观是大学生知识经验中的重要组成部分，他们会根据需要把环境和已有的经验结合起来，并且只会选择那些看起来对自己有价值的信息。

（四）推动积极的择业行为

要达到理想的择业目标并不是一件容易的事。在自主择业、双向选择的大背景下，大学生要付出大量艰辛的或是重复性地劳动，身心上所经历的挫折难以计数。他们能够克服各种困难，努力奔走，大都源于自身明确的择业动机及其释放的不竭动力。择业观中的择业动机越强，就越能唤起、激励、维持情绪和动力并达到特定目的，达成职业目标。否则，择业行为产生的内驱力就小，遇到挫折后的择业动机强度会降低。

(五)有效规范大学生择业

大学生都怀有职业理想,置身于复杂多变的市场经济环境,面对可遇而不可求的职业机会,迎战数量众多的强大竞争对手。在具体的择业行为中,常常会因为大学生自身素质,以及来自用人单位的挑拨或误导而遭遇道德难题。正确的择业观潜移默化地对择业行为、求职道德起着规范和约束作用,其功用主要表现在:一方面维护大学生的择业行为,使自主择业接受和服从程序、规则;另一方面调节择业过程中的复杂社会关系,对消除就业主客体之间的矛盾也具有一定的作用。

(六)提升大学生的职业适应能力

职业选定后,大学生就等于向社会迈进了关键一步。择业观念的相对稳定性,不仅仅让大学生完成了初次的职业选择,更重要的是影响这些从业人员如何实现职业适应、职业成就,并对就职的稳定和变化产生重要作用。如果职业现实和大学生的预想有差距,只要择业观正确,就可以有效促进大学生调整不适心态。正确的择业观能促使大学生在多变的社会环境中尽快转变角色,并激励他们在职业领域踏实工作并向好发展。正确的择业观是对当代大学生的基本素质要求,直接反映在实际工作中就是强烈的事业心、目标感和责任感。

三、如何树立正确的择业观

大学毕业生择业是人生中的重要选择,树立正确的择业是毕业生成功走向社会的第一步。如何树立正确的择业观? 在就业形势的深刻变化的情况下,这需要政府部门、社会各界、高校等各方创造适宜的环境,通力合作,更需要大学生个体适时调整择业观念。

(一)大学生自身适时调整择业观念

概括起来就是要认清就业形势,把握个人实际,结合社会需求,注重能力培养,努力学习,做好准备,在艰苦实践中成才,努力摆脱种种错误的择业观念的束缚。

1.以理性心态充分认识当前就业形势,服从社会需要,追求长远利益

我们的择业应该适应时代发展、国家发展的客观实际。既要追求自己的职业理想,更要符合社会的实际需求。因此,充分了解和把握我们当前的就业形势是理想就业、奋发创业的重要条件。近年来,我国就业的形势依然较为严峻,就业压力较大。造成这种情况的原因是:

其一,我国的人口基数大,需要就业的人数多,就业高峰持续时间长。随着高校招生规模的扩大,高等教育已经步入大众化,大学生的就业高峰与社会的就业高峰重叠,大学生的就业压力开始凸显。

其二,就业的机制有待完善,一方面旧的经济体制影响依然存在并在一定范围内产生作用。用人机制还不健全,人才流动机制有待改善;另一方面劳动市场发育不完善,劳动力要素配置还未达到完全优化。有人群的地方,必然就有竞争,有竞争才有发展。没必要怨天尤人,重要的是我们怎样看待社会、看待别人、对待自己。不过分强调自我,调整好择业心态,就一定能在社会上找到适合的定位。

职业的价值在于其社会价值。从这个角度看,择业要服从社会发展的需要,这样既能找到工作又能实现社会价值。要重视追求长远利益。对于年轻人来说,现在重要的不是就业的时候拿多少钱,也不是单位可以给多少时间回家休假,年轻人更应该考虑的是在这个岗位上有多少学习、锻炼、提升的机会、能不能有更多的发展机会,从长远看,今天的就职是为了以后可以做更多的事、更大的事打基础。如果能把眼光放远,择业的道路就会宽广得多,视野也会开阔得多。

2.用现实眼光选择单位

找到地理位置、生活环境、福利待遇、发展前景都理想的单位当然好,但这种单位毕竟凤毛麟角,对大多数人来说是可望而不可即的,今天选定的单位明天也许又不满意。对某些条件相对艰苦的基层单位,实际上更容易发挥出自己的能力,更有利于长远发展,成功成才。而有些同学互相攀比,总怕自己的选择吃了亏,这山还望那山高,结果是更吃亏。比如,边远地区的条件虽然差一点,人才资源短缺,但正因如此才是木秀于林。用不了几年就能挑大梁,成大事。相反,在发达地区高手如林的单位不一定能得到很多的锻炼机会。有些学生宁做凤尾不当鸡头,实际上,凤尾虽漂亮,但只不过是装饰的部分而已,而鸡头虽不扬名,然而它确确实实能带动自身成长壮大,成为一唱天下白的雄鸡。换句话说,只要根据自己的实际与特点找准位置,树立先就业后择业的思想,先立业后成事,而且很可能成大业。

3.做好充分准备,在艰苦实践中锻炼成才

在艰苦中锻炼是成才的必要条件。大学生初出茅庐,没有很多经验,要面临很多新的东西,有很多事干不好,所以一定会感到艰苦,一定会碰到各种各样的问题。年轻人碰到的条件总会艰苦一些。艰苦是不可避免的,解决办法就是做好准备。就业是和个人的知识素质和能力水平密切相关的。择业时要通过面试和笔试的,如果在学校四年没有好好学,没有充分的准备,即使有好的就业岗位摆在你的面前,也无法承担起工作职责。

大学生不仅要能充分展示出自己的知识和才能,也要做好心理准备。比如,有些同学依赖惯了,拒绝长大,让他去工作他恨不得再继续读几年大学,这就是没有做好心理准备。在实践中,我们可能会碰钉子,时间长了,就知道什么事能做什么事不能做,什么事该怎么做,选择能力提高了,不会做的学会做了,因此说,实践是社会人才的熔炉,经历实践的洗礼才可能走向成功。在艰苦的实践中锻炼意志、走向成熟,对于大学生顺利地走进职业生活具有更重要的现实意义。

4.择业不盲从,坚定自主、自立、自强信心

在毕业生择业过程中我们发现,相当一部分毕业生对如何择业信心不足,甚至有依赖思想。这反映对父母言听计从,父母说了算。对于是独生子女的毕业生来说,充分征求父母意见是应该的,父母对子女的期望也是正常的。但应该看到,有些父母对子女的求职愿望过分理想化,不切实际,干涉甚至控制了子女的选择,造成我们的毕业生择业思想模糊,挑三拣四,举棋不定,一些同学因此丧失了许多良好机会,造成到头来选择余地越来越小;这种做法也扼杀了一些毕业生的意愿,真是错上加错。对受过高等教育多年的毕业生来说,应在征求亲属意见的基础上,保留自己自主选择职业的权利。

有发展前途、适合自己个性与能力发展、其他方面的条件基本符合的单位就是理想单位,就是好的职业。职业本身无高低贵贱,主要取决于人本身,适合自己的职业才是最好的职业。当今我国人才择业趋向的特征之一就是在择业地点上呈现多元化趋势。过去大学生择业中一直存在着志愿到天(津)南(京)海(上海)北(北京),东部沿海城市一度成为大学毕业生择业的热点,出现择业地点上典型的沿海线,而不愿到新(疆)、西(藏)、兰(州)的状况。许多大学生闯深圳,下海南,打工者有之,摆地摊者亦有之,盲目行动使不少人吃尽了苦头。如今已有不少毕业生从沿海线中吸取教训,进入内地大中城市,还有不少毕业生希望回到家乡,参加家乡建设。可以说,大学毕业生择业地点上的多元化倾向,改变了我国长期以来一江春水向东流造成的人才布局不合理的局面。

5.尽量不选择暂缓就业

暂缓就业政策是国家为了缓和当年就业压力的一项应急措施。实质上这也容易带来一种积累效应,毕业生积累成堆反而带来负面影响。从这几年情况来看,暂缓就业对同学来说并不是最好的选择。其一,往年有部分同学暂缓期限到时却与之联络不上,结果按规定把户口档案寄回生源所在地,个别学生反映意见较大。其二,未在当年就业,即使后来继续找单位,但容易让人产生你是箩底橙、挑剩的货的感觉,不利于找到自己满意的单位,甚至有可能找不到工作,反而成了就业弱势群体,况且与师弟师妹们在下一年度竞争就业,心理难免出现失落感,压力更大。值得重视的是,一些单位明确表示不轻易接受往届生。

大学毕业生在面临择业关口时不可避免地会出现一些错误的观念,对此应保持清醒的认识,错误的择业观是影响大学生顺利走向工作岗位不容忽视的重要因素,必须努力纠正克服。这些错误的观念包括:

(1)择业、就业观念理想化

这类毕业生往往学习成绩较好,对自己顺利就业有较强的信心,完全一副胸有成竹的样子。往往对有关就业形势的分析、预测,老师的建议、忠告全不放在心上。不能正确认识社会,客观评价自己。忽视择业过程中需求信息收集、择业技巧学习、社会其他因素影响的作用,把择业、就业过程简单化、理想化。认为仅凭自己的真才实学就可以落实到满意的就业单位,且往往就业定位偏高。这类毕业生有的在择业过程中屡次碰壁,不得不面对现实,重新调整自己就业定位和择业方向;有的仍一心追求自己的理想,不达目的决不罢休,甚至宁愿毕业后回生源地区啃父母,也不愿对条件一般的用人单位屈身低就;有的选择了光荣独立,毕业后不就业,继续考研。

(2)择业、就业观念自由化

毕业生完全以自我为中心,认为自主择业即是自由择业,什么国家需要都不去考虑,一心要实现自身价值;甚至一些毕业生超出国家就业政策所规定的就业范围联系就业单位,签订就业协议书;或采取欺骗手段获取多份《就业协议书》及私自复印《就业协议书》,与多家用人单位签订就业协议,以便于自己优中选优、广泛择业,造成违约事实,给学校的社会声誉带来不良影响。

(3)择业、就业取向功利化

一些毕业生过分看重眼前经济利益和生活条件,向往省外单位工资效益好,向往大城市生活待遇好,向往机关单位社会声望好,向往沿海城市风景气候好,而不愿到农村、到基层单位去工作。有的毕业生择业时选择单位更多看重工资待遇。居住条件、假期长短等细节问题上纠缠不清,而对于单位的具体规模、工作环境、发展前景和个人的继续教育等重要问题却不大关心,使用人单位感到学生胸无大志,最终不与此类毕业生签订就业协议。有的毕业生只看重眼前利益。不管自身条件和专业如何,一心向往高工资、高收入的工作,甚至不惜毕业后改行。

(4)择业、就业思想简单化

这类毕业生基本表现为:过高估计了自己的能力;过于乐观估计了面临的就业形势;过低估计了面临的困难和竞争。应该说毕业生就业是一项复杂的系统工程,很多事情决不是初出校门的大学生所能理解和掌握的。尤其是在毕业生与用人单位双向选择的过程中,人为因素、非正常因素所起的作用必须引起毕业生的重视,而相当部分的毕业生将择业、就业简单化,把在学校的学习成绩延伸到择业、就业过程中,很多毕业生都有这样的困惑:为什么学习成绩没我好的同学反倒能落实好单位? 开始择业时喜气洋洋,外出应聘回来垂头丧气,说明对大学毕业生加强心理素质的培养是非常重要的。

(5)攀比思想严重

有的毕业生已经落实了就业单位,签订了就业协议书,一看到其他同学联系到了条件较好的用人单位,出于攀比心理,自己一定要找到更好的单位。于是,或是毁约再选、或是与同学展开竞争,如果没有落实更好的就业单位宁愿不就业也不甘心居于人后,尤其是目前毕业生择业中衡量单位优劣的标准极端功利化,更说明加强毕业生就业思想教育意识是迫在眉睫的现实问题。

总之,大学生要自觉树立正确的择业观,以冷静的心态分析客观现实,注重吸取经验教训,勇于摒弃错误择业观念的束缚,树立健康向上实际可行的择业观,才能大大提高就职满意度,才能使自己的职业之路走得更顺利。

(二)家长正确调整对子女就业的期望值

父母对子女择业观的影响力也不容忽视。子女一般很在乎父母长辈的意见,也会自觉努力扮演父母亲所期望的角色。许多毕业生表示父母对自己的就业期望值很高和较高,自己的择业问题受到家庭、父母亲的压力比较大,选择工作不仅自己决定,他们还要兼顾父母亲的感受。在现实生活中,有一些大学生缺乏独立自主的意识和勇气,在择业时完全由父母做主;有一些父母出于对子女的溺爱或担心子女社会阅历浅,缺乏生活经验,不允许子女自己做主;有一些父母利用自己的社会关系,为子女就业铺平了道路,不用子女操心就业。当然,更多的大学生是在征得父母同意后才做出择业决策。可怜天下父母心,为人父母都希望自己的孩子有出息,但家庭对大学生的期望值过高,则会给大学生带来无形的压力,导致大学生在选择自己的生活道路时只考虑如何才能尽快达到家庭成员的期望,而对自己的事业发展、成才的考虑就会相对减少。

合理的家庭期望是指家庭的其他成员,包括父母家人要根据社会的形势发展,依据大学生本身的能力确定一个合理的期望值。家庭作为个体成长和社会化的主要场所之一,成为主导大学生择业的重要力量。父母的期望,常常成为当代大学生在涉世之初建立价值标准的基本依据,也不可避免地、自觉或不自觉地融入大学生家庭教育的实际生活中。如果家庭对大学生的期望过低,则容易造成大学生在选择自己的生活道路时消极应付,不思进取,这就很难使大学生找到职业的归宿。而且过高的家庭期望值,使大学生背负了沉重的心理包袱,错过了不少择业与发展的机会。如果家长的价值观念,行为方式落后于社会发展或相悖于社会的需求,是不可能指导大学生做到自身价值和社会价值统一的。

(三)高等院校应当切实建设卓有成效的毕业生就业指导工作

目前,学校就业指导工作的不到位已经表现得很明显。大学生面对复杂的就业形势,真假难辨的就业信息无从取舍,而对于择业前期准备工作和择业过程中的面试技巧,显得经验不足,很多大学生在择业过程中,摇摆不定,不知道自己该何去何从,不能肯定到底应该持何种就业态度,这也都表明高校就业指导工作在一定程度上的缺失。很多高校就业指导工作内容单一,仅限于对毕业生进行少量的就业信息公布,缺乏系统的就业指导工作,更别提择业观的指导工作;其次高校就业指导工作并没有落到实处,这一方面影响到毕业生的就业情况,另一方面,对于帮助大学生确立合理的择业观,没有发挥任何应该发挥的作用。很多毕业生表示不清楚和不太清楚自己学校的就业指导工作。这也是目前高等院校面临的普遍问题。

对大学生进行职业规划教育,学校是主要的阵地。因为学校作为培养人才的基地,对大学生进行择业观教育的目的性、方向性、计划性、针对性和可操作性,是其他教育途径所无法比拟的。学校应加强思想教育,引导大学生树立正确的择业观。培养大学生树立正确的价值观、诚信观念,以及进行大学生心理健康教育,对学生施加直接或间接的帮助,以提高学生的自我认识和自助能力,从而促进大学生生涯发展与全面发展的一种教育。学校加强大学生的择业认知教育,即引导学生对择业的有关事物进行深刻的认识、了解。大学生的择业认知对选择职业有着重要影响,不同的职业认知会产生不同的择业观。大学生走向就业市场,与用人单位双向选择之际,能否摆正自己的位置,顺应形势,在竞争中赢得适合自己的职业角色,首先取决于大学生能否对自己做出正确评价,自己就读学校的声望、自己的综合素质、兴趣爱好等等通过各种方式对自己的硬件、软件进行全面客观的评价,把自己从我想干什么的一厢情愿转变为我能干什么的现实定位;其次是大学生对职业的正确评价。大学生只有用历史的眼光理性思考、客观而全面地进行自我评价与职业评价互动,才能真正找到适合自己发展的职业。学校要加强大学生的择业技巧指导。学校在为毕业生就业履行政策咨询、业务指导、需求信息收集及发布、推荐、派遣手续办理等行政管理职能的同时,更多地要对毕业生开展思想教育工作,帮助毕业生转变就业观念、掌握择业技巧、分析就业形势、拓宽就业跑道,毕业生充分依托学校,可以得到及时的政策解答和业务指导,同时也能获得有益的建议和意见,避免择业过程中的挫折和失误。

(四)大众传媒应当充分发挥大众传媒在传播信息、营造舆论氛围方面的优势,为大学生择业观教育提供良好的舆论氛围和舆论导向

大众传媒是人类传播能力发展的表现,是指在一定时间内将信息传递给散布在不同地区的个人或群体的媒体。大众传媒以其特有的优势传递迅速、纷繁复杂、具体形象、信息量大、涵盖面广、导向性强等特点,几乎渗透到了世界的每个角落,把各种各样的价值观念、理论观点、生活方式、文化类型展现在人们面前,变革着人们的思维方式,影响着人们的行为,进而对整个社会产生巨大的导向作用。调查显示,媒体的报道对这种艰难、恐慌氛围的弥漫起到了推波助澜的作用。有不少人认为报纸、电视上关于就业的宣传加重了他们的心理负担。大众传媒应该坚持正确的舆论导向;指导大学生认清形势,把握择业方向。面对新的就业形势,大众传媒应该指导毕业生把握时代脉搏,顺应形势,主动顺应社会主义市场经济的要求,正确看待就业压力,努力克服自身的心理障碍,对就业充满信心,对前途充满希望。要引导当代大学生改变一次择业定终身的观念。随着社会对人才要求的变化,人才资源总是在不断地交换和流动中得到优化配置。用人制度的改革和人才市场的建立,必将使失业和就业成为今后大学生一生中经常遇到的事情。因此,每个大学生在一生中,都要有多次就业的思想准备。要引导当代大学生改变一步到位的观念。大学毕业生择业不可能一步就能找到合适的单位，即使是找到了合适的单位，也不见得就能找到合适的岗位。所以要树立就业逐步到位的观念，不断努力，积极上进，在反复的工作经历和多次的工作更替中，充分施展自己的才华，实现自己的人生抱负。

第二节　收集就业信息

一、就业信息的概念、特点和作用

（一）就业信息的概念

就业信息是指通过各种媒介传递的有关就业方面的消息和情况。如就业政策与形势、就业机构、供需情况、招聘活动及用人信息等。在现代社会中，就业不仅取决于大学毕业生的知识、能力、综合素质、社会经济、社会需求等因素，而且也取决于个体所获取就业信息的量与质以及个体收集、处理、使用就业信息的能力。毕业生应及时、全面地掌握有关就业方面的各种信息，并认真地对这些信息进行分析、筛选、整理，最终做出正确判断，为求职成功奠定基础。

（二）就业信息的特点

就业信息的特点概括起来包括以下几个方面：

1.时效性

就业信息有极强的时效性，即每一条信息都有时间要求，在规定时期内是有效的，过了一定时期就失去了它的意义和作用。因此，大学毕业生在收集、整理、处理求职信息时，一定要注意信息的有效时间，争取及早对信息做出应有的反应，"机不可失，失不再来"这句话用在大学毕业生求职择业上也是具有现实意义的。对应聘者来说，过时或失效的信息，不但没有使用价值，而且还是有害的。它会使应聘者徒劳往返，浪费时间、精力和钱财。

2.相对性

随着社会分工的进一步细化，用人单位要求人才的层次、专业、性别、能力等方面的针对性提高。就业信息本身必须能够说明它所适用的对象，以及该对象所应具备的具体条件。因此，就业信息的价值是相对的，一则招聘信息，对一部分人是非常有价值的，而对另一部分人则不见得有多大价值。就业信息的这一特点要求求职的大学毕业生在得到就业信息时,要进行认真分析和研究,要与自身的条件进行客观比较,看看自己的知识、水平、业务能力、综合素质等是否符合用人单位的要求。这样做可以减少求职的失败次数,避免求职自信心受挫,提高求职的成功率。因此,大学毕业生要注意求职信息的相对性,不能盲目追求当今都看好的职业,适合自己的信息一定要予以重视,不适合自己的求职信息一定要果断放弃。

3.共享性

就业信息的共享性特点是指就业信息可以通过不同的载体进行传播,为社会各方所共享。就业信息的共享性还意味着就业的竞争,并不仅限于本班同学、本校同学、本地高校,还有其他外省、市高校毕业生。所以在就业竞争中要争取早一点获得就业信息,早一点做好准备,力争"捷足者先登"。

(三)就业信息的作用

就业信息是一个人成功择业的重要因素。对求职者来说,就业信息的作用主要体现在以下几个方面:

1.就业信息是职业选择的基本前提

目前,我国大学毕业生就业是在国家宏观政策的指导下,实行市场导向、政府调控、学校推荐、自主择业的就业体制。对大学毕业生而言,如果不占有准确可靠的需求信息,就无法掌握自主择业的主动权,实现职业理想就会变成一句空话。如果一位求职者掌握了大量就业信息,那么他的视野就比较宽阔,也就能够得到不失时机地选择适合自己职位的主动权,从而比较稳妥地掌握自己的命运。如果求职者耳目闭塞、信息不灵,择业就如同盲人骑瞎马,其结果不是发出"就业何其难"的感叹,就是让合适的职位从自己身边溜走。可以说,求职竞争在一定意义上就是获取就业信息的竞争。谁获得的信息数量多,求职的选择面就宽;谁获得的信息质量高,求职的把握性就大;谁获得的信息及时,求职的主动权就大。

2.就业信息是择业决策的重要依据

要做好自己的择业决策,就必须有就业信息质量的保证。例如,国家的就业方针,各地区及主要行业的就业政策,自己所属院校的就业细则,有关的就业机构、具体职责,校园招聘活动的安排等,当然,更为主要的是用人单位的需求信息。依据所占有的就业信息经过筛选比较,使自己最后瞄准一个或几个相对确定的目标,那么,所要面临的就是求职面试了。对大学毕业生而言,要想顺利通过面试,就必须对用人单位的文化价值、管理理念、经营方式、产品结构、市场行情、用人制度及其历史背景和今后发展情况进行一定的了解,这就是成功就业对就业信息深度和广度的要求。虽然把握了就业信息的深度,并不能直接被录取,但毕竟可能性加大了。

3.就业信息是调节职业规划目标的参考

大学生在校期间,通过对就业信息的了解,对当前国家的政治经济状况、就业形势、就业政策、就业机构、人才供求情况以及用人单位对人才素质的要求等信息的了解、掌握、分析和研究,就能明了未来能从事的某些具体职业的类型和特点、岗位的能力标准和要求,客观上就促使学生更好地认识到学习对社会和个人的意义,使学生明确学习目的,增强学习的积极性和主动性。因此,就业信息对于在校学生确定职业生涯目标、求职者确定选择目标、已经就业者重新认识职业世界与认定或者调整职业目标,均有重要作用。

二、就业信息的收集

(一)收集就业信息的基本要求

收集就业信息应力求做到"早""广""实""准"。

1.早

所谓"早",就是收集信息要早准备,早动手,收集到信息要及时进行处理,从而赢得就业的主动。

2.广

所谓"广",一是信息收集渠道要广,要广泛收集各个方面、不同层次的就业信息;二是收集信息的视野要广。有的同学只注意搜集与自己预先设定的求职目标相关的就业信息,放弃或忽视了其他与求职目标相关的就业信息。一旦与求职目标相关的就业信息收集遭遇挫折,又无后备的就业信息,就会造成求职的被动。要知道就业信息的获得有时是"有心栽花花不开,无心插柳柳成荫"而收集的。

3.实

所谓"实",一是收集的信息要具体,二是收集的信息要真实。对于用人单位的名称、性质、地点、环境、企业文化、发展前景、用人制度、招聘岗位的基本要求、联系方式、招聘方式等各方面信息掌握得越具体越好。而对于所收集到的信息是否真实,可以通过上网等形式来考察。

4.准

所谓"准",就是要做到准确无误。为了保证这一点,必须从两个方面入手:一方面要掌握用人单位需要什么层次、什么专业的人才,在生源属地、性别、相貌、专业、学历、外语水平、计算机能力、专业知识、技能等方面面有什么具体要求都要搞准。另一方面,用人信息具有极强的时效性,要注意你所了解的就业信息是否在有效期内,是不是过期的信息,是否用人单位已物色到较为理想的人选,这些情况都要搞清楚,绝不能似是而非,否则会浪费你很多的时间、精力和财力,造成不必要的损失。

(二)收集途径

大学毕业生获取求职信息的渠道多种多样。由于个人的关注程度、社会背景、经济状况、思想观念等的不同,获取求职信息的渠道也存在一定的差异。收集就业信息的渠道主要有以下几种:

1.校内主管部门

学校的毕业生就业主管部门(就业指导中心或就业办公室)是毕业生获取就业信息的主渠道。随着高校毕业生就业制度改革的深化,学校的毕业生就业主管部门越来越成为连接用人单位和毕业生的重要桥梁和纽带。一般情况下,用人单位到学校招聘人才,都是到毕业生就业主管部门办理,这是用人单位所依赖的就业信息联系部门。在每年毕业生就业阶段,学校毕业生就业指导机构会有针对性地向各个用人单位发布应届毕业生资源信息,并以电话、网络等各种信息交流活动方式征集大量的需求信息。学校就业机构一般在每年的10月至次年的5月专门组织各种形式的毕业生就业招聘会等活动,同时学校还会将收集到的需求信息加以整理,及时向毕业生发布。在毕业生和用人单位之间架起一座信息桥梁,从而使毕业生获得许多需求信息。学校就业指导机构收集的就业信息数量大,针对性、准确性、可靠性都较强;学校应是收集就业信息的主渠道,其所掌握的信息的权威性也没有任何一个部门可与之相提并论。这是毕业生求职择业最主要的信息来源。另外,学校的毕业生就业主管部门与省市等上级毕业生就业主管部门之间保持着密切联系。国家的高校毕业生就业政策、就业方案、就业信息等都是通过学校毕业生就业主管部门传达给广大毕业生的,所以它的作用是双重的。

但在当前,有一部分毕业生认识不到本校毕业生就业主管部门在自己就业问题上的重要性,或许是虚荣心作怪,宁可到社会上参加对大学毕业生针对性不强的招聘活动,也不愿在本校的毕业生就业主管部门登记和求助,这就大错特错了。一般来说,最希望毕业生都找到好工作的是自己的母校,最希望学生有个好前程的是自己的老师,学校就业部门的老师们,全都是以为学生服务为宗旨,所以,毕业生在就业问题上要依靠本校的就业主管部门。

2.各种类型的高校毕业生就业招聘会

为做好每年的毕业生就业工作,各省、市,各行业及各高校都会举办规模大小不等的"人才招聘会""毕业生就业双选会""人才市场"等,在这些就业市场上,一是信息量大,二是可以使毕业生和用人单位的招聘人员见面洽谈。这也是高校毕业生求职的一条重要途径。值得注意的是:社会上的"人才市场",有些是针对有一定社会经验的人才,有些是以招聘应届毕业生为主的。毕业生赶赴人才市场前事先要做一些了解,不可盲目赶场。由各省、市毕业生就业主管部门举办的毕业生"双选会"呈现出按行业类型划分专场举办的趋势,专门面向某一类求职者,或邀请某一行业的招聘单位参加,针对性较强。随着高校作为大学毕业生就业市场主渠道的作用增强,由高校举办的校园"双选会"越来越成为毕业生获取就业信息、与用人单位接洽的重要渠道。在学校举办的招聘会上,用人单位针对本校毕业生选聘人才,就业信息针对性强,毕业生个人的经济投入不大,用人单位经过学校筛选,就业信息安全性高。因此,学校举办的招聘会越来越受到毕业生的重视。

3.传播媒介

传播媒介不仅传播速度快,而且涉及面广,信息传播也很及时。许多用人单位通过新闻媒体,如广播、电视、网络、报纸、杂志等,介绍企业现状、发展前景及人才需求,从而成为一个巨大的、多方位的信息源。目前,我国有很多种关于高校毕业生就业指导的报纸、期刊,还有许多公开发行的出版物等传播媒介,登载有关就业的信息和招聘信息。如教育部主办的《中国大学生就业》;也有地方主办的全国发行的报纸,如北京的《北京人才市场报》、广州的《南方人才报》、上海的《人才市场报》等,或发布就业信息,或刊登招聘广告,这些报纸杂志是高校毕业生搜集就业信息的一大渠道。

通过就业指导的报纸、期刊以及社会发行的出版物搜集就业信息,要注意以下三点:一是要舍得花时间大量去搜集;二是要选择最佳目标,要根据就业信息的刊发时间、招聘条件进行详细分析,去粗取精,去伪存真,选定中意的用人单位;三是要注重实效,得到就业信息后不能等,要立即前去应聘。

随着计算机应用技术的普及和互联网的发展。网络求职以现代科技手段为依托是一种非常方便的信息渠道。目前大学毕业生上网的方式有两种:一种是到各省、市大学毕业生就业主管部门和高校创建的就业信息网站发布个人简历、查询就业信息;另一种则是Internet网络。上面建有许多职业网站。为求职者提供了一种效率高、成本低、内容多、时间短的现代信息收集渠道。上网查找求职信息已成为时尚,网上招聘、应聘方便快捷,信息反馈十分迅速。因此用人单位的招聘信息都习惯在互联网上发布,互联网已成为高校毕业生搜集就业信息的一条很重要的渠道。任何人在任何地方只要上网就可以查阅各类用人单位随时发布的招聘信息,在网上与用人单位建立联系,并能将自己的应聘求职信息发布网上,使用人单位在网上查阅后与求职者建立联系。网上求职成功的诀窍之一是将搜索范围控制在几个网址上。

在网上获取就业信息进行求职,要注意以下几点:

第一,不要把简历放在附件里。因为如今计算机病毒流行,用人单位不愿打开电子邮件的附件,而是愿意直接看到简历。电子邮件的应征信要避免冗长。

第二,不要在一家用人单位同时应征数个职位。用人单位的人事部门主管比较喜欢专注于某一职位的应聘者。如果你应聘的职位越多,就会被认为是万金油,是这山看着那山高或者对自己的求职目标不明确的人,而导致求职失败。

第三,可以利用有效时间给你所中意的单位多发几次E-mail,最好每封求职信都要针对不同的用人单位精心设计,以表明你对该单位的重视。

第四,可以将你的个人简历放到各个就业网站的数据库里,让工作来找你。也可以考虑制作一个个人主页。把你的网址告诉用人单位或让用人单位很容易注意到你。这将会有事半功倍的效果。

第五,网上求职的不足之处是只见其文,不见其人。尽管网上可以传送照片,但也很难有见面交流的互动性和感染力。因此,如果从网上获取信息后,要把求职的自荐材料发送过去。努力争取与用人单位见面的机会,这样求职成功的可能性会大得多。

4.实习实训单位

现在的用人单位往往重视毕业生的实际能力和实践经验,大多数用人单位在正式聘用毕业生之前也要求毕业生有一定的实习实训期。毕业生的实习实训,实际上是参加工作的预演,是一次非常宝贵的经历。通过实习实训,一方面使用人单位对学生有所认识和了解。另一方面也使学生通过实习实训,对单位有了较为深入的了解。如果你进入实习单位,你在该单位的出色表现很有可能使你成为用人单位首先考虑的对象。

5.亲戚朋友、校友等社会关系

在高校毕业生就业过程中,毕业生的各种门路和社会关系不能简单地归结为"走后门"而被加以排除。在社会主义市场经济条件下,毕业生应积极拓展一切有可能的信息渠道来收集就业信息,如亲戚朋友、校友、邻居、熟人等。此外,学校老师利用自己的老同学、学生、科研伙伴、协作单位等关系,往往能够获得针对性强的信息,这些信息经过老师筛选可靠性较强,而且与毕业生的就业意向和所学专业较为吻合,对毕业生的求职择业是十分有利的。如果说市场竞争机制和企业人事管理机制能够使任人唯贤成为共识,那么门路和社会关系就应是高校毕业生求职择业提倡的有效途径之一。常言说,多个朋友多条路,多一个亲戚多一个帮手。在就业过程中,可以多请教这些社会关系,了解哪里有空缺,扩大找工作的范围,他们提供的信息往往比较具体、准确、成功率也比较高。事实上每年都有一部分毕业生是通过社会关系就业的。这种方式得到的信息,既准确迅速,又真实可靠,可以作为上述途径的补充。但也不排除提供者个人眼界的局限性和信息误差。

利用社会关系获取求职信息的方法通常包括以下几种:

①对你的求职方向及考虑选择的用人单位,可以征求对方意见,询问对方能否看看你的个人简历写得是否合适。可以把自己求职意向等情况告诉对方。他们一般很愿意帮忙,但你总得给出一个基本框架,使他们努力有方向。

②要重视对方给你提供的信息。如果对方带着信息找你,你应该这样说:啊!真是太好了,真是难得的机会!即使你已经知道这个信息,甚至已经同那个单位谈过话,也要这么说,因为他们带来的信息必有某些新鲜内容。人们看到自己的意见受到重视和赞赏,就会带来更多的信息。

③每当你得到对方推荐,一定要问清楚你去该单位联系时是否可以提到推荐人的名字作为引荐。

④如果你确实得到帮助,就应该道谢。不管你联系的人是否帮助过你,你得到工作以后一定要让他们知道。

⑤校友提供的信息最大特点是比较接近本校、本专业实际。最近几年毕业的校友的求职择业、就业之初的实践和体会,对应届毕业生来说都是宝贵的经

验,可以给正在求职的应届毕业生带来很多启发。因此,毕业生可充分利用实习、社会实践、校友回校等机会与校友多接触,用巧妙的方法适时介绍自己,以得到其帮助和指导。

6.个人搜集

个人搜集是指求职者广泛搜集自己专业和求职范围内用人单位的信息资料并加以研究利用。个人搜集是一种不通过任何中介的直接求职方法。通过打电话、写求职信或登门拜访等形式直接联系用人单位。这要求毕业生有一种毛遂自荐的意识,并且对自己单方面拟定的意向单位要有大概的了解和预测。这种方法的优点是主动性强,节约时间,费用低廉,缺点是盲目性大。但在缺乏就业信息的情况下这也不失为一种获取就业信息的方法。常用的个人搜集就业信息方法有两种:

①打电话。通过打电话的方式,询问用人单位是否招聘某专业或相关专业的高校毕业生,是一种较好的方法。由于是求职者冒昧的直接联系,所以采取这种方式要注意准备充分,把所要咨询的内容以及所要讲的话,列成条目,熟记于心。打电话时要注意选在较为清静的场所,力求接听清楚。要注意选择通话的时间,在刚上班的时间、吃饭、午休的时间、临下班前半小时的时间,打电话的效果一般都不太好。打求职电话要礼貌、客气,要显示出诚意。通话内容要简明扼要、条理清楚。不要含糊拖泥带水,要争取见面机会,要尽量用普通话,保持中速,不急不缓,使人听得清、记得准。要讲究语气语调,使之温和而有自信,自然而有亲切感。这样就可以给用人单位的领导留下良好的第一印象。

②登门拜访。如果你对某单位感兴趣,就去找在这个单位工作或供职的亲友,向他们直接了解该企业的详细情况;如果没有这样的亲友,可以查询电话号码簿的黄色页码,找出令你感兴趣的工作领域条目,然后抄录企业全称、地址、邮编、电话、负责人姓名等。最好亲自走访一下(当然对那些明确表示谢绝来电、来访的单位,就不必选用这种方法),这样既可节省时间,又能尽快得到确切的信息,还能通过实地考察,对用人单位的地理环境等条件有清晰的认识,待决策时参考。

第三节　初入职场的角色转换

大学阶段是学生成长成才的关键时期,也是学生走向社会的准备时期。在这一时期,学生开始接受社会化教育。但是,由于高校的相对独立性和大学学习生活的相对单一性,学生在大学阶段往往不能使自己成为一个完全成熟的社会人,毕业后又面临着由不完全成熟的社会人向成熟的社会人、"大学生"向"职业人"角色转换的过程,这一角色转换是大学毕业生最初的职业适应。顺利完成这个转换,是大学生适应社会、走向成功的一个关键环节。

社会生活中的任何人都在不同的时期扮演着不同的社会角色,都会经历角色转换阶段。社会学认为,角色转换是人们伴随着身份角色和社会位置的变化而发生的思想观念与行为模式的转变。大学生毕业后,面临着从"大学生"向"职业人"的身份和社会位置转变时所发生的思想观念和行为模式的转变,即大学生如何通过接受社会文化、特别是职场文化,从一个"大学生"转化为一个能适应职业需要的职业人的过程。这一角色转换在大学生的人生经历中占有十分重要的位置,甚至角色转换成功与否直接影响着事业的成败。

一、充分认识大学生就业前后的角色差别

要实现从学生到职业人的转变,大学生在心理上做好进入职业角色的准备的同时,还必须充分认识"大学生"和"职业人"角色的差别。归纳起来,这种差别主要表现在以下几个方面:

(一)承担的责任不同

大学生作为受教育者,接受家庭或社会的经济供给和资助,学习知识,培养能力,自我完善。这个过程实质上是大学生向社会"索取"的过程;职业人则是要用自己已经掌握的本领,通过工作向社会提供劳动而获取报酬。职业人工作的过程是向社会"贡献"的过程。

大学生作为受教育者,在校园里以学习为天职。在学习上可以依赖老师,也不怕犯错误。有些事情即便做错了,也不用承担过多的社会责任。一个职业人则要学会独立地处理事情,在工作中树立"不可以随便犯错"理念。因为职业人如果在工作中犯了错误,必须承担风险责任,必须承担相应的社会责任。

(二)面对的环境不同

大学生在校园里的生活是"寝室—教室—图书馆—食堂"四点一线的简单规律的生活。学习环境宽松而自由,学习时间有很大弹性,学习任务明确;可以参加学校组织的各种各样的活动和团体;有较长的节假休息日。总体上讲,大学生活不仅丰富而且多彩,其生活节奏相对舒缓,来自外界的压力相对较小。职业人在职场上面临的社会环境是:快速的生活节奏,紧张的工作环境,激烈的竞争,严格的规章制度;节假日少,没有多少可自由支配的时间;要适应不同地域的生活环境和习惯;由于缺乏实际工作经验,开始工作时往往不能得心应手,工作压力显著增加。

(三)面对的人际关系不同

校园的人际交往比较单纯,师生之间、同学之间没有明显的利益冲突。老师通过言传身教的方式向学生传授知识和经验,无私地把自己的平生所学传授给学生,公平对待每个学生、关心爱护学生。可以说,师生关系也是一种朋友关系,同学之间的地位是平等的。社会上的人际关系相对于校园中的师生关系、同学关系要复杂得多。职业人要服从领导的管理和安排,完成上级下达的一件件具体的工作任务,接受上级的考核和批评,同时要面对复杂的同事关系、与工作对象之间的关系等。

二、从大学生到职业人角色转换过程中面临的主要问题及其原因

从大学生到职业人角色转换过程中,很多毕业生能很快适应这种转变,表现出较强的工作能力和较高的综合素质,但也有一些毕业生很长一段时间后仍不能适应新环境,出现角色不适应的情况。角色不适应是指拥有了新的社会位置却迟迟不能进入新的角色,或虽失去原有的社会位置却迟迟不退出原有的角色,从而陷入来自外部环境和内部的心理压力与情感矛盾,发生角色紧张和角色冲突,甚至发生角色崩溃。大学毕业生的角色不适应主要来自大学生对自己角色认识和定位发生的偏差。

(一)对学生角色的依恋

长时间的学生生活使得大学生的学习、生活和思维方式都形成了一种相对固定的习惯。在职业生涯之初,由于环境发生变化,原来形成的价值观念、生活方式、思维模式以及行为规范都遇到了新问题。由此容易产生对校园生活的怀念,对学生角色的依恋,常常在遇到困难时心情郁闷,留恋往昔,不愿从学生角

色中走出,日久形成逃避现实、生活迷茫的状态。

(二)对职业角色的畏惧

部分大学生在即将踏入社会时表现出自信心不足,觉得自己处处不如别人,面对新的人际关系不知如何处理,对做好工作没有信心。参加工作后畏首畏尾、顾虑重重,缺乏创新的胆略和参与竞争的气魄,导致工作打不开局面。

(三)对社会现实的失望

一些大学生在参加工作前很少做社会调查,不了解社会现状,把未来生活理想化,对职业角色的期望值太高,对工作岗位估计不足。当他们按照这个过高的目标接触现实环境时,许多所谓的"现实所迫"让他们在初入职场时就走了弯路,以至于碰了壁还莫名其妙或不知所措。并因此产生一种失落感,感到处处不如意、事事不顺心。如不能及时从这种失望中摆脱出来,将会影响自己情绪,从而不能尽快进入新的角色。

(四)主观思想上的自傲

一些毕业生认为自己接受了比较系统正规的高等教育,具有很多优良条件,因而盲目自信。到单位后认为自己理所当然会得到重用,因此只愿搞理论、搞管理,轻视基层工作,不屑与人合作,不虚心向别人求教。结果是小事不愿干,大事干不了,与周围同事的情感交流也在不知不觉中筑起了一道屏障。

(五)行为处事上的盲从

部分大学生面对陌生的环境和全新的思维方式,茫然不知所措,表现出遇事不是随波逐流,就是希望上级事必躬亲,从而给人留下开拓性差、独立生活能力和工作能力也都很差的感觉。

(六)工作作风上的浮躁

有些毕业生在角色转换过程中,受到利益的驱使,迟迟不愿进入角色,在就职后相当长的时间里不能安心本职工作,不能深入了解工作性质、职责和技巧,缺乏基本的敬业精神,表现出不踏实的工作作风和不稳定的就职情绪。尤其在当前开放的人事制度下,一些学生"这山望着那山高",为追求高薪,频频跳槽,结果既耽误了自己,又损害了单位利益。

造成大学生角色定位偏差的主要原因如下:一是大学生缺乏对自身的客观评价。大学生的高傲与自卑其实质就是对自我缺乏科学认识,既未弄清楚"我是谁""我能干什么",也不知道"谁要我""要我干什么"。比如,有的学生成绩优异,但没有想到,尽管自己在专业知识理论方面具有较高的素质,但实践动手操作能力相对比较欠缺。在遇到实际困难时,又唯恐别人笑话而不愿虚心求教。二是客观现实与理想目标的差距。大学生希望凭借自己的能力找到理想的工作岗位,实现人生理想与抱负。但事实上,择业的艰难会给他们当头一棒,许多时候不是自己选择单位,而是单位选择毕业生,并且用人单位提出的种种条件与要求,更让有"抱负"的大学生难以接受。当理想目标和现实发生冲突时,这些学生就会失落沮丧,不愿意接受现实环境中的人和事。三是缺乏必要的社会实践和锻炼。大学生从小学、中学到大学,一直身处校园中。小学和中学以在考试中取得好成绩为目标,基本上处于与社会隔绝的状态;大学阶段开始渐渐接触社会,但总体上对社会仍缺乏了解和认识。

三、实现从大学生到职业人角色转换的有效途径

大学毕业生从"学生"到"职业人"的角色转换,在缺乏系统指导情况下,一般都是"摸着石头过河",导致不少大学毕业生难以迅速适应职场生活,延误了发展机会。目前,帮助大学生毕业后缩短其社会职业人角色的适应期,顺利完成其社会角色转变,已是社会对高校提出的新要求。各高校越来越重视提高大学生对社会角色转变问题的认识,加强了大学生职业角色意识培养,使大学生主动尽早了解未来职场要求;加强校园文化氛围建设,提高大学生职业角色适应能力;加强社会实践教育,提高大学生综合素质和生涯发展能力。但归根到底,大学生能否顺利实现角色转换,还是要靠自身的力量。大学毕业生应发挥主观能动性,开发自我潜能,做好进入职业角色的准备,积极主动地适应职业角色,加快角色转换的速度。

(一)岗位适应

1.安心本职工作,甘于吃苦

安心本职工作是角色转换的基础。刚走上工作岗位的大学生,应尽快从学生学习生活的模式中脱离出来,全身心地投入工作中去。如果"身在曹营心在汉",经过几个月甚至一年的时间还不能静下心来,那么不仅不利于角色转换,而且还会影响职业兴趣的培养和工作成绩的取得。甘于吃苦是角色转换的重要条件,付出更多的时间和精力,才能及时进入工作角色。

2.认真观察,虚心学习

大学生虽然在理论方面有一定的积累,但在具体实践活动中还是新手。刚

到新单位,往往会发现学过的知识用不上,而工作所需的知识又学得不够深入,甚至完全没学过。这就要求大学毕业生必须向有着丰富实践经验、业务技能的领导和同事虚心请教和学习,掌握第一手资料,在工作中边学边干,认真观察,勤加思考,积累经验。

3.互相配合,善于协作

走上工作岗位后,毕业生将成为社会认可的具有独立资格的真正意义的社会人,在工作上要能独当一面。但在人的社会联系高度紧密的今天,一项大型工程的开展,一项科研项目的完成,一个生产过程的组织与管理,必须是人人共同劳动,互相配合,互相协作才能完成的。大学生应有意识地培养自己的协作意识,处理好独立工作和与人协作的关系,以便更快更好地适应职场的工作方式。

4.熟悉环境,融入集体

尽快与同事们熟悉起来,获得同事的认同,会减轻对陌生工作的无所适从,培养自己的归属感。大学毕业生应抓住机会多参加集体活动,自然地与同事融为一体,增进交流和友谊,善于发现同事的长处并虚心向他们学习。

5.勤于工作,乐于奉献

工作之初,就应严格要求自己,树立高度的主人翁意识和主动奉献的精神,认认真真,勤勤勉勉,少计较个人得失,努力承担岗位责任,以主人翁的姿态全身心地投入到工作当中去。树立为自己奋斗、为他人奋斗、为社会和集体乐于奉献自己青春的信念。

(二)心理适应

1.做好从基层做起的心理准备

大学毕业生刚跨入职场时,一般要从基层做起。俗话说:"良好的开端是成功的一半。"大学毕业生首先要做好适应艰苦、紧张而又有节奏的基层生活的心理准备,克服对校园生活的依恋心理,保持工作热情。面对崭新的工作制度和工作方式,应学会入乡随俗,适应新的环境,而不是不愿改变自己,甚至试图用以前的习惯去改变新环境。

2.做好"受挫"的心理准备

工作过程一般不会是一帆风顺的,如果在这方面心理准备不足,就会产生过激情绪,不仅影响工作,而且在愤世嫉俗的言行中使得自己的才华被埋没。因此,大学毕业生要调整心态,充分做好心理上的"受挫"准备,培养较强的心理承受能力。

3.克服自卑和自负的心理

大学毕业生要提高自己战胜挫折和困难的勇气,就要克服自卑心理,要对自己充满信心,用一种乐观豁达的心态来处理工作中的问题。在刚开始参加工作的时候,每个人都可能会做错事情,出得是难免的。只要能够不断总结经验,纠正错误,积极进取,就能不断进步。当然,大学毕业生也不能有自负心理,要知道"强中更有强中手,能人背后有能人"的道理。过于自负不但不能使人进步,还会对人际关系和工作带来不良后果。

(三)生理适应

步入职场的大学生应该积极适应"职业人"的生活习惯和生活模式。校园里养成的生活习惯可能需要做些改变。在学校的时候,有些学生喜欢睡懒觉,经常上课迟到或者频繁地请病假。这也许不会给大学生活带来严重的后果。可是,在工作期间,如果经常犯懒病、软脚病、馋猫病,每一件都可能带来非常严重的后果。所以,为了自己的职业前途,大学生应调整生活规律。爱睡懒觉的,应该提早上床休息;爱吃零嘴的,一定要分清场合;爱抽烟的,也许得戒烟等。有时候,工作环境的一些不成文的规定更是需要遵守。大学生若想要在事业上得到很好的发展,一定要快速在考虑上、思想上适应职场生活。

另外,走上工作岗位后,适应新的人际关系是适应环境的关键。只要大学生努力实践和锻炼,积极主动地适应职业角色,就可以不断进步,使自己早日走出迷茫的"过渡期",踏上成功的人生之旅。

第三章 求职技巧与方法

第一节 个人简历

对即将面临就业的毕业生而言,当务之急就是制作一份个人求职材料。因为在双向选择过程中,大部分用人单位安排面试的依据是有关反映毕业生情况的求职材料,通过这些求职材料来判断和评价毕业生的学习成绩、工作潜力。毕业生成功地向用人单位推销自己,拟定具有说服力和吸引力的求职书面材料是成功择业的第一步。

广义的求职材料应包括就业推荐表、求职信、个人简历和其他相关材料。毕业生的求职材料应多侧面、多角度准确全面地反映自己的专业水平、组织能力、领导能力和综合素质。通过书面求职材料,用人单位可从中了解到毕业生的身份、能力、综合素质等基本情况,以判断和评价毕业生的学习成绩、工作潜力,从而确定能否给毕业生提供面试的机会。

简历就是概括介绍毕业生个人基本情况,并对个人的技能、成就、经验、教育程度、求职意向做出一个简单的总结,是求职材料中最为重要的部分,是求职者全面素质和能力体现的缩影。简历同时也是对求职者能力、经历、技能等的简要总结。它的主要任务就是争取让对方和求职者联系,唯一的目的就是争取到面试的机会。一份简历好比是产品的广告和说明书,既要在短短几页纸中把求职者的形象和其他竞争者区分开,又要切实把求职者的价值令人信服地体现出来。

一、简历的形式

从形式上划分,简历可分为七种:完全表格式简历、半文章式简历、小册子式简历、提要,提要式(节略式)简历、按年月顺序(时间顺序)式简历、功能式简历及创造式简历。当然,这些形式互相之间可交叉重叠。下面就每种简历形式的主要特点做简单介绍。

1.完全表格式简历

完全表格式简历综述了多种资料,易于阅读,通常适用于年轻、缺乏工作经验的求职者。求职者可简单列出所学课程、课外活动、业余爱好和临时工作等资料,因为他们不深的资历很少需要分析和说明。

2.半文章式简历

半文章式简历使用较少的资料表格设计,表格的数量和文字记载的长度可以变化,以体现求职者的优势。这种简历通常适用于经验丰富的求职者,因为详述的资料比高度表格化的资料占据更多的篇幅。

3.小册子式简历

小册子式简历是一种多页的、半文章式的活页格式简历。这种简历可以有4页、8页,甚至20页。它的主要优点有两个:一是提供了一种可表述更多资料的便利工具;二是其封面上容纳了一份分别打印、专门设计的求职信。但小册子式简历需要很多专门的技能去撰写、设计,因此一般用得不多。

4.提要式(节略式)简历

提要式(节略式)简历是一种摘要式的简历,它是在完成了一份较长的简历后才摘编而成的。经历很丰富的求职者会先写一份完整的简历(如2~3页)来概括他的资历,然后从完整的简历中摘出他资历的要点。而详细的简历只有在招聘者要求时才提交出去。

5.按年月顺序(时间顺序)式简历

按年月顺序(时间顺序)式简历通过时间顺序排列资料及突出日期来强调时间。时间顺序通常是与中国人的习惯倒过来的,即从最近的时间开始往前推。如在工作经历一栏下,按时间顺序的简历从最近的工作开始,然后是最近工作的前面一份工作,再次是再前面的工作;在教育一栏下,按时间顺序式的简历也是如此,倒推排列。这种简历可以是完全表格式简历,或是半文章式简历,也可以是创造式简历。

6.功能式简历

功能式简历只强调工作的种类(功能),而不含有任何特别的时间顺序。功能式简历的主要优点是能突出实际成就,缺点是招聘者不得不排除他们自己推算的时间顺序。如果严密的时间顺序对你不利,你便可使用功能式简历;如果你的职业进展已经有了进步,并且你想找的工作和你最近的工作一样,则可采用按年月顺序(时间顺序)式简历。

7.创造式简历

艺术界、广告界、宣传界和其他创造性领域的求职者在准备简历时往往会打破标准的简历形式。创造式简历必须运用想象力,但也必须向招聘者提供他们需要的内容。它只能用于创造型行业,一般要避免用于银行业、商业、交通运输业和制造业。

二、简历的基本要素

(一)个人基本情况

个人基本情况包括求职者的姓名、性别、民族、照片、身高、体重、家庭住址、政治面貌、特长、联系方式等,其中联系方式尤为重要。

(二)教育背景

教育背景包括求职者的毕业院校、所学专业、学历、学位、所学的主要课程等。其中专业和课程尤为重要,在罗列所学课程时,要考虑申请职位所需。

(三)求职意向及工作目标

求职意向主要包括求职者所希望的工作岗位、薪资、地域等。工作目标即求职者需要选择一个特定的工作目标,彰显自己的职业规划和能力,切不可模糊隐晦,让用人单位猜测。

(四)工作经历

工作经历是简历的核心部分,在描述你的工作经历时,要写明从事的工作,列明你在公司的职责,注意突出重点,责任的描述之后应该紧跟工作业绩。简历中尽量提供能够证明自己工作业绩的量化数据,如拓展了多少个新的市场客户,年销售业绩达到多少万元,每年完成了多少项目等。不管你负责什么工作,只有在你描述了做得怎样之后才会有意义。可以问问自己:需要我做的是什么? 我是怎么做的? 做得怎么样? 我体现了什么价值?

(五)知识和技能

知识和技能部分主要是体现求职者的知识结构和技能,如英语水平、计算机水平、普通话水平等。求职者需要具备相应的资格证书。

(六)所获荣誉

所获荣誉部分主要是求职者在大学期间以及工作中所获得的荣誉,如奖学金、三好学生、优秀干部、先进个人以及参加活动所获得的奖项、证书等。

(七)自我评价

自我评价主要是总结自己的个性品质、学习能力、沟通能力、解决问题的能力等。在这一板块中,求职者切忌夸夸其谈,要客观务实,选择自己与职位需求相匹配的能力来写,突出重点。

(八)证明文件

证明文件可以有效地成为客观评价的依据。求职者可以为简历中某一段经历提供依据,尤其可以把某种奖励或证明附在简历的总结段落提到,或者也可以在谈及你担任某些重要职务或取得某些重要成就时把证明摆出来。

三、简历撰写的原则

(一)简短

简历不要太长,一般应届毕业生的个人简历有一页A4纸即可。据调查,用人单位花在每份简历上的平均时间不到1.5分钟,要想在这短短的90秒内迅速抓住招聘者的眼球,简历不做到短小精悍是不行的。

(二)清晰

简历应一目了然,确保简历的阅读者一眼就能看到他们需要的信息;要使用简单、清晰易懂的语言,而不要用一些高深莫测的语言;尽量不使用缩略语或学生中的流行词汇;若打印,应选择合适的字体和字号。

(三)准确

简历中的错别字很显眼,并且会直接影响阅读者对应聘者的印象。通过一份简历能看出一个人的语言文字功底和修养,而招聘人员考察应聘者的文字能力、细心程度等内容就是从简历开始的。因此,表达清楚、准确、规范,是简历语言的基本要求。

(四)整洁

整洁的简历能使阅读者在看到内容之前就对你产生好感,这样才能使之产生阅读的兴趣。因此,简历最好用激光打印机打印,不要使用效果不佳的复印,并注意保持简历的干净整洁。

(五)真实

撰写简历时既不要夸张(自负),也不要消极地评价自己(过分谦虚),更不能编造。简历一定要用心设计,有些简历一看就知道是抄袭他人的,有些甚至是明显的张冠李戴。

精选案例:

小王的身高是171厘米,但是他听说很多单位招聘时对身高有要求,于是他在简历的"身高"一栏填了"175厘米"。参加招聘时,为了使自己的身高与简历上的一致,小王特意穿了增高鞋,因此招聘会上的主管人员并未发现异常。由于小王的其他条件都符合单位,的用人要求,招聘人员对小王很满意,小王很快就收到了单位的面试通知。

等小王到公司面试时,公司的第一个面试项目就是测量净身高,于是小王弄虚作假的事情就暴露了。考虑到小王的诚信问题,该用人单位最终淘汰了小王。

由此可见,在制作简历时,同学们一定要实事求是,做到诚信真实,切忌弄虚作假。

四、简历中常见的错误问题

(一)缺乏针对性

一份标准模板下做出来的简历适用于多种行业、多个职位的求职。没有针对性,你自然无法吸引HR的眼球。

(二)求职简历出现明显错误

在简历中出现错别字、语法错误、逻辑错误、常识错误等都是会影响求职的。

(三)条理不清

简历布局不合理,结构层次混乱,逻辑重复,会增加阅读与理解上的困难。

(四)太过简单

有一些人的求职简历相当简单,工作经历只写到年,工作情况只写岗位名称,教育情况,只写大专或本科,让人看到后了解的信息有限,那么也不会再进一步考虑了。

(五)求职简历不完整

有一些人的求职简历内容不够完整,如工作经验中,有一两年的经验是空白的,这种处理会让人产生怀疑。

(六)照片不合适

有的人在简历上选择的照片过于花哨,浓妆艳抹;有的人的照片则是大头贴,尽显可爱;还有的人的照片选择情侣照。这些照片都是不合适的。简历中的照片应该避免艺术照和生活照,选择正装照,梳理整齐,干净整洁即可。

五、如何制作一份完美的简历

(一)针对性强

企业对不同岗位的职业技能与素质需求各不一样。因此,建议在写作时最好能先确定求职方向,然后根据招聘企业的特点及职位要求进行量身定制,从而制作出一份针对性较强的简历。

(二)言简意赅

一个岗位可能会有数十个甚至上百个应聘者投简历,导致人力资源查看简历的时间相当有限。因此,建议求职者的简历要简单而又有力度,大多数岗位简历的篇幅最好不超过两页,尽量写成一页(技术相关工作岗位可写成两至三页)。

(三)突出重点,强化优势

一是目标要突出,如果简历中没有明确目标岗位,则有可能直接被淘汰;二是突出与目标岗位相关的个人优势,包括职业技能与素质及经历,尽量量化工作成果,用数字和案例说话。

(四)格式方便阅读

网络上提供了很多简历模板,只能起到参考作用,毕竟每个人的情况各不相同,那些模板未必适合你。因此,求职者应该慎用网络上提供的简历模板及简历封面,而是应该根据自身的情况进行合理设计。正常情况下,一份简历只要包含个人基本信息、求职意向、职业,技能与素质、职业经历四大部分即可,其他信息可视具体情况添加。

(五)逻辑清晰、层次分明

要注意语言表达技巧,描述要严密,上下内容的衔接要合理,教育及工作经历可采用倒叙的表达方式,重点部分可放在简历最前面。

(六)客观真实

诚信是做人之根本,事业之根基。一个不讲诚信的人,很难在社会上立足。同理,如果,你在简历中弄虚作假,将会失去更多的机会。即使你能侥幸获得面试机会,但有经验的HR在面试过程中一般都可以看穿,只要被发现有一处作假,就会觉得你处处作假,你将被淘汰。因此,求职者在写简历时一定要做到客观、真实,可根据自身的情况结合求职意向进行纵深挖掘、合理优化,而非夸大其词、弄虚作假。

六、简历的投递与管理

随着互联网的发展与普及,企业揽才也更多选择成本低、方便快捷的网络招聘途径。网络招聘具备方便快捷、低成本、无区域限制、资源丰富等优点,随着网络招聘逐年的发展与完善,越来越受到企业和求职者的欢迎。

(一)简历的投递

1.附件与主题

用邮件给用人单位发简历往往会遇到两种选择:简历直接放在邮件正文中还是随附件发送? 这需要大家视具体情况灵活选择。

(1)正文发送简历

很多公司的邮箱容量比较小,且为了防止电脑病毒传播,很多公司的邮件系统是不允许邮件中带附件的。如果是这种情况,带附件的邮件要么是被直接删除,要么就是附件被过滤。正是基于这个原因,很多公司的HR在接收简历的时候,要么选择网易,Sohu等公共邮箱,要么使用不能接收附件的公司邮箱。如果是不能接收附件的公司邮箱,就需要应聘者将简历以E-mail正文的形式发送。

①正文发送简历的优点如下:

无须下载附件,HR打开邮件正文即可看到简历内容。

纯文本格式,容易查看,不会因为电脑没安装某种软件而打不开文档简历文件(如doc,pdf等格式)。

②正文发送简历的缺点如下:

正文中简历格式由于各种原因(如邮件编码、邮件发送及转发)而容易混乱,难以保证美观。

正文中贴照片比较困难、麻烦。

(2)附件发送简历

附件形式发送简历可以完全保证简历格式,方便HR下载简历打印。但是多数外企邮箱大小容量有限制,且对附件严格限制。

①附件发送简历的优点如下:

完全保证简历格式,方便HR下载简历打印。

简历中的照片不受影响。

②附件发送简历的缺点如下:

附件容易被公司邮箱系统拒收、删除。

附件较大时,邮件发送过程可能会因为不稳定因素而导致邮件发送失败。

那么,用 E-mail 投递简历时,应如何选择简历投递方式呢? 建议参照以下原则,首先查看招聘信息中对简历投递的要求,是否注明了是采用正文发送简历还是附件发送简历,严格按照招聘信息中的要求来投递简历。如果招聘信息中没有注明是采用正文还是附件,那么首先查看接收简历的 E-mail 邮箱类型,看其是公司系统邮箱,还是网易等公共邮箱。如果是公司系统邮箱,则采用正文发送简历;如果是网易等公共邮箱,建议采用附件发送简历。采用附件发送简历时,请注意以下事项。

采用附件发送简历的同时要在正文中写求职信,一定不能在邮件正文中留空或者只是注明"附件是我的简历"等,一定要在正文中写上求职信,说明应聘的职位名称、为什么适合这个职位及自己的技能素质等优点。这样做的目的就是在 HR 没有下载附件简历前将自己的最大优势呈现出来。

附件的大小问题:

以附件发送简历,只需要单独发送简历即可,无需发送成绩单、证书等其他附件。除非招聘信息中明确注明要提供这些材料,以免使附件文件过于庞大。因为不是每个公司的网络连接外网都很快。

另外,电子邮件投递时还需要注意一个细节,就是"主题",通常,如果没有单独写出主题,那么收件人查看邮件时会不太清楚内容是什么。尤其是 HR,每天会收到大量的电子邮件,如果没有明确的主题区分,那么 HR 只能每一封都打开查看,这无疑给他们带来了很大的工作量。而且如果 HR 时间有限的话,对于不合要求的邮件,打开查看的可能性也很小。

2. 文件的兼容性

计算机软件有个特点,高版本能兼容低版本,但低版本无法兼容高清版本。如果是采用最新版的 Word 软件(如 Office 2010),在保存文件时,一定要保存为低版本的格式,使得低版本的 Word 软件能够正常打开(如 Office 2003)。因为多数公司 HR 使用的电脑,其 Office 软件未必是最新版本,如果简历保存的是 Word 高版本格式(如 .docx 格式),则 Office 2003 的 Word 是无法正常打开的。由于不确定 HR 电脑上安装的是什么样的软件,所以最好能将文件保存成较低版本的格式,这样也可以避免对方打不开的情况出现。同时,也不要将简历压缩成 rar,zip 等压缩文件格式,因为也不是每个公司 HR 电脑都装有解压缩的工具。

电子版简历的文件名称也需要格外注意。最为妥当的方式就是按照公司的要求,与写邮件时的主题要求一致,写清楚各种信息。经过对多家公司的招聘信息进行总结,发现HR的要求几乎都是如下几种。

"姓名+岗位名称"

"姓名+岗位名称+岗位性质""姓名+应聘岗位+某某论坛"

"姓名+学历十学校+工作年限+应聘岗位+意向城市"

"××××应届生岗位+院校+姓名+应聘岗位+意向工作地"

在写简历时一定要看清要求。

3.邮箱名称也有门道

关于邮箱名称不正规引发的求职失败屡见不鲜。现在很多同学使用QQ邮箱,觉得这样既快捷又方便,但是请注意,当你使用QQ邮箱给HR发邮件的时候,如果默认设置发件人是你的QQ昵称,那么就会有一些很尴尬的事情发生。因为QQ昵称五花八门,有些甚至难登大雅之堂,HR不仅很难将它与你本人对号入座,而且有时会产生一些不利于你的联想。所以,最恰当的方法还是在专门的公共邮箱处正规注册一个邮箱,并且建议这个邮箱名最好包含自己的姓名拼音,这样可辨识性更高。

4.多次反复投递

有些同学第一次发送简历时没有仔细检查,后来发现有问题,紧接着又给HR发了一遍,并且在主题中没有解释为什么发两次,导致HR单纯以为是重复发送,很可能直接忽略掉正确版本。

由于一些网络原因,在线投递的时候容易出现连不上服务器的情况,所以最好选择人员相对不密集的时间上网,如午饭时间、早晨等,这段时间网速也相对稳定。

5.海投or精准投递?

对于即将毕业,怀揣精心准备的简历,热切盼望面试通知的应届生而言,特别希望借助互联网大量的信息,通过遍地撒网提高命中率,一转身却连应聘的单位名字都没记清。多数用人单位表示,对于盲目"海投"简历的毕业生,他们并不愿意收,建议同学们切忌抱着试试看的心态"海投"简历,对企业进行"简历轰炸",这样做将大大加重企业负责人的工作量,对企业造成困扰,也将失去求职机会,应该先准确了解企业的招聘需求,结合自身实际情况,有针对性地投简历。

"海投"实际上是毕业生在求职中放弃了选择权,同时也是缺乏自信的表现,但主动性和自信心却往往是企业招聘时特别看重的品质,尽管现在就业形势严峻,但盲目"海投"成功率很低,同时也会浪费宝贵的招聘资源。毕业生求职前还应好好想一下自己想做什么、能做什么、该做什么,想好了再去投简历。

6.网申简历投递须知

网申简历是通过公司官方网站的招聘页面,或者第三方的招聘网站开设的专门的页面投递简历的求职方式。招聘方通过该页面收集简历,并对应聘者进行初步筛选。申请者填写信息通常会由机器筛选,和普通的电子投递邮件简历方式最大的不同在于,网申简历往往要包括开放式问题的问卷,这些提问侧重于个人的合作能力和技巧,工作的抗压能力,是否有不利于工作的性格缺陷。

HR或简历机器会通过关键词检索的方式,将符合自己需要的简历初筛一遍。网申简历投递成功率的高低,主要看应聘者对自己的认识和对发展目标的理解。先想清楚一个问题,那些最大牌的公司真的是最佳选择吗?你应该知道一个事实,加入最大牌公司的最佳时段不是这个公司最有实力的时候,而是公司开始有实力的时候,找到这样的目标,网申简历投递竞争压力小,个人成长空间也大。

(1)准则:网申简历各部分填的东西越多分数越高;实习的公司越好、时间越长分数越高。

(2)准备:在申请前,应该做好充分准备。比如,看看公司的企业文化,对于企业文化、核心业务、中国分公司发展等情况的了解,有助于答题能更好地契合企业要求。

(3)耐心:网申简历投递过程一般情况下需要很长时间,有的甚至三四个小时,所以大家千万不要放弃,不认真填写网申的唯一结果就是被刷下来。在如今的求职过程中,淘汰率最高的当属网申简历!

(4)细心:千万不要犯低级错误,注意拼写、语法等细节问题。一般大公司都比较注重专业精神,像平时发E-mail一样的"个性"风格往往不易被接受。网申简历投递虽不见面,却也不要因手指的失误,失去了宝贵的印象分。

(二)简历的管理

简历投递之后不是万事大吉了,要想收获理想工作,投递简历之后还不能松懈。

大部分同学投递简历是一个持续的过程,投完一家也忘了上一家到底投的职位是什么,甚至连公司名称都不记得。这种状态下接到HR的面试通知,甚至是电话面试的话难道还要问一句:贵公司叫什么? 我投了贵公司的什么职位? 这样的第一次接触很难给HR留下好的印象。

企业对求职者的考察是从简历投递出去的那一刻起就开始的,因此,接到笔试或者面试电话时要有礼貌、态度要谦和;否则,HR很可能因为你在电话里的态度而给你预判"死刑"。建议大家养成良好的投递记录习惯,每投一家公司都记录下投递的日期、职位、公司名称、申请方式等信息。对有反馈的招聘方进行标注,写下反馈记录,对自己的投递状态做到心中有数。在接到面试电话时,就能给HR留下一个有礼貌的印象,这必然会给你加分。

简历投递一段时间后,如果还没有收到任何回复,也可以再次发送邮件或者打电话询问进展情况。这样一是表明自己很期望得到这份工作,二是如果得到拒绝的消息,也不必沮丧,可以顺势问下被淘汰的原因。很多公司还是愿意把理由说清楚的,如果是毕业生自己的原因,也能够尽快改善。

第二节 面试及其应对策略

面试是招聘单位以当面交谈的方式对应聘者进行考察的形式,也是招聘单位直观地了解应聘者求职动机、就业意向、表达能力等的有效方式,同时也是应聘者向招聘单位详细了解就业环境、工作内容、福利待遇等的宝贵时机。面试是招聘过程中具有决定性的环节,应聘者的面试表现往往是招聘单位作出决定的重要依据。本节将介绍面试的形式与内容、面试的准备和面试的应对策略,以帮助应届毕业生在面试中脱颖而出。

一、面试的形式与内容

根据不同的分类方法,面试的形式大致有以下类型:

(一)根据面试的标准程度而分

根据面试的标准化程度,面试可以分为结构化面试、半结构化面试和非结构化面试三种。结构化面试是指面试题目、面试实施程序、面试评价、考官构成等方面都有统一明确的规范的面试;半结构化面试是指只对面试的部分因素有统一要求的面试,如规定有统一的程序和评价标准,但面试题目可以根据面试对象而随意变化;非结构化面试则是对与面试有关的因素不作任何限定的面试,也就是通常没有任何规范的随意性面试。

(二)根据面试对象的多少而分

根据面试对象的多少,面试可分为单独面试和集体面试。单独面试是一次只有一个应考者的面试,现实中的面试大都属于此种类型。单独面试的优点是能够给应考者提供更多的时间和机会,使面试能进行得比较深入。单独面试又分为两种类型,一种类型是只有一位考官负责整个面试过程,这种面试方式大多在较小的单位录用较低职位的人员时采用;另一种类型是多个考官面试一位应考者,这种形式在国家公务员录用面试和大型企业的招聘面试中广泛采用。集体面试则是多名应考者同时面对考官的面试,主要用于考察应试者的人际沟通能力、洞察与把握环境的能力、组织领导能力等。在集体面试中,通常要求应试者做小组讨论,相互协作解决某一问题,或者让应试者轮流担任领导主持会议,发表演说等,从而考察应考者的组织能力和领导能力。无领导小组讨论是最常见的一种集体面试法。众考官坐在离应试者一定距离的地方,不参加提问或讨论,通过观察、聆听为应试者进行评分,应试者自由讨论主考官给定的讨论题目,这一题目一般取自于拟任岗位的职务需要,或是现实生活中的热点问题,具有很强的岗位特殊性、情景逼真性、典型性和可操作性。

(三)根据面试的目的而分

根据面试的目的不同,可以将面试分为压力性面试和非压力性面试。压力性面试是将应考者置于一种人为的紧张气氛中,让应考者接受诸如挑衅性的、非议性的、刁难性的刺激,以考察其应变能力、压力承受能力、情绪稳定性等。典型的压力式面试是考官以穷追不舍的方式连续就某事向应考者发问,且问题刁钻棘手,甚至逼得应考者穷于应付。考官以此种"压力发问"方式逼迫应考者充分表现出对待难题的机智灵活性、应变能力、思考判断能力、气质性格和修养等方面的素质。非压力性面试是在没有压力的情境下考察应考者有关方面的素质。

(四)根据面试内容设计的重点不同而分

根据面试内容设计的重点区别,可将面试分为行为性、情境性和综合性三类面试。行为性面试的内容侧重于应考者过去的行为;情境性面试是通过给应考者创设一种假定的情境,考察应考者在情境中如何考虑问题、做出何种行为反应;综合式的面试则兼有前两种面试的特点,而且是结构化的,内容主要集中在与工作职位相关的知识技能和其他素质上。

(五)根据面试的功能而分

依据面试的功能差别,可以将面试分为鉴别性面试、评价性面试和预测性面试。所谓鉴别性面试,就是依据面试结果把应考者按相关素质水平进行区分的面试;评价性面试则是对应考者的素质作出客观评价的面试;而预测性面试是指对应考者的发展潜力和未来成就等方面进行预测的面试。

(六)根据面试结果的使用方式而分

依据面试结果的使用方式,可以将面试区分为目标参照性面试和常模参照性面试。所谓目标参照性面试,就是面试结果须明确应考者的素质水平是否达到某一既定的目标水平,通常分为合格与不合格两种;而常模参照性面试,则是根据面试结果对应考者按素质水平高低进行排序,从而优胜劣汰决策的面试,结果往往分为若干档次。

(七)根据面试的进程而分

根据面试的进程可以将面试分为一次性面试和分阶段面试。所谓一次性面试,即指用人单位对应考者的面试集中在一次进行。在一次性面试中,考官通常由用人单位人事部门负责人、业务部门的负责人及人事测评专家构成。而分阶段面试是指分为几次进行的面试,一般先由人事部门对应考者进行面试,主要是考察一些一般性的问题,将明显不合适的人选剔除。然后再由用人部门的主管人员进行面试,此次面试主要考察应考者的专业知识和业务技能,衡量应考者对拟任的工作岗位是否合适。最后,人事咨询顾问会对应考者进行面试,其目的是对应考者与拟任职位有关的心理方面的特质,如情绪稳定性、进取心与成就动机、自信心等进行测试。

(八)面试的内容

不同的招聘单位对面试过程的设计会有所不同,但一般来说,面试可以分为以下四个阶段:

1.准备阶段

准备阶段主要是以一般性的社交话题进行交谈,目的是使应聘人员能比较自然地进入面试情境之中,以便消除毕业生紧张的心情,建立一种和谐、友善的面试气氛。毕业生这时就不需要详细地对所问问题进行一一解答,可利用这个机会熟悉面试环境和考官。

2.引入阶段

社交性的话题结束后,毕业生的情绪逐渐稳定下来,开始进入第二阶段。这一阶段主要围绕其履历情况提出问题,给应聘者一次真正发言的机会。例如,"请用简短的语言介绍一下你自己""在大学期间所学的主要课程有哪些""谈谈你在学校期间最大的收获是什么"等问题。毕业生在面试前就应对类似的问题进行准备,回答时要有针对性。

3.正题阶段

进入面试的实质性正题,主要是从广泛的话题来了解应聘人员不同侧面的心理特点、行为特征、能力素质等,因此,提问的范围也较广,主要是针对应聘者的特点获取评价信息,提问的方式也各有不同。

4.结束阶段

面试官在该问的问题都问完后,会问类似"我们的问题都问完了,请问你对我们有没有什么问题要问"这样的话题进入结束阶段,这时毕业生可提出一些自己想提问的问题,但不要问类似"请问你们在我们学校要招几个人"这样的问题,可以就如果被公司录用可能会接受的培训、工作的主要职责等问题进行提问。

二、面试的准备

(一)准备完善的自我介绍

求职面试时,大多数面试考官会要求应聘者做一个自我介绍,一方面以此了解应聘者的大概情况,另一方面考察应聘者的口才、应变和心理承受能力、逻辑思维能力等。千万不要小看这个自我介绍,它既是打动面试考官的敲门砖,也是推销自己的极好机会,因此一定要好好把握。应聘者具体应注意以下几个方面:

1.自我介绍时,首先应礼貌地做一个极简短的开场白,并向所有的面试人员示意。如果面试考官正在注意别的东西,可以稍微等一下,等他注意力转过来后再开始。

2.注意掌握时间。如果面试考官规定了时间,一定要注意时间限制,既不能超时太长,也不能过于简短。

3.介绍的内容不宜太多地停留在诸如姓名、工作经历、时间等东西上。因为这些在的简历表上已经有了,应该更多地谈一些跟所应聘职位有关的工作经历和所取得的成绩,以证明你确实有能力胜任所应聘的工作职位。

4. 做自我简介时,眼睛千万不要东张西望,四处游离,显得漫不经心的样子,这会给人做事随便、注意力不集中的感觉。眼睛最好要多注视面试考官,但也不能长久注视。尽量少加手的辅助动作,因为这毕竟不是在做讲演,保持一种得体的姿态也是很重要的。

5. 自我介绍结束后不要忘了道声谢谢,有时往往会因此影响考官对你的印象。

接到面试通知后,最好提前打个自我介绍的草稿,然后试着讲述几次。在自我介绍中应该注意将自己的优缺点进行客观的描述,把握招聘单位对人才及其技能的需求,同时注意保持良好的仪态。

(二)讲究面试礼仪

1. 入座礼仪

入座时要轻而缓,不要发出任何嘈杂的声音。面试过程中,身体不要随意扭动,双手不要有多余的动作,双腿不可反复抖动。

性别不同,面试就座时的礼仪要求也有所不同。男性就座时,双脚踏地,双膝之间至少要有一拳的距离,双手可分别放在左右膝盖之上,若是面试穿着较正式的西装,应解开上衣纽扣。女性在面试入座时,双腿并拢并倾向一侧,双脚可稍有前后之差,如果两腿斜向左方,则右脚放在左脚之后;如果两腿斜向右方,则左脚放置右脚之后。若女性穿着套裙,入座前应收拢裙边再就座,坐下后,上身挺直,头部端正,目光平视面试官。坐稳后,一般占座位的2/3,两手掌心向下,自然放在两腿上,两脚自然放好,两膝并拢,面带微笑保持自然放松。

2. 交谈距离礼仪

交谈是为了与别人沟通,要做到愉快地交谈,除了要注意说话的内容外,还应注意保持一定的距离。说话时,如果与对方离得太远,会使对方误认为你不愿和他表示友好和亲近,这显然是失礼的。但如果离得太近,一不小心就会把唾沫溅在别人脸上,这也是失礼的。因此,在与别人交谈时应注意保持合适的距离,一般保持一两个人的距离最为适宜。倘若交谈时忽然想打喷嚏、清喉咙,要转过身,最好是取出手帕或餐巾纸捂住口鼻,之后要表示歉意。

此外,人作为一个整体形象,双方交谈传递信息,不仅凭借语言,而且还要依赖身体语言来发挥魅力,如手部动作、面部表情变化等。面试时选择一个最佳距离,才能够更好地发挥。

3.起身离开礼仪

面试交谈完毕,要礼貌起身。起立的动作最重要的是稳重、安静、自然,绝不能发出任何声音。入座通常由左边进入座位,起立时也由左边退出。

(三)面试着装要点

求职面试准备中不可忽视的还有衣着装扮。大方得体的面试着装,可使毕业生们在面试时更有信心。准备服装时应首先考虑应聘单位的性质及应聘的职位。如果应聘单位规定穿制服的话,可以准备整洁大方的套装;如果是网络公司的话,可以着便装;如果应聘销售、公关等职位的话,穿深色或灰色的套装会比较合适。服装问题应该在面试前一天晚上就决定,并准备好。

对男生而言,深色西装适合任何面谈,再配上白色或者浅灰、浅蓝衬衣,款式简洁的领带。衣服必须干净平整,头发务必梳理整齐,皮鞋擦亮,指甲清洁,刮干净胡子。

女生的服装比男生有更多的选择,但仍以保守为佳。深色或中性色的套装,或者夹克和裙子,裙子以过膝的一步裙为好,配上一件端庄的衬衣(请勿加花边),穿上与之相配的深色长筒袜及半高跟的高跟鞋,搭配棕色或黑色的手提包。

准备面试服装时,还应注意以下几点:

1.切忌脏污和褶皱。破旧、褶皱的服装,也许很"酷",但绝对不适合穿去面试,如此装扮会让人觉得你个性吊儿郎当,没有诚意。

2.切忌着装可爱或太花哨。职场不同于演出,着装不能太可爱、太花哨。

3.忌浓妆艳抹。在面试时,应该上淡妆,提升气色,遮挡让人略显疲惫感的黑眼圈。不过,太过浓烈的浓妆艳抹不合适,要尽可能避免。

三、面试的应对策略

(一)心理准备

通过"假想"的方法在面试前预估面试的场景和内容,不断地完善相关问题的答案。面试前调整好自己的情绪,保持良好的精神面貌。美国一个著名短跑运动员曾经说过她的成功秘诀之一便是"假想"。除了刻苦的训练和心理调节外,她在每次赛前都会假想跑道的长度、弯度、材质弹性,周围的人山人海甚至场边青草的香味。

面试前,不但要假想面试的场景气氛,而且要想好每一步可能发生的情景。

对于自己的履历应该烂熟于心,对于一些常规性问题做好充分准备。例如,"你认为你能为公司做些什么""你为什么认为自己适合这份工作?"等。对于自己的优势、弱势更要理性分析,针对诸如"你的缺点是什么"这样的提问,要用简洁而正面的语言回答。

(二)材料和文具准备

1.钢笔或水笔两支。带钢笔或水笔是以备随时填写正式的表格。带两支是为了以防万一。

2.记事本。面试时记录或计算可能用得到。将笔和笔记本放在手提包的外层,方便随时使用。

3.最近更新的简历。至少两份,多多益善。即使你的简历使你获得面谈机会,约谈者仍有可能收取另一份履历。准备完整的履历有两个目的:第一,在公司填写申请表时,可随时取出作为参考。第二,面谈后可直接留给公司。多准备几份的目的在于如果不止一个面试官的话,可以表现出你的仔细准备。

4.文凭和各种证书。文凭和证书俗称"敲门砖",如果担心丢失,就带复印件。

5.照片和身份证。有可能用不着,但有备无患。

6.报纸或杂志一份。有时等候面试的时间很长,在等待的时候可以翻看报纸或杂志。不过千万不要携带"八卦"杂志,最好携带相关专业杂志,可以显现出你始终关注这个领域的动向。

7.公文包一个。准备一个适合自己的公文包,来携带以上物品。

8."秘密武器"。如果有工作成果的证明或作品甚至专利证明,请务必带上,这是证明自己最好的"秘密武器"。

(三)熟悉招聘单位和应聘职位

熟悉可能任职的新单位会增加面试官对你的印象,因为你对招聘单位了解越多,表明你对这个单位及工作越有兴趣。此外,还可以增加你在面谈时的自信。一般招聘单位通知面试有两种方式,一是电话,二是来信或 E-mail。面试通知的到来也意味着应聘的开始。如果是电话,除了记下对方单位名称、面试时间和地点外,要尽力搞清以下问题:面试的方式,是多人同时进行面试,还是一个一个单独面试:面试的内容,是不是会有笔试,或者此次面试只进行笔试:面试的对象,面试官姓氏和职位,是人事主管还是部门负责人。如果是书面通知,要及时打电话向对方询问。

随后的应聘自然是搜集该单位的资料,如单位的规模、性质、开办年月、产品项目、年营业额、成长幅度、人事制度、企业文化、在行业中的排名等,了解得越清楚,面试成功率也就越高。现在的单位一般都有自己的网站,这为成功应聘省下不少力气。一个对面试单位很熟悉的应聘者,往往比较容易获得面试官的认同。此外,如果能够了解单位的氛围,对准备合适的服装和谈吐也是十分有用的。

重要的是,尽可能了解你所申请的职位。如果你熟悉职务的性质,你将会成为强有力的申请人。值得注意的一点是,为某项特殊职务做好一切准备绝对是正确的。但是,千万不可将自己局限在某项特殊职务上,而忽略对其他职务的考虑。

(四)熟悉通勤路线

准备好了这一切,剩下的就是通过地图确定到达面试地点的路线,特别留意一下住的地方到对方单位的交通,有时面试会提到相关问题,选一个时间最短的答案备用。如果有时间,最好能先跑一趟,也可提前到达观察一下招聘单位周边的环境。

做好以上准备,面试便成了一场"有准备的仗",毕业生们只需带上自信心,就可以轻松应对面试了。

第三节 笔试及其应对策略

笔试是招聘单位采用书面形式对应聘者进行考察和评估的一种测试形式,是高校毕业生求职应聘的一个重要环节。笔试考察范围一般包括基本知识、专业知识、文化素养和心理健康等,实际是考察应考者的综合素质。由于笔试成绩具有真实、客观、公正及便于排序等特点,所以笔试是各类招聘单位所普遍使用的考察方式。熟悉和了解求职中的笔试环节对毕业生来说十分必要。

一、笔试的形式和内容

(一)笔试的形式

从考试的方式上看,笔试可以分为现场集中答题和远程在线答题;还可以分为开卷考试和闭卷考试。

1.公务员招聘的笔试形式

中央、国家机关公务员考试是公务员主管部门组织的担任主任科员以下及其他相当职务层次的非领导职务公务员的录用考试。公共科目笔试是根据公务员应当具备的基本能力并针对职位进行的考试。按照职位性质,报考职位分两大类,报考者只能选择一个类别中的一个部门或单位进行报考。以中央党群机关、中央国家行政机关及部分中央垂直管理机构中的省级机关和直属机构,部分依照公务员制度管理的国务院直属事业单位为第一类。以中央垂直管理机构地(市)级以下所有机关及部分中央垂直管理机构中的省级机关和直属机构,部分依照公务员制度管理的国务院直属事业单位为第二类。

中央、国家机关的公务员笔试包括公共科目和专业科目,以前公共科目笔试分A、B类职位分别进行。A类职位笔试公共科目为《行政职业能力测验》(A)和《申论》;B类职位笔试公共科目为《行政职业能力测验》(B);另外,专业科目笔试和面试时间由招考部门自行通知。从2006年开始,A、B类都要考一样的科目,就是《行政职业能力测验》和《申论》,只不过《行政职业能力测验》分别命题。公共科目由中央公务员主管部门统一确定,专业科目由省级以上公务员主管部门根据需要设置。

公共科目全部采用闭卷考试的方式,其中,行政职业能力测验的考察范围包括常识、言语理解与表达、数量关系、判断推理及资料分析;考试时限120分钟,满分100分,全部为客观性试题,共135~140道题,时间短、题量大,这就要求考生不仅做题速度要快,还要具备一定的答题技巧,更重要的是要具备良好的心理素质。申论主要通过考生对给定材料的分析、概括,考查其运用马克思主义哲学、邓小平理论和行政管理等理论知识以公务员身份解决实际问题的能力,以及阅读理解能力、综合分析能力和文字表达能力,申论试题全部为主观性试题,考试时限为180分钟,满分100分。每年合格分数线根据职位级别的不同而有所差别。

省级、市(地)级、县(区)级公务员考试的笔试与国家考试形式基本一致,具体要求还需报考者认真阅读其招聘公告。各个地方的考试科目为地方自拟,有意报考地方公务员考试的毕业生要注意查阅当地政府公布的招考简章,以便有针对性地复习。

2.事业单位招聘的笔试形式

事业单位考试又称事业编制考试,这项工作由各用人单位的人事部门委托省级和市、地级的人事厅局所属人事考试中心命题和组织报名、考试,并交用人单位成绩名单,部分单位自行命题组织实施。目前尚无全国统一招考,省级、市(地)级、县(区)级各个单位统一招考,一般规模大的采取网络报名的方式,人数少则采取现场报名的方式。招考公告一般情况下发布在省级、市(地)级、县(区)级的人事厅局所属的人事考试中心的网站上,笔试和面试分数基本上各占一半,有些地区笔试与面试成绩比为4:6,一般无最低分数线,按分数从高到低择优录取。

3.企业招聘的笔试形式

企业招聘的笔试形式较为多样化,笔试程序有现场集中笔试的,也有远程在线答题的;考试类型有闭卷考试的,也有采取开卷形式的;笔试时间由企业灵活安排;笔试的内容、各部分所占权重以及积分和晋级规则等,均由招聘企业设计安排。但部分行业和一些成熟企业会依据多年招聘经验而形成较为规范的笔试形式,毕业生们需要关注相关行业和企业在往年招聘中的笔试形式。

很多公司都非常看重应试者的守纪与诚信,因此考试中应遵从监考人员的指示,在没有得到指令的情况下翻阅试卷,很有可能被取消笔试资格。毕业生们要明确一点,笔试不仅仅是一场考试,也是求职过程中的一个环节,考场上的表现很可能会影响到之后的面试。

(二)笔试的内容

1.公务员招聘的笔试内容

行政职业能力测验主要测试与公务员职业密切相关的、适合通过客观化纸笔测验方式进行考察的基本素质和能力要素,包括言语理解与表达、数量关系、判断推理、资料分析和常识判断等部分。

(1)言语理解与表达,主要测试报考者运用语言文字进行思考和交流、迅速准确地理解和把握文字材料内涵的能力,包括根据材料查找主要信息及重要细节;正确理解阅读材料中指定词语、语句的含义;概括归纳阅读材料的中心、主旨;判断新组成的语句与阅读材料原意是否一致;根据上下文内容合理推断阅读材料中的隐含信息;判断作者的态度、意图、倾向、目的;准确、得体的遣词用字等。常见的题型有阅读理解、逻辑填空、语句表达等。

(2)数量关系,主要测试报考者理解、把握事物间量化关系和解决数量关系问题的能力,主要涉及数据关系的分析、推理、判断、运算等。常见的题型有数字推理、数学运算等。

（3）判断推理，主要测试报考者对各种事物关系的分析推理能力，涉及对图形、语言概念、事物关系和文字材料的理解、比较、组合、演绎和归纳等。常见的题型有图形推理、定义判断、类比推理、逻辑判断等。

（4）资料分析，主要测试报考者对各种形式的文字、图表等资料的综合理解与分析加工能力，这部分内容通常由统计性的图表、数字及文字材料构成。

（5）常识判断，主要测试报考者应知应会的基本知识，以及运用这些知识分析判断的基本能力，重点测试对国情社情的了解程度、综合管理基本素质等，涉及政治、经济、法律、历史、文化、地理、环境、自然、科技等方面。

申论考试中，考生根据指定的材料进行分析，提出见解，并加以论证。申论主要考察应考人员对给定材料的分析、概括、提炼、加工能力，测试应考人员的阅读理解能力、综合分析能力、提出问题和解决问题能力、文字表达能力等，申论考试是具有模拟公务员日常工作性质的能力测试。

专业科目考试。公共科目笔试成绩公布后，中央公务员主管部门将根据《招考简章》公布的计划录用人数与面试人选的确定比例，从通过公共科目笔试最低合格分数线的报考人员中，按照成绩从高到低的顺序，确定各职位参加专业科目考试的人员名单。各职位参加专业科目考试的人员名单将在考录专题网站上统一公布。报考人员可登录该网站查询是否进入专业科目考试。专业科目考试的时间、地点、考试大纲及要求等内容由招录机关确定。专业科目考试的组织实施由招录机关负责。

2.事业单位招聘的笔试内容

近年来，各地事业单位笔试科目以《公共基础知识》为主，内容主要包括马克思主义哲学、毛泽东思想概论、中国特色社会主义理论体系、部分法律知识、职业道德、文史基础常识、公文与论文写作知识、自然科技常识、环境保护、事业单位概况、省情市情县情概况及时事政治等。

3.企业招聘的笔试内容

（1）专业知识和技能测试。这种考试主要检验求职者具备的文化知识和相关的实际能力。一般招聘单位在接收毕业生时，主要是看学校提供的推荐表及成绩单，同时再辅以自荐材料就可以了解其基本的知识能力等情况。但大部分招聘单位，需要通过笔试的方式对应聘者进行专业知识的再考核。值得注意的是，这种笔试已成为越来越多的企业不可或缺的招聘环节。企业招聘笔试主要针对研发型和技术类职位的应聘者，这类职位对于相关专业知识的掌握要求比较高,题目主要涉及工作需要的技术性问题,专业性比较强。对毕业生而言,专业笔试主要考查基础知识、基本技能,而不是很高深的学问,一般都是专业基础课。这类考试的结果和毕业生们的大学学习成绩密不可分。所以,要成功应对这类的考试,需要坚实的专业基础。大公司和小公司的笔试内容的侧重点有很大区别。一般小公司注重实用性,考得比较细;大公司则强调基础和潜力,所以考得比较泛。对于大公司的笔试,建议看看公务员考试的教材,熟悉其中的智商题和综合性问题对准备大公司的笔试是很有帮助的。

（2）性格和心理测试。要求被试者完成事先编制好的标准化量表或问卷,根据完成的数量和质量来判定其心理水平或个性差异。一些特殊的用人单位常常以此来测试求职者的态度、兴趣、动机、智力、个性等心理素质。

（3）英语能力测试。英文笔试是在所有的笔试中占的比例最大的一类非技术性笔试,其考查的重点主要是阅读理解能力和写作能力,即表达能力。

（4）论文笔试。检验应聘者分析、综合、比较、归纳、推理等思维能力的方法。其形式采用论述题或自由应答型试题。该笔试的最大长处是有利于考查应聘者的思考能力,从而能够检查应聘者思想认识的深刻程度。这种测试往往会导致种种不同的答案,易于发现人才,促进智力发展,远比简单的测验题更能判断一个人的水平。做此类题时,讨论问题要深刻、有见地。

二、笔试的准备

(一)储备应考知识

1.注重提升综合素质

无论公务员考试、事业单位考试还是企业招聘考试,其笔试都是一种能力测试,考生应注重平时的知识积累和综合素质的提高。平时的学习和积累,毕业生可以从以下方面做准备。

一是明确职业生涯规划,为提升就业能力早打基础。首先,树立正确的职业理想,找准职业倾向,择己所爱,培养自主学习能力,为获得理想的职业积极做好准备。其次,正确进行自我评估和职业分析,发挥优势,改进不足。再次,优化自身知识结构。按照社会与职业发展要求,将已有的科学知识重组、交叉融合,培养和提高综合素质。最后,加强职业需要的实践能力。

二是强化基础知识熟练程度,在学习过程中促进专业知识体系的形成。毕业生可以利用外语和计算机技能获取更多的信息,注重在学习过程中将专业知识融会贯通,不断提升自己的综合素质。

2.熟练掌握考试技能

首先,先易后难,先简后繁。笔试题型多,内容多,又要限时,必须合理安排答题时间。拿到考卷,先要看清注意事项、答题要求,然后从头到尾大略看一下试题,了解题目类型、难易程度、分数多少,根据先易后难、先简后繁的原则确定答题步骤。

其次,精心审题,字迹清楚。在具体答题时,必须认真审题,切实弄清题目要求,逐字逐句分析题意,按要求进行回答。书写时,力求做到字迹清楚,卷面整洁,格式、标点正确,不写错别字。

再次,积极思考,回忆联想。有些试题的设计,从理论和实践两方面检查考生的基础知识和技能,并以综合运用为主检验考生的实际水平和学习灵活性。因此,是具有一定难度的。考试时要积极思考,努力回忆学过的知识,并进行联想,将已学过的有关内容相互联系起来比较分析,找出正确答案。

最后,掌握题型,答题精细。要了解各科考题的特点,熟悉每种题型的答题方法,防止出现不必要的差错。

(二)安排考务行程

除了对笔试形式和内容做到细致地了解外,应聘者还应充分重视准备考务文具及关注考试时间、地点,安排考务行程。2002年起,中央和国家机关公务员报名时间固定在每年10月下旬,考试时间则固定在每年11月的第四个星期日。地方的公务员考试时间差异很大,而且每年招考时间会有一些变动,一些省份一年还有春、秋季两次考试。此外,政府还会组织一些选调干部到基层的考试,有些部门还会单独招考。除了省里的考试,各个城市也会有一些零散的考试,如村干部考试。这些考试的时间都很灵活,有意报考的毕业生们需注意关注各地的招考信息。报考各类公务员考试不受次数限制,只要时间上不冲突且符合条件,可以参加多次公务员考试。

应考者务必携带的考试文具包括黑色字迹的钢笔或签字笔、2B铅笔和橡皮。应考者必须用2B铅笔在指定位置上填涂准考证号,并在答题卡上作答。在试题本或其他位置作答一律无效。

应考者还需规划好考试行程。如果考试地点在当地,一般情况下考试当天通往考点的道路通行压力增大、公共交通压力增大,考生需较平常提早出发。如果考试地点在异地,则应注意安排好长途客运时刻及异地住宿,以确保按时从容地参加考试。

三、笔试的应对策略

(一)注重积累,厚积薄发

1.学以致用,理论联系实际

现在的求职考试越来越强调用学过的知识来解决实际问题,具有很强的实用性。从考试准备角度讲,知识分为两大类:一类是主要靠记忆掌握的知识,另一类是必须通过不断地运用来掌握的知识。实际上,现在应聘考试主要是考查应聘者对知识的运用能力。因此,在复习过程中必须始终突出一个"用"字,通过各种实践,把学得的知识运用到工作实际中去解决各种具体的问题。

2.提纲挈领,系统掌握

在知识与能力这两者中,知识无疑是基础,没有扎实的基础知识,能力的培养和提高也就无从谈起。掌握知识的一个有效方法就是把零散的知识系统化。应聘笔试往往范围大,内容广,使考生在复习时无从着手。因此,在着手复习时,应首先打破各学科的界限,认真梳理各科要点,整理成一个条理化、具体化的知识系统总纲目,然后按照这个总纲目有计划、有步骤地进行复习。

要把基础知识掌握好,在实际运用上下功夫。笔试出题量较大,其用意一方面考察应试者知识掌握的程度,一方面考察其应试能力。所以考生在浏览卷面后,要迅速作答较容易的题目,余下的时间再认真推敲其他题目。

3.多读多练,提高阅读能力

提高阅读能力,对扩展知识面和回答应聘考试的各类问题都很有益处。要提高阅读能力,首先得坚持进行阅读实践。知识的获得,主要依靠传授;能力的提高,则必须通过实践。复习时经常做些阅读训练,有助于阅读能力的提高。

在做阅读训练时,一定要做到"眼到"和"心到",特别是"心到"。即对每个问题都仔细揣摩,认真思考,分析比较,综合归纳,多问几个为什么,这样才不至于白练。切不可图数量,赶进度,也不能光对答案,不求其所以然。只有肯动脑子,才能有悟有得,才能长本事。否则,练得再多,也提高不了自己的阅读能力。

4.正确理解,提高语言转换能力

应聘笔试中一个极其重要的考试是将你阅读理解了的东西用自己的话表达出来,这在阅读考题中叫"语言的转化"。这种转化有三种形式:①将考题中比较抽象、概括的话做出具体的解释;②将考题中的具体阐述恰当地加以概括;

③将考题中比较含蓄的语言加以明了和正确地阐述。很显然,要将作品的真意换成自己的语言并非一件易事,它已经含有很多的思维加工成分,而这正是检测阅读水平高低的一个重要方面。

5.敏锐思考,提高快速答题能力

为了适应招聘考试中的题量,还应该培养自己快速阅读、快速思维和快速答题的能力。因为现代阅读观念不只着眼于信息的获取,而且还特别重视速度。所以在准备笔试的时候一定要提高做题速度。

(二)突出重点,掌握方法

对考前复习的情况进行具体分析,包括需要复习的内容,自己掌握知识和能力的情况,复习时间的多少及如何分配等。妥善安排复习时间和内容,计划出每一科复习大致需要多少时间,每一阶段要达到什么目标,复习什么内容。不仅要有总的复习目标,还应有阶段性的目标。复习计划中的复习活动要多样化,各科复习交替进行。

复习计划制定后要严格执行,以顽强的意志,用用认真的态度对待复习。要增强战胜困难的信心,采用限时量化复习方法,加快复习速度,提高复习效率。要有张有弛,劳逸结合,防止过度疲劳,以充沛的精力确保复习计划的执行。

1.归纳提炼方法

将大量的知识归纳提炼为几条基本理论,用一个简明的表格或提纲或几句精练的语言准确地写下来。把个别的概念、定义、定律、定理放到知识体系中贯穿思考,弄清它们的相互联系、衔接,列出它们的相似点和不同点。抓住概念、定义、公式、定律等基础知识,对于容易混淆的概念或法则用对比的方法进行辨析,弄清相互间的联系和区别,这是加深理解、强化记忆的有效方法。

对归纳提炼出来的知识点,进行求同去异,使之成为系统的排列过程。在系统排列时,依据某些相同的或相似的特征为基础,不断地把较小的组或类联合为较大的组或类。也可采用相反的方式,依据对象的某些特征或特征差异为基础,把它划分为较小的组或类。通过这种系统排列,组成一定的顺序,从而找出各部分之间的联系和关系,更好地认识其特性。

2.厚书变薄法

把章节或单元的学习按一定的科学系统自编提纲,进行高度概括,把"厚书变薄"。"变薄"的原则是具有科学性,把大量看起来是单一的或逐个理解的知识内容有意识地归并到某个知识体系中,从横向、纵向上形成有机联系,组成一条知识链。在概括学习内容时,抓住关键的知识点,前后联系,纵横结合,起到提纲挈领的作用。

3.串联结构法

在系统复习的基础上,对章节与章节、单元与单元进行各种串联,做更高层次的理解。对已掌握的知识进行整理、归纳、分类、列表,以形成自己的知识体系,建立起良好的认知结构。在复习每个具体内容时,先冷静地想一想,再看书。逐个章节复习,找出难点、重点。在全面复习完后,最后把整个的知识点,在脑子里过一次电影。这种方法可以改变一味死记硬背的方法,从整体上把握知识。

(三)积极准备,平稳心态

笔试不仅仅考察文化、专业知识,往往还考核心理素质、办事效率、工作态度、修辞水平、思维方法等。所以毕业生在参加笔试时,要认真审题,将自己的认识水平、知识水平和能力水平通过笔试较好地显示出来。

要适当减轻思想负担,不可给自己施加过大的压力,否则适得其反。笔试的前一天要注意休息,保证充足的睡眠,避免考试时精神不振,影响正常思维。要适当参加一些文体活动,从而使高度紧张的大脑得到放松休息,以充沛的精力和平稳的心态去参加考试。

第四章 就业安全与权益保障

第一节 就业政策

小王毕业后,进入一家公司上班,在签订劳动合同时,该公司要求他签署一份书面承诺,表明小王自愿放弃该公司为其缴纳社会保险金,公司将社会保险金作为工资的组成部分,直接支付给小王。小王本也不想交社保,他觉得自己不会在北京长留,交了以后自己回老家工作了,又要转,麻烦,并且还要从工资里再扣几百元交社保,不如不交,拿到钱才最实在,于是签字确认了。之后,双方因工资调整问题发生争议,小王打算从公司离职。公司认为,小王自愿放弃公司为其缴纳社会保险金,无权以此为由请求解除劳动合同。于是,那份承诺书被提上了桌面,公司说是小王自己不愿意交,小王说是公司一开始就写好的,让签字的,是公司不给交,双方各执一词。

目前大学毕业生就业已成为一个全社会高度关注和亟待妥善解决的问题,随着就业形势的日益严峻,大学生就业的竞争也日趋激烈,部分大学生在就业过程中的合法权益被侵害的现象越来越严重,影响了社会的和谐与稳定。所以,毕业生应了解目前国家关于毕业生就业的有关方针政策,知晓毕业生在就业过程中的权利和义务,这是毕业生有效地进行就业权益保护的前提。

一、就业政策的内涵

就业政策(Employment Policy)是指政府和社会群体为了解决现实社会中劳动者就业问题制定和推行的一系列方案及采取的措施。而大学生就业政策是国家就业政策中的一个重要组成部分,是专门针对大学生就业而制定的、规范相关部门行为,为大学生创造就业机会、规范就业服务的一系列制度、规则及法规的总称。

二、就业政策的特点

(一)就业政策的普遍特点

1.公开性

公开性包括就业政策公开、就业信息公开、制度公开、程序公开、纪律公开。

2. 公平性

《中华人民共和国劳动法》(以下简称《劳动法》)第十二条规定:"劳动就业者,不因民族、种族、性别、宗教信仰不同而受歧视。"《中华人民共和国劳动法》第十三条规定:"妇女享有与男子平等的就业权利。"

3.公正性,用人单位应根据工作岗位的要求,建立科学的考评、录用体系,运用科学的方法,对应聘者进行认真的考核和选拔,充分体现公平竞争的原则。

(二)大学生就业政策的特点

近年来,大学生就业政策在不断完善,内容也在不断丰富,大学生就业政策除了以上就业政策的共性特点外,还呈现出以下独特之处。

1.就业政策内容越来越丰富

从2003年国务院办公厅提出了"大学生志愿服务西部计划"以来,政府部门不断颁布促进大学生就业的各种政策。如2006年教育部提出了"三支一扶计划"和"农村义务教育阶段学校教师特设岗位计划",2008年国家人力资源和社会保障部提出了"三支一扶计划"、对应征入伍服义务兵役的高校毕业生实行学费补偿和助学贷款代偿、实施"一村一社区一名大学生工程"等。这些就业政策的出现都说明了国家颁布的大学生就业政策的内容越来越丰富,对缓解大学生就业压力的作用也越来越明显。

2.针对去艰苦地区就业的大学生的奖励政策在不断量化,越来越具有可执行性

2003年国务院办公厅提出了在艰苦地区工作两年或两年以上者,报考研究生应优先予以推荐、录取,报考党政机关和应聘国有企事业单位的,在同等条件下,应优先录用。但该文件没有明确怎样优先以及照顾程度等具体问题,在实际操作中就有了一定的难度。于是,2004年,团中央、教育部、财政部、人事部联合明确了10项优惠政策,如服务期满考核合格,报考研究生的总分加10分,报考西部地区公务员的笔试总分加5分。这些政策说明了国家颁布的大学生就业政策不断由定性向定量转化,越来越具有可执行性。

3.就业政策趋于公平化和公开化

近年来公务员考试的大学生比例越来越高,公务员考试也成为众多大学生就业非常重要的一条途径。2003年国务院办公厅发文指出,党政机关录用公务员应公开招考或招聘,择优录用。也就是说,从2003年起公务员选拔除招考外还有招聘,由于招聘条件的限制,这显然对刚毕业的大学生来说不公平。于是在2004年,国务院办公厅又发文提出,各级党政机关特别是地(市)县、乡级机关录用公务员,要严格坚持"凡进必考"制度,该项政策为高校毕业生公平参与公务员选用提供了更多的机会。

4.就业政策逐步趋向法治化

近年来,国家几乎每年都要就大学毕业生的就业问题下发专门文件,在鼓励大学毕业生充分就业的同时,还强调保护大学毕业生的合法权益。特别是2007年8月30日,第十届全国人大常委会第二十九次会议表决通过了《中华人民共和国就业促进法》(自2008年1月1日实施)。该法的制定和实施标志着我国大学毕业生的就业政策已趋向法治化。

三、大学生就业的基本政策

国家教育部门每年都会就做好高校毕业生就业工作下发专门的通知和文件。各地区和学校就业主管部门依据这些文件的规定,从实际情况出发,相应制定一些就业政策以及实施办法。因此,毕业生在就业时,一定要了解这些文件和规定,只有这样,才能做出正确的职业选择,避免在就业中走弯路。2009年1月19日,国务院办公厅下发了《关于加强普通高等学校毕业生就业工作的通知》(国办发〔2009〕3号,以下简称《通知》),要求把高校毕业生就业摆在当前就业工作的首位,采取切实有效措施,拓展就业门路,鼓励高校毕业生到城乡基层、中西部地区和中小企业就业,鼓励自主创业,鼓励骨干企业和科研项目单位吸纳和稳定高校毕业生就业,并提出了一系列政策措施。

(一)鼓励和引导高校毕业生到城乡基层就业

鼓励高校毕业生积极参加社会主义新农村建设、城市社区建设和应征入伍。围绕基层面向群众的社会管理、公共服务、生产服务、生活服务、救助服务等领域,大力开发适合高校毕业生就业的基层社会管理和公共服务岗位,引导高校毕业生到基层就业。对到农村基层和城市社区从事社会管理和公共服务工作的高校毕业生,符合公益性岗位就业条件并在公益性岗位就业的,按照国家现行促进就业政策的规定,给予社会保险补贴和公益性岗位补贴,所需资金从就业专项资金列支;对到农村基层和城市社区其他社会管理和公共服务岗位就业的,给予薪酬或生活补贴,所需资金按现行渠道解决,同时按规定参加有关社会保险;对到中西部地区和艰苦边远地区县以下农村基层单位就业,并履行一定服务期限的高校毕业生,以及应征入伍服义务兵役的高校毕业生,按规定实施相应的学费和助学贷款代偿;对具有基层工作经历的高校毕业生,在研究生招录和事业单位选聘时实行优先,在地市级以上党政机关考录公务员时也要进一步扩大招考录用的比例。

继续实施和完善面向基层就业的专门项目,扩大项目范围。相关项目由各有关部门继续加强组织领导,省级人民政府负责做好各类基层就业项目之间的政策衔接。2009年,中央有关部门继续组织实施"选聘高校毕业生到村任职""三支一扶"(支教、支农、支医和扶贫)、"大学生志愿服务西部计划""农村义务教育阶段学校教师特设岗位计划"等项目,各地也要因地制宜开展地方项目,鼓励和引导更多的高校毕业生报名参加。鼓励高校毕业生在项目结束后留在当地就业,今后相对应的自然减员空岗全部聘用服务期满的高校毕业生。对参加项目的高校毕业生给予生活补贴,所需资金按现行资金渠道解决,同时按规定参加有关社会保险。各专门项目相关待遇政策的衔接办法,由人力资源社会保障部、财政部、教育部、中央组织部、共青团中央等有关部门另行研究制定。

(二)鼓励高校毕业生到中小企业和非公有制企业就业

各类中小企业和非公有制企业是高校毕业生就业的主要渠道。要进一步清理影响高校毕业生就业的制度性障碍和限制,为他们提供档案管理、人事代理,社会保险办理和接续、职称评定以及权益保障等方面的服务,形成有利于高校毕业生到企业就业的社会环境。对企业招用非本地户籍的普通高校专科以上毕业生,各地城市应取消落户限制(直辖市按有关规定执行)。企业招用符合条件的高校毕业生,可按规定享受相关就业扶持政策。劳动密集型小企业招用登记失业高校毕业生等城镇登记失业人员达到规定比例的,可按规定享受最高为200万元的小额担保贷款扶持。

(三)鼓励骨干企业和科研项目单位积极吸纳和稳定高校毕业生就业

鼓励国有大中型企业特别是创新型企业创造条件,更多地吸纳有技术专长的高校毕业生就业。充分发挥高新技术开发区、经济技术开发区和高科技企业集中吸纳高校毕业生就业的作用,加强人才培养使用和储备。各地在实施支持困难企业稳定员工队伍的工作中,要引导企业不裁员或少裁员,更多地保留高校毕业生技术骨干,对符合条件的困难企业可按规定在2009年内给予6个月以内的社会保险补贴或岗位补贴,由失业保险基金支付;困难企业开展在岗培训的,按规定给予资金补助。承担国家和地方重大科研项目的单位要积极聘用优秀高校毕业生参与研究,其劳务性费用和有关社会保险费补助按规定从项目经费中列支,具体办法由科技、教育、财政等部门研究制定。高校毕业生参与项目研究期间,其户口、档案可存放在项目单位所在地或大学前家庭所在地人才交流中心。聘用期满,根据工作需要可以续聘或到其他岗位就业,就业后工龄与参与项目研究期间的工作时间合并计算,社会保险缴费年限连续计算。

(四)鼓励和支持高校毕业生自主创业

鼓励高校积极开展创业教育和实践活动。对高校毕业生从事个体经营符合条件的,免收行政事业性收费,落实鼓励残疾人就业、下岗失业人员再就业以及中小企业、高新技术企业发展等现行税收优惠政策和创业经营场所安排等扶持政策。在当地公共就业服务机构登记失业的自主创业高校毕业生,自筹资金不足的,可申请不超过5万元的小额担保贷款;对合伙经营和组织起来就业的,可按规定适当扩大贷款规模;从事当地政府规定微利项目的,可按规定享受贴息扶持。有创业意愿的高校毕业生参加创业培训的,按规定给予职业培训补贴。强化高校毕业生创业指导服务,提供政策咨询、项目开发、创业培训、创业细化、小额贷款、开业指导、跟踪辅导的"一条龙"服务。各地要建设完善一批投资小、见效快的大学生创业园和创业孵化基地,并给予相关政策扶持。鼓励支持高校毕业生通过多种形式灵活就业,并保障其合法权益,符合规定的,可享受社会保险补贴政策。

(五)强化高校毕业生就业服务和就业指导

充分发挥人力资源市场配置资源的作用,强化公共就业服务的功能。人力资源社会保障、教育等部门及高校要加强协作,采取网络招聘、专场招聘、供求洽谈会和用人单位进校园等多种方式,大力开展面向高校毕业生的就业服务系列活动,为应届高校毕业生提供更多、更快、更好的免费就业信息和各类就业服务。高校要强化对大学生的就业指导,开设就业指导课并作为必修课程,重点帮助毕业生了解就业政策,提高求职技巧,调整就业预期。加强高校就业指导服务机构建设,落实人员、场地和经费。加强人力资源市场管理,严厉打击违法违规行为,加强招聘活动安全保障,维护高校毕业生就业权益。

(六)提升高校毕业生就业能力

大力组织以促进就业为目的的实习实践,确保高校毕业生在离校前都能参加实习实践活动。完善离校未就业高校毕业生见习制度,鼓励见习单位优先录用见习高校毕业生。见习期间由见习单位和地方政府提供基本生活补助。拓展一批社会责任感强、管理规范的用人单位作为高校毕业生实习见习基地。从2009年起,用3年时间组织100万未就业的高校毕业生参加见习。加强高等职业院校学生的技能培训,实施毕业证书和职业资格证书"双证书"制度,努力使相关专业符合条件的应届毕业生通过职业技能鉴定获得相应职业资格证书。人力资源社会保障部门根据高校毕业生需要,提供专场或其他形式的职业技能签订服务,教育部门及高校要给予积极配合。对符合就业困难人员条件的高校毕业生,按规定给予鉴定补贴。

(七)强化对困难高校毕业生的就业援助

对家庭困难的高校毕业生,高校可根据实际情况给予适当的求职补贴。各级机关考录公务员、事业单位招聘工作人员时,免收困难家庭高校毕业生的报名费和体检费。对离校后未就业回到原籍的高校毕业生,各地公共就业服务机构要摸清底数,免费提供政策咨询、职业指导、职业介绍和人事档案托管等服务,并组织他们参加就业见习、职业技能培训等促进就业的活动。对登记失业的高校毕业生,各地要将他们纳入当地失业人员扶持政策体系。对就业困难的高校毕业生和零就业家庭的高校毕业生,实施一对一职业指导、向用人单位重点推荐、公益性岗位安置等帮扶措施,按规定落实社会保险补贴、公益性岗位补贴等就业援助政策。

(八)加强领导,明确责任

各地要加强对高校毕业生就业工作的组织领导,将高校毕业生就业纳入当地就业总体规划,统筹安排,确定目标任务,实行目标责任制,加强工作考核和督查。各有关部门要切实发挥职能,落实工作责任。各级人力资源社会保障部门要牵头制定和实施高校毕业生就业政策,并做好高校毕业生离校后的就业指导和就业服务工作。教育部门要指导高校大力加强在校生的就业指导和服务工作,并继续深化高等教育改革。财政部门要根据高校毕业生就业形势和实际需要,统筹安排资金用于促进高校毕业生就业。其他有关部门要认真履行职责,加强协调配合,共同推动工作。要大力开展高校毕业生就业工作的宣传,引导高校毕业生树立正确的就业观和成才观,形成全社会共同促进高校毕业生多渠道就业的良好舆论环境。各地要按照本通知要求,结合本地实际,制定切实有效的政策措施,创造性地开展工作,千方百计促进高校毕业生就业。

我国还出台了一系列特殊就业政策,如:大学生志愿服务西部计划、特岗教师计划、"一支一扶"计划、选聘村干部政策、应征入伍政策、报考公务员政策等。

第二节 就业权益与法律保障

签订劳动合同应注意的问题:劳动合同必须是书面形式;数字一定要大写;必备条款必须齐全,明确具体;附加条款要高度重视;仔细确认用人单位的签字盖章;签字要慎重;合同应一式三份,双方各执一份,公证单位保留一份;注意合同生效的条件和时间;要注意合同生效的必要条件和附加条件,有些合同需要登记或鉴证才能生效;谨慎交费;在订立合同时如发生纠纷,应通过合法途径解决。

一、就业权益概述

普通高校毕业生就业制度改革正逐步走向市场化、法制化、高校毕业生在其整个求职择业过程中应增强法律意识,自觉遵守市场规则、并运用法律武器保护自己的合法权益。毕业生的就业权主要体现在毕业生与用人单位进行双向选择、签订就业协议、就业报到等环节中。

(一)就业权益的主要内容

根据目前大学生就业政策和有关法律法规的规定,毕业生在求职就业过程中主要享有以下几方面的权益

1.接受就业指导权

《中华人民共和国高等教育法》规定,"高等学校应当为毕业生、结业生提供就业指导和服务"。由此可以看出,接受就业指导和服务是毕业生的一项重要权益。各高校应成立专门的大学生就业指导服务机构,配备专门人员对毕业生进行就业指导与服务。

2.平等就业权

毕业生参加就业求职过程中,应当享有平等就业权。平等就业,应当包括全面有效地获取就业信息,能被公平、公正、择优推荐,参加"双选"时与用人单

位自主洽谈协调等。根据国家有关规定,在国家就业方针、政策指导下双向选择,自主择业。

3.公平待遇权

用人单位在录用毕业生过程中,应当公平、公正、一视同仁。公平录用权是毕业生最迫切需要得到维护的权益。

4.违约求偿权

毕业生的就业协议一经签订,毕业生、用人单位、学校三方都应严格履行。任何一方提出变更或解除协议,均须征得另外两方的同意,并应承担违约责任。对于用人单位无故要求解除就业协议的,毕业生有权要求对方严格履行就业协议。

(二)求职就业过程中个人权益的自我保护

毕业生求职就业过程中个人权益的自我保护一般体现在以下几个方面。

1.了解有关政策和法律规定,增强法律意识

毕业生要了解目前国家关于毕业生就业的有关方针、政策和法规以及它们之间的关系,以及毕业生在就业过程中的权利和义务。如果在就业过程中用人单位的单方面规定和国家政策、法律、法规相抵触,侵犯了自己的权益,毕业生应勇于并善于依法维护自己的合法权益。

2.签订就业协议书,充分发挥就业协议书的作用

就业协议书是明确毕业生、用人单位、学校三方在毕业生就业过程中的权利和义务的书面文本,由教育部统一制定。但在实践中经常出现一些用人单位与毕业生、学校签订"三方协议"后,依据"就业协议书"中"如有其他约定,应在协议书和备注栏中明确,并视为本协议的一部分"的条款,与毕业生另行签订一份比较详尽的劳动合同。这种劳动合同由于不是国家统一制定的格式合同,用人单位有可能会要求毕业生承担额外的不合理的义务。如过长的服务期限、不合法的离职赔偿等,有的甚至扣押毕业文凭。如果遇到这些情形,毕业生要坚持原则,依据国家政策和法律的规定,据理力争,避免陷入劳动合同陷阱。

毕业生在签订就业协议书及其补充条款时一般应着重注意以下方面。

(1)查明用人单位的主体资格是否合法

协议双方的主体资格是否合法是协议书是否具有法律效力的前提。就毕业生就业协议而言,不管用人单位是国家机关、事业单位还是企业,都应有用人自主权。如果其本身不具有用人自主权,则就业协议必须经其具有用人自主权

的上级主管部门批准同意。因此,毕业签约前一定要先审查用人单位的主体资格。

(2)协议条款是否明确合法

协议书的内容是整个协议书的关键部分,毕业生一定要认真检查。首先,要检查协议是否合法,是否符合国家有关法律和政策;其次,要检查双方权利和义务是否明确;最后,要检查除协议本身外是否有附件,即补充协议。如有,还应检查其内容。按照劳动法、合同法及相关法律的规定,协议内容至少应具备以下条款才具有法律效力:服务期限、工作岗位、工资报酬、福利待遇、协议变更和终止条款、违约责任等。

(3)签订就业协议的程序是否完备

毕业生和用人单位协商一致,签约时要注意完整地履行手续。首先,毕业生签名并写清签字时间;其次,用人单位及其上级主管部门必须盖单位公章并注明时间,不能用个人签字代表单位公章;最后,毕业生和用人单位签字后需及时将协议书交给学校毕业生就业主管部门一份,以便学校履行相关手续,从而保证毕业生能够顺利派遣。

(4)违约责任的界定是否明确

违约责任是指协议当事人因过错而不履行或不完全履行协议规定的义务而应承担的相应的法律责任。追究违约责任是保证协议履行的有效手段。鉴于近几年实践中毕业生及用人单位违约现象有所增加的状况,协议书违约条款的规定就显得更为重要。因此,在协议内容中,应详细表述当事人双方的违约情形及违约后应负的责任,同时还应写明当事人违约后通过何种方式、途径来承担责任。这样才有利于当事人双方履行协议,也有利于防止纠纷的发生及利益纠纷的解决。

3.预防侵害自身合法权益行为的发生

毕业生在就业求职过程中应本着"诚实、信用、平等"的原则,以自身实力参与竞争。同时,要有风险意识,对于有些用人单位招聘人员时,使用夸大待遇条件等欺骗手段的做法要有提防戒备心理,防止侵害自身合法权益行为的发生。

4.用法律手段维护自身合法权益

由于高校毕业生就业市场尚不成熟,有关法律、法规和制度尚不健全,加之社会风气和人们旧观念、旧思想的影响,在就业过程中不可避免地会出现一些不公平现象,侵害毕业生的正当权益。在自身权益受到侵害时,毕业生有权向用人单位上级主管部门提出申诉,也可提交给当地的劳动争议仲裁机构进行调解和仲裁或直接向人民法院提起诉讼。

二、大学生就业的法律保障

《全国普通高等学校毕业生就业协议书》(以下简称《毕业生就业协议书》)是明确毕业生、用人单位和学校三方在毕业生就业中权利和义务的书面表现形式。《毕业生就业协议书》由教育部统一制定。作为学校毕业生就业派遣计划依据的《毕业生就业协议书》由学校发放、毕业生签字、用人单位和学校盖章、毕业生将其作为办理报到、接转档案、户口关系的依据。

(一)《毕业生就业协议书》概述

《毕业生就业协议书》是为了明确毕业生、用人单位、学校三方在毕业生就业中的权利和义务的法律文书。

1.《毕业生就业协议书》的主要内容

(1)毕业生的基本情况

毕业生应按照国家法规就业,向用人单位如实介绍自己的情况,如姓名、性别、民族、政治面貌、专业等;表明自己的就业意向;在规定的时间内到用人单位报到。若遇到特殊情况不能按时报到,需征得用人单位同意。

(2)用人单位的情况

用人单位要如实介绍本单位的情况,如单位名称、隶属关系、性质、地址、联系人等。

(3)学校意见

学校要如实向用人单位介绍毕业生的情况,做好推荐工作。用人单位同意录用后,经学校审核,报主管部门批准,学校负责办理毕业生派遣手续。

(4)各方应严格履行协议,任何一方若违反协议,应承担违约责任

(5)其他补充协议

2.《毕业生就业协议书》签订程序

毕业生持学校下发的推荐表,参与双向选择活动。确定接收单位后,毕业生凭借推荐表回执或单位接收函换取《毕业生就业协议书》。《毕业生就业协议书》一律以原件为准,复印件无效。签订《毕业生就业协议书》的程序如下:

(1)毕业生获得用人单位的书面接收函。

(2)毕业生到所在学校领取一式四份的《毕业生就业协议书》。

（3）毕业生与用人单位签署《毕业生就业协议书》，并在《毕业生就业协议书》上签名盖章。用人单位应在《毕业生就业协议书》注明可以接收毕业生档案的名称和地址，并由可接收毕业生档案的用人单位上级主管部门或人才部门盖章。

（4）毕业生到所在学校签署《毕业生就业协议书》。

（5）学校签署完《毕业生就业协议书》以后，学校留两份；用人单位、毕业生本人各留一份。毕业生本人把用人单位应持的一份《毕业生就业协议书》转交用人单位。

3.《毕业生就业协议书》的解除

《毕业生就业协议书》的解除分为单方解除和三方解除。

（1）单方解除

单方解除包括单方擅自解除和单方依法或依协议解除。单方擅自解除协议属违约行为，解除方应对另两方承担违约责任。单方依法或依协议解除，是指一方解除就业协议有法律或协议上的依据，如毕业生未取得毕业资格，用人单位有权单方解除就业协议；毕业生考取研究生后，用人单位依协议规定可解除就业协议。此类单方解除就业协议情况，解除方无须对另两方承担法律责任。

（2）三方解除

三方解除是指毕业生、用人单位、学校三方经协商一致、取消原签订的协议、使协议不发生法律效力。此类解除原因是三方当事人真实意思表示一致的体现、三方均不承担法律责任。三方解除应在就业计划报主管部门之前进行、如就业派遣计划下达后三方解除、还须经主管部门批准办理改派。

4.《毕业生就业协议书》的违约及后果

《毕业生就业协议书》一经毕业生、用人单位、学校签署即具有法律效力、任何一方不得擅自解除。否则违约方应向权利受损方支付协议条款所规定的违约金。从实际情况来看就业违约多为毕业生违约。毕业生违约，除本人应承担违约责任、支付违约金外，往往还会造成其他不良的后果，主要表现在：

（1）就用人单位而言。用人单位往往为录用一位毕业生做了大量的工作。同时毕业生就业工作时间相对比较集中，一旦毕业生因某种原因违约，势必使用人单位的这一录用岗位空缺。用人单位若另起炉灶，选择其他毕业生，在时间上也不允许，从而给用人单位的工作造成被动。

（2）就学校而言。用人单位往往将毕业生违约行为看作是学校行为，从而影响学校和用人单位的长期合作关系。用人单位由于毕业生存在违约现象，而对学校的推荐工作表示怀疑。从历年毕业生违约情况来看，一旦由于毕业生存在违约现象，给用人单位造成损失，则该用人单位在几年之内都不愿意再到此高校来挑选毕业生，影响学校的声誉。面对激烈的就业竞争，用人单位的有效需求就是毕业生择业成功的前提，如此下去，必定影响今后学校的毕业生就业工作。同时，毕业生的盲目违约也影响学校就业计划方案的制定和上报、影响学校的正常派遣工作。

（3）就毕业生而言。用人单位到校挑选毕业生，一旦与某毕业生签订就业协议，就不可能再录用其他毕业生。若日后该毕业生违约，有些当初希望到该用人单位工作的其他毕业生由于录用时间等原因、也无法补缺，造成就业信息的浪费，耽误其他毕业生就业的机会因此，毕业生在就业过程中应慎重选择，认真履约。

（二）《毕业生就业协议书》的法律性质

1.《毕业生就业协议书》具有合同的属性

《中华人民共和国劳动法》（以下简称《劳动法》）第二条明确规定：合同是平等主体的自然人、法人和其他组织之间设立、变更、终止民事权利义务关系的意思表示一致的协议。毕业生所签订的《毕业生就业协议书》是否属于合同呢？我们通过分析发现：首先《毕业生就业协议书》的主体是毕业生《自然人》和用人单位法人或其他组织，他们在签订就业协议时的法律地位是平等的；其次，《毕业生就业协议书》是双方意思表示一致后达成的，任何一方都不得将自己的意志强加给另一方；再次，《毕业生就业协议书》所涉及的权利义务均属于我国民事法律调整范围，所以说《毕业生就业协议书》具有合同的属性。

目前，仍有很多企业包括一些国有大型企业、在接收毕业生时、用与毕业生签订《毕业生就业协议书》来代替劳动合同。用人单位与毕业生签订《毕业生就业协议书》的依据是1989年3月2日教育部颁布的《高等学校毕业生分配制度改革方案》第十四条"高等学校毕业生实行定期服务制度。服务期一般为五年，随着人事、劳动制度的改革，具体服务年限和办法也可以由用人单位与毕业生根据实际情况商定"，该方案中关于"定期服务制度"仅有的这一条款，并没有规定毕业生违反定期服务的赔偿责任。1995年我国颁布实施《中华人民共和国劳动法》以后，企业实行劳动合同制，用人单位与员工的劳动关系应当由《中华人民共和国劳动法》与劳动合同来调整,作为高校毕业生就业工作程序,《毕业生就业协议书》是一定要签的。毕业生到企业工作后,与企业还应签订劳动合同。

2.《毕业生就业协议书》不能取代劳动合同

《毕业生就业协议书》作为确定劳动关系的依据,从本质上讲属于广义上的合同,具有劳动合同的部分特征,主要根据如下:

(1)签订《毕业生就业协议书》是毕业生、用人单位双方在平等互利的基础上进行的民事法律行为,其目的在于构建双方的劳动法律关系。在毕业生的就业选择中,毕业生可以自愿地选择用人单位,用人单位也可以根据自身业务发展的需要选择合适的优秀毕业生到本单位工作,从而为单位谋求更大的利益和发展。其他的任何人或单位、组织若无法定的事由不得对毕业生和用人单位的就业协议加以干涉。

(2)劳动合同表明劳动者和用人单位间确立了劳动关系,而毕业生和用人单位确定的就业劳动关系的依据是《毕业生就业协议书》。

(3)签订《毕业生就业协议书》是用人单位和毕业生双方当事人设立各自权利义务的民事法律行为,它是一种双方承诺的毕业生就业书面合同。由于就业协议是确立毕业生就业关系的一种协议,凡用人单位与毕业生之间的就业争议、纠纷都应遵循就业协议中的有关规定。

(4)《毕业生就业协议书》不能等同于劳动合同。《毕业生就业协议书》作为一份简单的格式文本,很多诸如工作岗位、工作条件等劳动合同必备条款并不在其中直接体现。因此,单凭就业协议,毕业生就业后的劳动权利无法得到全面具体保障。尽管2005年新制定的《毕业生就业协议书》做了某些限定,即毕业生到用人单位报到后最长不超过一个月,双方应订立劳动合同。但很多毕业生对二者的法律地位不太清楚。

从法律角度看,虽然《毕业生就业协议书》与劳动合同二者一经签订都具备法律效力,无论是毕业生还是用人单位都应当履行约定。但《毕业生就业协议书》仅仅是毕业生与用人单位双方进一步确立劳动关系的前提。从内容上看,就业协议中所规定的条款大多是些框架性内容,毕业生与用人单位的有关劳动权利和义务的具体内容还有待于双方在劳动合同中详细约定。因此,如果毕业生在报到后与用人单位始终未能签订劳动合同,双方一旦发生纠纷,由于举证不能等方面的原因,即使毕业生主张权利,法律最终也很难保护其合法权益不受侵害。根据《中华人民共和国劳动合同条例》的有关规定,劳动合同是劳动者与用人单未确立劳动关系、明确双方权利和义务的协议,应当以书面形式订立。在应当订立劳动合同的情况下,如果用人单位以种种借口不与毕业生订立劳动合同,毕业生完全可以拿起法律武器保护自己的合法权益。

3.签订《毕业生就业协议书》的法律责任

每位毕业生只能与一家用人单位签订《毕业生就业协议书》。《毕业生就业协议书》明确规定了学校、用人单位及毕业生三方的权利、义务与责任,一经签订即视为生效合同,不能随意更改。如由于特殊原因,毕业生单方面毁约,必须在规定的时间内征得原签约单位的同意,经学校毕业生就业工作部门批准,方可办理改派手续。

《毕业生就业协议书》是学校派遣毕业生的依据。毕业生如果没有签署《毕业生就业协议书》,而只是与单位签了劳动合同,那么毕业生的档案、户口等人事关系都无法直接从学校转到用人单位。所以说,毕业生应按照学校的就业工作程序签署《毕业生就业协议书》。

(三)劳动合同

大学生经过努力落实了工作或与用人单位确定了工作意向,并不意味着就此完成就业。对于初涉职场的大学生来说,就业之前还有一个关键环节,就是与用人单位签订劳动合同它是劳动者合法权益得到有力保障的重要举措之一。

1.劳动合同概述

《中华人民共和国劳动法》第十六条规定,劳动合同是劳动者与用人单位确立劳动关系明确双方权利和义务的协议。劳动合同按照标准可划分为不同的种类,以合同的目的为标准,划分为聘用合同、录用合同、借调合同、停薪留职合同;按照有效期限的不同,划分为有固定期限的合同、无固定期限的合同和以完成一定的工作为期限的劳动合同;按照劳动者人数不同,划分为个人劳动和集体劳动合同。

2.劳动合同的订立、履行、变更、解除和终止

我国《劳动法》规定,劳动合同应当以书面形式订立,即应采用书面协议。劳动合同的书面形式有主件、附件之分,劳动合同的主件即为劳动合同书;附件一般指劳动合同的补充协议,如岗位协议书、专项劳动协议书、用人单位依法制定的内部劳动规则等。

(1)劳动合同的订立原则

《中华人民共和国劳动法》第十七条规定:订立和变更劳动合同,应当遵循

平等自愿、协商一致的原则,不得违反法律、行政法规的规定。根据这一规定,订立劳动合同必须遵循下列原则:

①合法性原则。劳动合同的订立必须遵守国家的宪法和法律法规,不得违反法律行政法规的规定。实例:利用假文凭求职签订劳动合同无效。2005年12月,某大学学生李某由于多门功课不及格,不能顺利拿到毕业证和学位证书,于是通过非法渠道购买了仿造的其大学本科文凭,在通过一系列的笔试、面试后,被一公司录用。双方签订了3年的劳动合同,约定试用期为3个月。在合同履行3个月后,公司为李某调取档案办理医疗保险、失业保险。养老保险时,发现李某的证明系仿造,遂通知李某立即解除劳动合同。李某不服向当地劳动争议仲裁委员会提出申诉,要求确定劳动合同有效,并要求公司支付解除合同的经济补偿金。当地劳动争议仲裁委员会裁决申诉人李某的申诉请求不予支持,视双方签订的劳动合同无效,李某要求公司经济补偿的要求无法律依据,故也不能得到支持。

法律分析:劳动合同作为合同的一种,首先应该是签约双方真实意思表示一致的协议。求职者使用假文凭求职,致使用人单位对事实作出错误的判断,录用了该毕业生,公司的录用行为不是一种真实意思的表示。李基为了追求自己的利益违背诚实信用的基本原则,侵犯了公司合法权益,其行为构成欺诈。李某采取欺诈手段与公司订立的劳动合同,属于无效合同。

②平等自愿、协商一致的原则

平等是指订立劳动合同过程中,双方当事人的法律地位平等。毕业生和用人单位在自愿的基础上订立劳动合同,任何一方不得将自己的意志强加于对方,也不允许第三者非法干预。实例:强迫毕业生续订的劳动合同无效。2003年5月10日,毕业生黄某与某企业签订了为期2年的劳动合同。合同期间,企业为了上新项目派黄某到香港培训半年,并且双方约定,培训期间劳动合同继续有效,培训时间计入劳动合同履行期间。2005年5月9日,合同期满,但企业不同意办理黄某解除劳动关系的手续,要求黄某必须续订劳动合同,否则公司要求黄某赔偿为其支付的培训费6000元,为此双方发生纠纷。黄某向当地劳动仲裁部门提出仲裁申请,经过调解,企业同意与黄某解除劳动关系,并自动放弃收取培训费的要求。

法律分析:这是一起因强迫续订劳动合同而产生的劳动纠纷。

本案中,黄某与该企业的劳动合同期满,双方按照合同规定的条款履行了各自的权利和义务。合同终止后,双方的劳动关系也解除,因为我国《中华人民共和国劳动法》第二十三条明确规定"劳动合同期满或者当事人约定的劳动合同终止条件出现,劳动合同即行终止"。如果想继续维持双方的劳动关系,那就必须在平等、自愿协商一致的基础上续订劳动合同,如果一方不同意,则不能续订劳动合同。

(2)劳动合同的必备条款

根据《中华人民共和国劳动法》的规定,劳动合同有必备条款和补充条款,下面就劳动合同的必备条款加以阐述。

①劳动合同的期限

劳动合同的期限是指所签订的劳动合同是有固定期限、无固定期限和以完成一定工作为期限的劳动合同。如果是有固定期限的劳动合同,则应约定期限是一年或几年。应届毕业生所遇到的劳动合同绝大多数是有固定期限的劳动合同。所以大家一定要注意劳动合同中对期限的约定,以及关于期限的违约责任的约定。

②工作内容

工作内容是指用人单位安排劳动者从事什么工作,是劳动合同中确定的应当履行的劳动义务的主要内容。包括劳动者从事劳动的岗位、工作性质、工作范围以及劳动生产任务所要到的效果、质量指标等。

③劳动保护和劳动条件

劳动保护和劳动条件是指在劳动合同中约定的用人单位对劳动者所从事的劳动必须提供的生产、工作和劳动安全卫生保护措施。即用人单位在保证劳动者完成劳动任务和劳动过程中安全健康保护的基本要求。包括劳动场所和设备、劳动安全卫生设施、劳动防护用品等。用人单位不仅必须为劳动者提供必需的劳动条件和劳动保护,而且必须提供符合国家规定的劳动安全卫生条件和劳动保护。

④劳动报酬

劳动报酬是指用人单位根据劳动者的劳动岗位、技能及工作数量、质量,以货币形式支付给劳动者的工资。包括工资的数额、支付日期、支付地点以及其他社会保险养老、失业、医疗、工伤、生育待遇。劳动报酬的内容和标准不得低于国家法律、行政法规的规定,也不得低于集体合同的规定。

⑤劳动纪律

劳动纪律是指劳动者在劳动过程中必须遵守的劳动规则,它是劳动者的行为规范。劳动合同的劳动纪律包括国家法律、行政法规,用人单位内部制定的规定、纪律对劳动者的个人纪律要求等。如上下班制度、工作制度、岗位纪律、奖惩的条件等。

⑥劳动合同的终止条件

劳动合同的终止条件是指劳动关系终止的客观要求,即劳动合同终止的事实理由。劳动合同中约定的劳动合同终止条件,一般是指劳动者和用人单位在国家法律、行政法规规定的劳动合同终止条件以及协商确定的劳动合同终止的条件。特别是在签订无固定期限劳动合同时,双方应约定劳动合同终止的条件。

⑦违反劳动合同的责任

违反劳动合同的责任是指劳动合同履行过程中,当事人一方故意或过失违反劳动合同,致使劳动合同不能正常履行,给对方造成经济损失时应承担的法律后果。在劳动合同中约定违反劳动合同的责任,一般是指国家法律、行政法规对违约没有作明确规定的内容。若法律、行政法规已有明确规定的,一方当事人违反劳动合同,应依照法律、行政法规的规定承担违约责任。当事人在劳动合同中约定违反劳动合同的责任,应当符合法律、行政法规的基本精神和原则,公平合理。

(3)劳动合同的履行

劳动合同的履行是指劳动合同的双方当事人按照合同规定,履行各自承担义务的行为。依法订立的劳动合同具有法律约束力,当事人必须履行合同约定的义务,任何个人或第三方不得非法干涉劳动合同的履行。履行劳动合同一般应遵循以下原则:亲自履行原则、全面履行原则、协作履行原则。

(4)劳动合同的变更

劳动合同的变更是指双方当事人对尚未履行的合同,依照法律规定的条件和程序,对原劳动合同进行修改或增删的法律行为。劳动合同变更应遵循平等自愿、协商一致的原则,不得违反法律、行政法规的规定。任何一方不得擅自变更劳动合同,否则要承担相应的法律责任。

(5)劳动合同的解除

劳动合同的解除是指劳动合同当事人在劳动合同期限届满之前依法提前终止劳动合同关系的法律行为。劳动合同的解除可分为协商解除、用人单位单方面解除、劳动者单方面解除以及自行解除等。

（6）劳动合同的终止

劳动合同的终止是指符合法律规定或当事人约定的情形时，劳动合同的效力即行终止。我国《中华人民共和国劳动法》规定："劳动合同期满或者当事人约定的劳动合同终止条件出现，劳动合同即行终止。"

3.劳动合同签订过程中的注意事项

签订劳动合同是毕业生就业后面临的第一个考验。对没有什么社会经历的毕业生来说，签订劳动合同过程中有可能遭遇"就业陷阱"。为避免毕业生遭受不必要的挫折和损失，我们将有关毕业生在签订劳动合同过程中应注意的事项介绍如下。

（1）及时与用人单位签订劳动合同

《毕业生就业协议书》是毕业生与用人单位确立的就业关系的法律依据。毕业生报到后，用人单位应当与毕业生签订正式的劳动合同，在双方签订了劳动合同后，双方的具体劳动关系应当以劳动合同为准。

如果不签订劳动合同，用人单位则可能以《毕业生就业协议书》为双方处理劳动关系的依据，主动权更多地掌握在用人单位手里。因为就业协议很简单，一般不会包括工作（劳动合同）期限；工作岗位和工作内容；劳动保护和工作条件；工资报酬和福利待遇；就业协议终止的条件；违反就业协议的责任等条款。

（2）明确劳动合同的必备条款

个别用人单位可能会找劳动合同的空子，有意在工作内容、劳动报酬、劳动保护和劳动条件等劳动合同的必备条款方面侵害劳动者的合法权益。劳动关系应以书面文书为基础，口头承诺不能作为依据。

（3）毕业生有"知情权"，应了解用人单位的相关的规章制度

在签订劳动合同时，不少单位可能会给毕业生一本员工工作手册或规章制度等材料，此举意味着单位已告知你相关规章制度。因此，发现合同中有涉及单位规章制度的条款，你应当先了解这些规章制度，能接受的，才能签字。

（4）签订劳动合同法在协商、重在约定

劳动关系属于民事关系。所以它也适用"有约定从约定，没有约定从法定"的法律原则。法律法规和政策不可能对所有问题都作规定，鼓励"约定"是劳动关系中重要的指导原则之一。所以"约定"在劳动关系中有着非常重要的作用。由于一般的合同往往不可能包含所有约定条款，所以我们可以根据自己劳动合

同的重点,确定约定条款的内容。从劳动争议案例来看,在约定条款中,比较容易引起矛盾的往往是在服务期限、就业限制、商业秘密、经济赔偿等方面,这也就是劳动者或用人单位都要重视的约定内容。

(5)双方可以约定试用期,但不能无视法律的规定

《中华人民共和国劳动法》对试用期有明确规定:"劳动合同期限6个月以下的,试用期不得超过15日(一般不设试用期);劳动合同期限在6个月以上1年以下的,试用期不得超过30日;劳动合同期限在1年以上2年以下的,试用期不得超过60日;劳动合同期限2年以上的,试用期不得超过6个月,试用期包含在劳动合同期限内。"根据这个规定,劳动和社会保障部门作出进一步规定:凡是合同中有关试用期的约定超过上述规定的,其超过部分视为正式合同。也就是说,如果你的合同期为5年,而合同规定试用期为9个月,超过规定3个月,当你被试用了6个月后,你已自动成为正式职工了。

(6)明确违约金的设立依据

《中华人民共和国劳动法》规定:劳动合同对劳动者的违约金条款的设立仅限于下列情形:

①违反服务期约定

《中华人民共和国劳动法》中规定:"劳动合同当事人可以对由用人单位出资招用、培训或者提供其他特殊待遇的劳动者的服务期作出约定。"

②违反保守商业秘密的约定

《中华人民共和国劳动法》中规定:"在劳动合同中约定保密或者单独签订保密协议;对负有保守用人单位商业秘密义务的劳动者,劳动合同或者保密协议中约定就业限制条款。"

在劳动过程中若要设违约金条款,首先合同中要有服务期内容,或者合同中要有保密约定。没有这其中任何一个作前提,那就不允许设违约金条款。违约金的金额不应高于毕业生的年薪。

第三节 就业安全

一、大学生就业安全背景及重要意义

自 1999 年以来,国家对教育投入的力度加大,高等学校逐年扩大招生规模,高等教育由原来的"精英教育"逐渐变为"大众化教育"。高校毕业生的数量也逐年急剧增多,就业压力不断增大。根据教育部 2018 年发布的信息,2018 年高校毕业生人数达到 820 万,超越 2017 年的 795 万,高校毕业人数创历史最高。根据中国人力资源和社会保障部 2018 年的毕业生数据,如果加上中职毕业生和 2017 年尚未就业的学生数量,2018 年待就业的加在一起大约有 1500 万,堪称史上最难就业季。随着每年就业人数的不断增加,社会所提供的就业岗位越来越难以满足就业的需求,另外高校毕业生就业还存在多方面的结构性矛盾,导致大学生的就业压力不断增大,就业焦虑也越来越大。

全社会都非常关注大学生就业问题,但目前人们的关注点多集中于如何促进大学生充分就业。对大学生们的就业安全问题重视明显不足。大学生就业安全问题是关系社会政治经济稳定的重要因素之一,刚走出校门或即将要走出校门的大学生,缺乏社会经验,他们在求职中往往处于弱势地位,尤其随着毕业人数的增长和就业压力的增强,他们的就业焦虑逐渐升高,许多毕业生为了找到一份满意的工作,海投简历,广搜信息,只要是符合自己意愿的招聘信息,就积极行动,降低要求,放松警惕,这也给一些动机不纯的用人单位造成了可乘之机,他们利用大学生求职心切的心理和社会阅历较浅的特点,巧设名目,设置种种陷阱,致使大学生经常会遭遇种种骗局。据公安部门统计这类案件在近两年内呈急剧上升趋势。中央电视台的调查显示:55%的求职者遇到过就业陷阱。这么高的比例在令人吃惊的同时又让人担忧,大学生现在找工作不但"难"而且"险"。

就业骗局会给大学生造成经济损失、时间损失、机会损失,甚至是精神损失等巨大伤害,尚未踏入社会就遭遇种种不测,也会给他们今后的工作和生活带来诸多不良影响。此外就业骗局还会败坏社会风气,滋生不诚信行为,会给社会带来很多负面影响。面对这些问题,除了政府应发挥应有的作用及学校要加强安全防护措施外,大学生自身在求职过程中更要提高警惕,增强自我安全防范意识。研究大学生就业安全问题,旨在为大学生创建一个公平、安全、诚信的良好就业环境,具有非常重要的现实意义。

二、大学毕业生的就业安全的表现与危害分析

高校大学毕业生的就业安全主要分为自身安全和环境安全两个方面。

自身安全分为人身安全、财产安全、信息安全、心理安全四个方面。

(一)人身安全

人身安全主要体现在四个方面:

第一,招聘时的安全,这也是就业安全中最大的隐患。有些大学生在求职过程中,参加一些安全措施不强的大型招聘会。过去,在北京、深圳等地都举办过大型招聘会,主办方为了强化宣传和扩大影响,在相关新闻媒体宣传上也频频使用"万人招聘会"的字眼,以吸引更多的高校毕业生和用人单位入场,来获取更多的经济利益。这些大城市举办的人才招聘市场,每天的入场人次都在6万以上,而人才招聘会现场提供的职位数却远远低于求职人数,甚至出现了一个就业岗位却有11名大学毕业生应聘的情况,造成双选效果很差,并且也带来了一些安全问题,如出现了毕业生与人才招聘市场的检票工作人员或者保安人员发生冲突,因拥挤造成大学毕业生被踩伤、撞伤的情况。所以,现在全国各地都吸取经验教训,一般不再举办大型的人才招聘会,改为举办一些分科类、分行业的中小型招聘会,以有效地解决参会人员过多带来的安全隐患问题。

有些企业在一些岗位上确实存在空缺,但由于这些岗位的工作内容实质上都是比较辛苦和枯燥的,如果按照真实情况发布信息,根本无法得到大学生的青睐,所以这些企业利用大学生虚荣和享乐的就业心理,将原本的基层工作岗位,描绘成工作内容轻松、薪资待遇高、发展空间大的"抢手"岗位。在他们的粉饰下,打字员变成了行政专员,跑业务的变成了市场总监,保险推销员变成了理财经理,原本的高薪待遇也变成了年底按业绩分红,在这些招聘广告中,学历不限、专业不限,只需沟通能力强,轻轻松松月薪便可上万,很多学生禁不住这类广告的诱惑,被引诱加入了传销、色情等非法机构,成为其犯罪的工具。这类就业陷阱利用大学生求职心切,以极富煽动性的新名词、新概念对企业和工作岗位进行虚假宣传,以招聘为幌子实现其不法目的。企业招聘时有的以交保证金、服装费、培训费等名目进行非法敛财;有的是利用招聘的形式盗取应聘者的个人信息,进行非法活动;有的干脆将应聘者当成了"免费"的劳动力,窃取其在

应聘过程中所做的软件开发或创意策划项目;还有一些企业常年发布招聘广告,或以此储备某些岗位所需的人才,或借招聘提升自身企业的知名度、宣传企业品牌。这些招聘不会侵犯大学生的合法权益,但会耗费应聘者的时间和精力。

大学生社会经验不足,容易上当受骗,而一旦不慎进入到带有传销性质的用人单位,毕业生的人身安全极易遭到不法分子侵害。有些大学生急功近利,对生活的期望值过高,很容易被那些宣称能暴富的传销组织"洗脑",上当受骗。2017 年 11 月中央电视台"道德观察"栏目介绍了某省大学生袁某被某省某市一个非法传销组织限制自由长达 30 余天的情况:在 2017 年 7 月,当时读大学三年级的袁某面临下半年就业找工作的情况,为了能应聘到与自己所学土木工程专业相关的工作,他接到了高中同学李某给他打来的电话,告诉他有一个薪酬和待遇都还不错的工作机会,袁某想到可以和好朋友一起工作,且福利待遇这么好便有立马心动了。随后便根据李某的指引到达了工作地点。李某的上线是许某,而在当时是想把袁某发展李某的下线,他们每天安排不同的人和袁某聊天,除动员他缴纳 2999 元加入传销组织外,还控制袁某的活动范围,不让他离开自己的视线。直至 8 月 29 日,被非法限制人身自由的袁某才在某市公安部门的解救下得以脱离传销组织的控制。

传销是国家明令禁止的非法行为,千万不要偏信能使你一夜暴富,以免误入歧途。"天上不会凭空掉馅饼",若有也可能是个陷阱,任何人的成功都是经过千辛万苦、勤奋努力得来的。非法传销组织诱骗学生的主要方法是:将学生骗到外地后以高回报和"参与创业"为诱饵,采取洗脑、上课、谈心、感情交流等方式,骗取他们的高额传销培训费并诱使其参与非法传销,同时让已被"洗脑"的学生,诱骗更多的同学参加非法传销;对于不被其所诱骗的大学生就限制其人身自由,强迫学生给家人、同学打电话,称自己有病或联系工作寄钱到他们的账号。

大学生被非法传销组织诱骗受困的原因主要有:一是大学生自身防范意识薄弱,轻信他人上当受骗;二是对同学、朋友的介绍过于信任,没想到熟人还会骗自己;三是就业压力过大,择业时放松了必要的警惕,轻信以用人单位身份的非法传销公司;四是个别学生存在不劳而获的思想,被非法传销组织宣传的高额回报引诱,甘愿从事非法传销活动。

第二,面试时的安全。因双向选择的需要,很多招聘企事业单位都要求必须与毕业生进行面试,只有面试通过才能被单位录用。这就要求大学毕业生必须事先明确具体的面试时间和地点。接到面试通知时,要问清对方的办公地址和固定联系电话,如果招聘单位只有手机单线联系方式,就要高度警惕,谨防上当受骗,切忌到不明确或存在安全隐患的地方进行面试。正规的单位一般都有固定的办公场所,若招聘单位面试地点选择宾馆等临时租借来的地方,要仔细鉴别真伪。面试前大家事先要清楚告诉家人或同学面试的时间和地点,保持手机等联系方式的畅通。面试最好有同学能陪同前往,尤其是女性,要避免夜间到荒僻的地点面试。如果无法结伴而行,至少要将自己的行踪告知辅导员或同学,最好是让辅导员或同学知道面试的时间与地点。面试前后随时与学校辅导员、同学、家长保持联系,并告知面试场所及电话号码。假如到了某个单位后,该单位声称为了你的安全或其他工作需要,要求你将手机、钱物上交保存,一定要当心,这就有可能是陷阱。千万不要激怒对方,要假以推托应付,设法周旋,再寻机脱身。如果事态严重,一定要寻机报警。

如果需要到外地求职,必须向学院履行请假手续。在外地求职期间,要定时向辅导员汇报自己的情况。遇到特殊情况,及时向当地公安机关或110报警,同时与学院辅导员联系。

第三,签订合同的安全。大学毕业生按要求与用人单位签订三方就业协议书,但就业协议书只是一个初步的就业意向,并没有详细的工作岗位、待遇等细节。某些用人单位就利用这一点,在签协议前给大学毕业生许诺各种优厚诱人的条件,等到毕业生去了单位签订劳动合同时,才发现用人单位根本达不到以前所承诺的条件,这时毕业生如果要离开的话要承担违反就业协议带来的相应责任,只能陷入其事先用人单位设好的圈套。中国青年报曾报道过长春市一名高校大学生王敏(化名)由于急于找到工作,没来得及仔细推敲合同里的条款,结果不但失去了这份工作还付了一笔违约金。据其称,她与公司签订合同时还有半年才能毕业,但公司就要求其进入实习期。在3个月的实习期里她卖力地工作,却只能得到900多元钱的"实习工资"。2018年5月,她以为工作已经敲定,打算同学校完成自己剩余学业,8月再回到公司正式上班。但当她向公司请假时,公司却以合同中"工作前两年不得连续请假一周以上"的条款为由,认定王敏违约,并向其索要违约金2000元,最后她只好再交完违约金后才返回学校完成学业。对于这种情况,毕业生在和用人单位签订三方就业协议书时,就可以把对方承诺的条件附在就业协议书上,这样到了与用人单位签订劳动合同的时候,如果合同内容与前面承诺的不符,毕业生可以拒绝签约而不用承担违约责任。

高校大学毕业生未签劳动合同,自身利益受损的情况也频频发生。丁海峰(化名)大学毕业后由好朋友介绍,到深圳一家外资企业工作,工资待遇十分优厚,对该企业的工作环境他也非常满意。从事工作将近半年了,工作单位也一直没与其签订劳资合同,经了解他才发现该企业内所有人员均未签订,他的好朋友拍着胸脯保证肯定会让公司尽早给他解决,丁海峰也没有多想。结果突然一日他被公司告知裁员,公司也没给他一分赔偿金。等到想起找朋友询问时,才发现所谓的朋友已不知所踪,丁海峰后悔莫及。所以无论何种情况发生,合同都是必要条件。没有合同,法律也很难为之伸张正义。大学生初入社会,一定要留心用人单位的合同是否符合法律规定,如法人资格是否确实存在,公章是否具有法律效力等。

档案托管也容易引发纠纷。吴云(化名)大学毕业后就到私企工作,个人档案也放在该企业保管,由于与企业老板发生劳动纠纷,公司强迫她辞职,后来她找到一家事业单位的工作,为了重新办理报到证,她就去企业取自己存放的档案,没想到档案已被老板拿走。吴云将事情诉诸到劳动监察部门,劳动监察部门表示也管不了。目前这件事情过去了三年多还没有解决。企业能保管职工的档案是因为档案是计划体制下的产物,档案在哪个单位,员工就与之有劳动关系。《中华人民共和国劳动法》出台后,认为档案已不作为员工与企业关系的唯一标志,劳动合同才是唯一的标志,档案不在也没关系。但档案管理的规定要求档案必须跟人转移,于是强行规定人走,档案也必须转走。但单位要想不让人走,扣留员工的档案,员工也没有办法,虽然知道这种做法不符合规定,但管理监督机制不到位也没办法。劳动仲裁也不受理档案问题,使得劳动者受到侵害时无人保护,这还会影响到失业救济金的领取,因为不转档案到街道,就享受不到失业救济金。在签订就业协议和劳动合同时,一定要协调好档案的管理问题,作为毕业生本人要慎重处理自己的档案。

第四,实习工作时的安全。面试通过之后,一些招聘单位会以让毕业生来实习或者以试用的名义让求职者来单位工作,实习期间大学生的衣着、态度、言行均应谨慎,不轻言允诺非公务以外的不当要求。刚到新公司应先熟悉环境,谨慎处理不熟悉同事的邀约,注意公司营运情形是否仅为空壳公司或别有意图。另外刚刚走上实习工作岗位的毕业生们因为缺乏工作经验,往往在生产安全意识上有所欠缺,再加上一些企业为了降低生产成本在生产规定和操作程序上降低要求,使之存在重大安全漏洞,毕业生实习工作期的上岗生产安全情况令人担忧。

实习期或试用期满时,以实习期间表现不好或毕业生不符合岗位要求为由拒不签订正式用人合同,廉价使用大学生的劳动力。试用期是用人单位和毕业生双方约定的考察期,在此期间用人单位如感觉不太理想可以单方面辞退招聘人员,但劳动法规定,考察期最多不得超过6个月,且同一用人单位与同一劳动者约定的试用期只能是一次,而很多企业短期用工现象严重,在试用期满时以工作不合格为由辞退毕业生,致使学生试用期间的劳动白白付出。更有甚者,有企业为了显示自己的"宽宏大量",在毕业生苦苦哀求下"勉为其难"地给予毕业生第二次试用的机会,而结果却是毕业生白白辛苦了两个试用期也没能"转正",时间和金钱同时打了水漂。在就业过程中,关于对试用期时间、权利和义务的约定,是大学生与用人单位签订就业协议以及劳动合同时非常重要的一部分。由于一直以来大学生群体对《中华人民共和国劳动合同法》普遍有所忽视,对其中的法律条款缺乏认识,维权意识不强。有些不良用人单位利用这一漏洞在试用期上做文章,要么自行延长试用期的时间,要么在大学生提出辞职时要求其承担违约责任,或是在试用期结束后无故解雇毕业生。面对这类陷阱,大学生只要了解《中华人民共和国劳动合同法》中的试用期相关内容,就会提前看破。

(二)财产安全

财产安全主要是在三个方面容易掉入陷阱:

一是中介陷阱。一些高校毕业生求职心切,眼前有没有合适的机会,就想通过中介获得一些就业信息。有些中介公司名不副实,他们往往提供虚假优惠政策吸引毕业生上钩,收取费用后,随意从网络报纸杂志上摘抄一些招聘信息提供给求职者,或者和一些小公司串谋让毕业生去面试,然后以毕业生自身能力不足为由,推脱其不能找到合适工作岗位的责任。

二是培训陷阱。在就业形势严峻的情况下,很多培训机构就打着"确保就业""高薪就业"等旗号横空出世,而培训结束后的结果却是与毕业生的期望大相径庭,甚至还有一些用人单位要求新成员必须通过某某培训机构的培训及考核,否则不予录用,其间何种勾结不言而喻。

三是收费陷阱。部分企业在大学生进入到试用期后,就巧立各种名目收取费用,如保证金、押金、培训费、体检费、服装费等,一定要慎重,千万不要盲目交费。不排除有的用人单位要求毕业生交保证金的目的是防止毕业生违约,但实际上,有些用人单位是带有很强功利性的,应聘者交了费用,也不一定能确保被该单位录用。正规单位在招聘时是不会收取任何费用的,凡在招聘时收取财物的都没有法律依据。

政府有关劳动人事部门规定:用人单位招聘时,不得收取求职者任何形式的报名费、培训费、押金等费用。若招聘单位巧立名目,收取求职者各种形式的报名费、培训费、押金等费用,这些都是违法行为,求职者应提高警惕,坚决拒绝缴纳各种费用。提醒毕业生根据相关法律规定,招聘单位录用人时与劳动者订立的是劳动合同不是产品推销协议,毕业生要提高警惕,不要去签订以推广、促销为名的民事协议,更不要头脑发热盲目签字,随意交钱。一旦上当受骗,求职者可向当地劳动保障监察部门或公安部门报警,寻求法律保护。

(三)信息安全

近年来,套取并利用求职者信息进行诈骗的案件屡见不鲜。毕业生在求职过程中,往往要填写些表格,其中涉及很多个人信息,尤其是网上求职,要求填写的内容更是事无巨细,从个人电话号码,到家长姓名、家庭住址、父母情况一应俱全。许多毕业生粗心大意,随意填写,结果给骗子留下了可乘之机。河南省原阳县一名大学生李静(化名)2018年7月从山东某大学毕业后,在回家的高铁上,与邻座的一位陌生中年妇女聊了起来,而且越聊越投机,她便把自己近期找工作的烦恼向她倾诉了一番。这名中年妇女听完后便掏出一张名片给李静说:"阿姨现在是郑州市某某公司的总经理,我发现你这孩子性格开朗,与人沟通能力很强,还在重点院校读书,我们公司现在正好也在招聘职员,你如果愿意的话可以到我们公司上班,你把你的家庭情况和联系方法告诉我,我到时跟你联系。"当天中午12时,李静家中就接到一个电话,一个急切的女子声音说,她是李静的同学,一起准备搭火车回家,谁知在去火车站的途中李静突然被一辆行驶的小轿车撞着了,肇事车辆已经逃逸。李静现在医院抢救,医生要家属赶紧交3万元现金。李静的家人听得有些怀疑,为验证这名同学的身份,接连问了好几个问题,对方都回答得清清楚楚,而且对方还把李静的家庭情况简要说了一遍。李静的家人相信了,急忙凑了3万元钱,按照对方提供的账户打了过去。李静父亲还立即收拾东西要赶赴济南。结果当天下午李静回到家,一家人才知道上了当。李静连忙拨打"总经理"名片上的电话,却发现这个号码是空号,一家人又气又悔。不法分子的目标不只是学生和学生家庭,在大学生就业求职择业过程中,高校教师也成为被诈骗的对象。在2019年春节过后,某高校有一个毕业班的班主任、学生和老师都收到同学手机发来的短信:"最近我在广东找工作,现在手机上没话费了,请帮我往手机里面存100元钱,回校后我会将钱还给你,谢谢。"有位老师平时很关心自己的学生,同学有困难,她都乐意帮助解决,由于短信是自己熟悉的学生手机发过来,收到后她未曾多想,随即就用支付宝为他存了100元话费。后来才知道这个学生的手机是被人偷走了,盗窃的人通过将这类短信内容群发至手机存有的号码簿上所有人来实施诈骗行为。至今,每当这位老师谈起此事都愤慨不已,不法分子利用的是人们至善至美的同情心和关爱之情。

面对这些问题,大学生自身在求职过程中更要注意提高警惕,增强安全自我防范意识。不要将个人的所有联系方式都提供给招聘单位,一般提供手机号码和电子邮件即可,至于固定电话,可以提供学院负责就业工作老师的办公电话,最好不要提供宿舍或者家庭电话;接到陌生人的电话,不要轻信其花言巧语,应拨打114进行核实,或者与老师同学一起分析商量。对于各种渠道特别是互联网上的招聘一定要慎重核实,不要轻易填写过于翔实的个人信息;对自己不信任的、不规范的公司不要随便投递简历。

(四)心理安全

就业压力的加大促使部分毕业生的心理产生问题甚至是心理疾病,据相关部门统计,大部分毕业生的压力主要来自就业问题,据资料显示,90%的学生对自己毕业后的生活没有明确目标,8.3%的学生曾想过自杀。就业过程中的不顺利让人性负面的心理显现出来,如浮躁心理、焦虑情绪、攻击心理、自卑心理、自闭心理以及各种悲观心理等。高校毕业生要进行择业心态的自我调整,正确处理理想与现实的矛盾,使理想自我与现实自我统一起来,根据社会需求正确解决自己就业定位问题,确定自己的择业目标。特别要注意培养自身抗挫折能力和良好的心理素质等。

1.就业公平性欠缺

就业公平性的欠缺主要表现为以下几个方面:一是生源地域的不公平,很多单位和企业在招聘过程中,因为受到政府方面的压力或是自身的一些原因,对应聘人员的生源地或户籍所在地做出限制,一般要求企事业单位所在地的生源优先;二是身体差异的就业不公平,虽然法律规定公民享有平等的劳动权利,但一些单位都在招聘中对高校毕业生身高、体重、相貌等方面提出明确的要求。三是性别差异的就业不公平,许多企业考虑到女性员工以后需要照顾家庭、生育儿女及抚育儿女等,会明确在一些岗位上拒绝招聘女性员工。

2.网络求职安全隐患多

所谓网络求职,是指求职者通过登录人才网等就业网站查看招聘信息,并根据个人意向投递、发布个人信息,以获取就业机会的求职方式。网络求职虽有查询方便,信息量大,可选择面广的优点,又可以免去奔波之苦,但随之而来的安全隐患也不容忽视。如大多数人才市场都无法对发布信息的企业的资质真伪做出有效的鉴定,虚假招聘信息防不胜防。此外,许多网站提供高校毕业生求职登记简历,且在不需要任何身份认证的情况下任何用户都可将求职者个人资料一览无余。

3.构建公平就业的法制环境

大学生就业一直是整个社会关注的一个重要问题,这个问题的解决标志着一个国家的政策先进性与法律的公平性。目前我国维护大学生就业的法制环境尚不健全,大学生就业还存在很多的问题。毕业生要学会利用法律武器维护自身合法权益。在大学生就业过程中,许多大学生因不熟悉劳动法及相关的法律法规,在遇到不公平待遇时由于缺乏法律意识,没有拿起法律武器维护自身合法权益,导致自身权益受到损害。因此,毕业生一定要加强对我国劳动法律法规的学习,增强法律观念和维权意识,权利受到侵害时要勇敢用法律武器与违法现象作斗争,维护自身的合法权益。具体做法有以下五点:一是如果发现违反劳动法的情况及时向劳动主管部门举报用人单位的不法行为;二是提请劳动争议仲裁部门进行劳动争议仲裁;三是如果仲裁结果没有合理保护毕业生权益还可以向法院提起诉讼;四是可以依靠媒体的力量,向社会寻求帮助,得到广大群众的舆论声援;五是一旦发现违法犯罪事件,一定要及时向公安机关报案。

三、大学生就业陷阱的成因和分析

目前,我国就业环境竞争激烈、就业难度逐年增大,伴随着巨大的就业压力,大学生就业陷阱频繁出现,主要成因有以下几点:

(一)学生对就业期望值过高,就业观念相对滞后

进入21世纪以来,随着大学的不断扩招,高等教育已经从以前的"精英教育"转变成了"大众教育",与逐年增长的毕业生数量相比,大学生的就业观念并没有得到有效地更新。大学生在求职中缺乏对自己的准确定位,对就业环境没有客观的认识和评价,对就业的期望值还停留在工作轻松、体面、收入高上,因此"高不成、低不就"的现象极为普遍,并成为影响高校就业率的一个非常重要的因素。一些不良用人单位和中介,就是利用了学生们的这种心理,用高收入等理由编造出一个美好的"就业梦",引诱其上当受骗。

(二)学生对就业相关的政策与法律缺乏了解

大学生想要顺利实现就业,了解国家和地方对于促进大学生就业的相关政策和法律是一个重要前提。在校期间,大学生对就业的相关政策缺乏了解,对相关法律的认识也相对比较浅显,他们中的大多数对法律知识的理解还停留在感性认知上。虽然各个高校都在加强对于学生劳动政策法规的教育,开设专门的就业法律课程,但学生往往重视程度不高,觉得和自身关系不大,学习积极性差。这些大学生一旦步入社会,在面对与用人单位签署劳动合同、运用法律维护自身合法权益等诸多法律问题时,充满了困惑与彷徨。再加上对就业政策的半知半解,直接导致大学生在就业过程中,容易成为不法用人单位的侵害对象,掉入就业陷阱。

(三)就业相关制度不完善,缺乏法制保障

我国目前处于重要的社会转型期,就业市场相关制度的建立还不完善,对于大学生就业并没有专门针对性的法律法规作保障。于是导致了用人单位钻法律漏洞、用不正当手段侵犯大学生就业权益的现象大量出现。如某些用人单位为了降低成本而拒招女大学生,设定工作经验的门槛用以拒收应届毕业生,将试用期无限延长以换取低成本劳动力等。在就业过程中,学生自身权益受到侵害后,往往投诉无门,最后只能忍气吞声、不了了之,这在一定程度上,助长了用人单位的不良气焰。

四、加强大学生就业安全的应对措施

想要解决大学生群体的就业问题,避免其落入"就业陷阱",必须建立健全大学生就业保障机制,这需要政府、高校和学生三方面的共同努力才能完成。

(一)政府层面:完善相关法律法规,加强监管力度,保护求职者的合法权益

一方面,政府应加强对大学生就业方面支持,出台就业政策,拓宽就业渠道,保证就业畅通,政府还要进一步制定和完善促进大学生就业的相关政策和法律法规,为建立健全大学生就业保障机制提供制度上的支持,大学生在就业

过程中即便遭遇了"陷阱"也能有法可依,借助法律的力量维护自己的正当权益;另一方面,完善对有欺骗求职者的不法单位和个人的惩治机制,开通投诉热线或完善举报渠道,多方面形成合力,共同监管。随着国家人事制度的深入改革,人才流动愈加频繁,各种媒体和人才市场上的用人信息越来越多,而且真伪难辨,这就需要相关管理部门有所作为。政府相关职能部门要逐步完善招聘管理制度,对企业实行实质审核制度和长期监管制度。在企业注册审核时,工商部门除了审查企业提供的必要材料外,还应该对于企业发起人、股东的情况以及商业道德等方面进行实地考察,避免有些企业有名无实。监管部门对新注册的企业应该进行不定期的抽样回访,了解企业的日常经营情况,将企业纳入长期监管视野。同时,政府还应加强对发布招聘信息相关媒体的监管力度,从"出口"遏制住"就业陷阱"现象的产生。政府还应对企业的违规招聘行为给予重罚,造成严重后果的应追究法律责任,严厉打击毕业生就业招聘过程中的欺诈行为,加大犯罪违规成本。只有如此,才能保证应聘者全面了解用人单位的情况,保证大学生有一个安全的就业环境,切实维护高校毕业生的合法权利。

(二)学校层面:构建就业指导体系,强化就业信息审核,提高就业安全意识

由于受过去计划经济模式下"统包统分"就业体制的影响,大学生就业指导工作开展的时间较短,就业指导体系还不够完善,在具体工作中往往出现某些偏差,如重视强调求职面试技巧的指导,却忽视了就业安全教育。在大学生就业总体形势严峻的背景下,为应对日趋复杂化的招聘、求职活动中出现的就业安全问题,高校应加强大学生就业安全教育工作,切实提高大学生防骗意识和人身安全保护意识。在实际工作中,通过多种途径宣传教育,利用经典事例进行警示教育,使广大毕业生充分认识不法分子利用大学生求职进行非法活动的欺诈性、隐蔽性和危害性,加强对大学生的劳动法规的教育和安全知识学习,提高大学生在择业过程中的自我保护意识。

高校要实时动态掌握每位毕业生的思想状况和择业过程。高校毕业生,尤其是学历层次较低和所学专业就业市场需求量较小的毕业生,因求职心切,缺乏丰富的社会经验和识别诱骗陷阱的能力,更容易上当受骗,学校应对毕业生全员实行有效的监控,对遇到困难的同学提供及时有用的帮助。高校要严格实行请销假制度,将外出求职毕业生的登记制度纳入学校就业工作的日常管理范畴。要求毕业班辅导员实时掌握每一位同学的去向和现状,要求学生通过电话、网上留言簿或电子邮件等方式与老师保持不间断联系,确保发生就业安全突发事件时的信息畅通。大学生要冷静思考接到的面试通知,特别是要到异地求职的毕业生更要提高防范意识,尤其是女学生,最好有伴侣同行。

高校要强化对招聘单位有关信息的审核,防止带有欺诈、传销等行为的单位入校招聘,确保用人信息的真实性、可靠性,防止毕业生上当受骗。学校对招聘信息的审核,除了首先要看招聘单位的营业执照以及联系人的身份证明外,还要通过多种渠道去了解用人单位的实际状况,要坚决拒绝发布一些"夸大单位现状、高薪引诱、收取上岗培训费和服务押金、招聘推销人员"等情形的用人信息。要警惕招聘宣传材料只留联系人手机号码而不留固定电话的单位提供虚假信息,要仔细审查招聘材料中的任何可疑之处,这样才能向大学生提供真实有效的招聘信息。

高校要加强安全教育,重视就业服务工作。高校要加强对毕业生的就业安全教育。除了开设相关的就业指导课程外,还要组织开展与之相对应的校园活动,对《中华人民共和国劳动法》试用期有明确规定:劳动合同期限6个月以下的,试用期不得超过15日(一般不设试用期);劳动合同期限在6个月以上1年以下的,试用期不得超过30日;劳动合同期限在1年以上2年以下的,试用期不得超过60日;要加大《劳动法》《劳动合同法》等相关法律法规的宣传力度,增强学生的自我保护意识。除了完成教育教学的任务外,高校还应把就业安全服务工作放在一个重要位置上。校内的就业服务机构要借助就业洽谈会、专场招聘会、网络招聘等多种形式,及时为应届毕业生提供就业信息资源,并组织专人开展相应的就业咨询指导服务,并建立健全就业安全预警机制,为大学生成功就业提供全方位的服务保障。

(三)学生层面:加强法律法规学习,运用法律武器维护权益

大学生要摆正心态,提高自我防范意识。大学生作为就业陷阱的主要目标,要增强自我防范意识。求职前,大学生首先要摆正心态,对自己有一个准确的定位,客观地把握对职业的期望,这是保证其成功就业,避免误入各种就业陷阱的前提条件。同时,大学生还要对所选择的行业、企业、岗位有大致的了解,对其薪酬待遇、发展前景有所把握,才能选择出最适合自己的职业和岗位。另外,大学生们还应积极主动地了解国家对于大学生就业的相关政策和法律法规知识,增加自己的法律知识储备,提升自己识别虚假招聘、应对就业陷阱的能力。大学生只有在学法、懂法的情况下,才能运用法律法规保护自己的合法权益,避免掉入就业陷阱中。

　　大学毕业生要重视个人信息资料的保密,防止个人信息被不法分子获取。大学生在择业过程中,应注意以下几点:在招聘现场,不要随意发放自己的简历,特别是招聘方式不合规范的单位不要投递简历;在个人求职材料上最好不要留家庭电话,只提供手机号码和电子邮件就可以,至于固定电话,可以提供班级辅导员或院系负责就业工作老师的办公电话;在门户网站上登记注册个人信息时,应选择一些信息监管较规范、知名度较高的大型人才招聘网站,不要在网站域名看起来就不规范、没有工商行政管理机关备案标志和个人网站上注册登记自己的求职信息,在人才网上可以先只留下电子信箱地址,待与用人单位通过邮件洽谈较为成熟后再留下其他联系方式;要注意请用人单位留下固定电话号码用于联系,可拨打查询电话进行核实,最好在用人单位正常上班时打办公电话与对方联系,与联系人会面应选择用人单位的办公场所。毕业生单独外出面试时,要让同学知道自己的去向及安排。如不能按时回来,应事先电话告知。求职材料的递送,要坚持只交证件影印本,不要交证书、证件的原件。应聘面试前,要先求证该单位是否真实,然后了解单位状况、规模、信誉度及应聘岗位工作性质等。不要交纳大笔保证金或押金、体检费、服装费、保险费等费用。毕业生在求职过程中,如果以各种名义被要求交纳这些费用,求职者应高度警觉,并可向劳动保障部门投诉,也可到工商部门进行咨询查实。达成意向后,双方的约定要以书面合同条款明确下来。

　　严峻的大学生就业形势给了当代学子们很大的压力,同时也提供了更大的展示空间,要看清形势,摆正心态,以积极的心境和行动去面对,感受社会压力的同时,在磨炼中更快地成长。而且家长的支持、学校的努力、国家政策的协助都为我们提供了很大的就业空间。就业形势虽然并不乐观,但是大学生仍有理由相信自己微笑着面对一切,用更加成熟的心态去面对就业课题。

第五章 创业流程及技巧

第一节 行业及项目选择

一、项目选择

大学生思维活跃、充满活力、喜欢接受新鲜事物,学校的学习使大学生具备了一定的专业知识,但由于没有进入社会,商业意识、社会经验、企业管理、财务及营销等方面都比较欠缺,因此大学生在创业选项上应扬长避短,寻找适合自己发展的道路。

(一)科技成果

大学是科研成果和科技人才聚集的地方。作为大学生,如果自己在某一领域有自己的科技成果,则可以利用自己的成果走科技创业的道路。这里要注意的是,在进行科技创业时,要学会将科技成果转化成商品,并充分利用学校的资源,包括科技成果、技术、设备、老师、同学等,这是用科技成果创业能否成功的一个重要因素。当然,并非所有的大学生都适合在科技领域创业。只有专业应用性强、技术功底深厚、学科成绩优秀的大学生才有成功的把握,比如软件开发、网页制作、网络服务、手机游戏开发等专业的学生。

(二)科技服务

大学生根据自己兴趣爱好结合专业可以做出一些科研成果,但这些科研成果往往难以转化成商品,更无法将它们直接用于创业,而我们的一些企业,特别是一些大中型企业会有许多科技难题,大学生可以通过老师、学校加强与企业联系,将企业难题作为科研课题,为企业提供科技服务。如果某项科技服务成果能成为大企业的一个长期的配套产品或服务,这就为创业者奠定了一个稳定发展的基础。大学生还可以利用自身的知识及学校资源,进行科技成果的应用开发。这里不一定把眼光放在能改变社会生活的大项目上,只要能找到与人们日常生活相结合的一个点,小商品也可能做成大市场。比如我们把食品科技的成果用于休闲食品领域;把种植、养殖方面的科技成果用用于家庭种花、养宠物;把材料表面处理新工艺用于工艺品、饰品等等。

(三)智力服务

智力是大学生创业的资本,在智力服务领域创业,大学生游刃有余。服务业随社会经济的发展,在我们的生活中已占有越来越重要的地位。大学生创业应发挥自己的知识优势,选择一些需要知识和专业的智力服务,如翻译、电脑维修维护、家教培训等,或把软件设计应用到一些传统行业、中小企业、商务及商业连锁领域中。

(四)电子商务

现在网络已变得日益普及,它已成了人们生活的另一个舞台。电子商务成本低,不受时间、空间限制,大学生从小就学习和使用计算机,他们可以用自己的知识技能进行网上创业,做电子商务。大学生不应停留在网上开店、买卖传统商品上,而应该结合自己的特点提供一些网上智力服务,或一些有创意的电子商务。比如学国际贸易的可以通过网络寻求国际订单,为传统行业提供网络销售,为要走出去的中小企业提供外部信息,建立虚拟办公服务,等等。

(五)创意小店

刚刚毕业的大学生最能了解学生的需求,他们可以尝试着在学校附近开一些有创意的小店来吸引学生。

(六)连锁加盟

对大学生来说,通过连锁加盟形式创业,可以弥补自身的不足,快速掌握经营所需的经验和知识,降低风险,提高创业成功率。通过连锁加盟创业的关键,是要寻找一个连锁加盟体系相对完善、适合自己的项目。统计数据显示,在相同的经营领域,个人创业的成功率低于20%,而加盟创业的则高达80%。但连锁加盟并非"零风险",在市场鱼龙混杂的现状下,大学生涉世不深,在选择加盟项目时更应注意规避风险。一般来说,大学生创业资金实力较弱,适合选择启动资金不多、人手配备要求不高的加盟项目,从小本经营开始为宜。此外,最好选择运营时间在5年以上、拥有10家以上加盟店的成熟品牌。

二、项目可行性分析

(一)投资的必要性

投资的必要性分析主要是指投资者根据市场调查及预测的结果,以及有关的产业政策等因素,论证项目投资建设的必要性。在投资必要性的论证上,一是要做好投资环境的分析,对构成投资环境的各种要素进行全面的分析论证,二是要做好市场研究,包括市场供求预测、竞争力分析、价格分析、市场细分、定位及营销策略论证。

(二)技术可行性

技术可行性主要是从项目实施的技术角度,合理设计技术方案,并进行选择和评价。各行业不同项目技术可行性的研究内容及深度差别很大。对于工业项目,可行性研究的技术论证应达到能够比较明确地提出设备清单的深度;对于各种非工业项目,技术方案的论证也应达到目前工程方案初步设计的深度,以便与国际惯例接轨。

(三)财务可行性

财务可行性主要是从项目及投资者的角度,设计合理的财务方案,从企业理财的角度进行资本预算,评价项目的财务盈利能力,进行投资决策,并从融资主体(企业)的角度评价股东投资收益、现金流量计划及债务清偿能力。

(四)组织可行性

组织可行性是指创业者可制定合理的项目实施进度计划、设计合理的组织机构、选择经验丰富的管理人员、建立良好的协作关系、制定合适的培训计划等,保证项日顺利执行。

(五)经济可行性

经济可行性主要从资源配置的角度衡量项目的价值,评价项目在实现区域经济发展目标、有效配置经济资源、增加供应、创造就业、改善环境、提高人民生活等方面的效益。

(六)社会可行性

社会可行性主要分析项目对社会的影响,包括政治体制、方针政策、经济结构、法律道德、宗教民族、妇女儿童及社会稳定性等。

(七)风险因素及对策

创业者应主要对项目的市场风险、技术风险、财务风险、组织风险、法律风险、经济及社会风险等风险要素进行评价,制定规避风险的对策,为项目全过程的风险管理提供依据。

三、创业资金的筹集

(一)储蓄自备

大学生创业一般都是小本经营,在起步阶段可以利用自己或家庭的储蓄作为创业启动资金。储蓄是一种筹措方便快捷、使用成本低的筹资方法。具备储蓄性格的人,每个月能够持续积蓄一部分资金的人,两三年间就能积累一笔不小的资金。

(二)借贷

1.向亲友借贷

一般情况下,父母、兄弟姐妹、亲友都会支持,为大学生的创业提供经济帮助。在向父母、兄弟姐妹、亲友借贷筹集创业资金时,最好能订立借贷凭据,也要按期归还。如果拖延还款期限,会影响自己的信誉,没有信誉的人,在社会上将难以立足。另外,在向别人借钱时,最好集中在少数的特定对象上,免得发生财务纠纷时,到处债台高筑,有损自己的社会信用。

2.向银行借贷

每一个成功的创业者,都曾得到过银行的支持。向银行借钱做生意时,银行为了确保借贷资金的安全,必须对客户进行详细的考察。银行比较重视的是客户的信用与客户对金钱的价值观念。除非收入稳定,或与银行往来的信用较佳,否则银行是不会轻易将资金贷出的,向银行借贷前必须考虑这一大因素。

3.合伙创业共同筹集资金

比较简单的形式是两个志同道合的朋友或者家庭成员共同投资成立合伙企业,这属于无限责任公司;高级一点的形式是两个或两个以上人投资成立有限责任公司,后者相对于前者,风险相对较小,是普遍的合伙投资创业形式。

4.政府和公益组织资助

国家和地方政府都有一些支持大学生创业和科技创新的政策,包括通过财政拨款设立创新基金的方式直接对新创企业进行资助,通过财政补贴、税收优惠、政府采购等方式对新创企业进行间接资助。目前,公益组织对创业活动的资助还比较少,随着政府加强对创业活动的支持力度,有些公益组织开始关注创业活动。

5.其他

其他资金筹集方式包括短期的典当,还有天使投资等。天使投资主要指具有一定资本金的个人或家庭,对具有发展潜力的初创企业进行早期投资的一种民间投资方式。天使投资是风险投资的一种,但与大多数风险投资投向成长期、上市阶段的项目不同,天使投资主要投向构思独特的发明创造计划、创新个人及种子期企业,为尚未孵化的种子期项目"雪中送炭"。它只将发明计划或种子期项目"扶上马",一面"送一程"的任务则由机构风险投资来完成。

四、项目计划书

(一)摘要

项目计划书的摘要主要包括计划书的目的、企业概述、产品与服务、管理团队、营销概述、竞争环境、风险与机会、资金需求等方面的简要描述。

(二)事业描述

事业描述的内容包括远景目标,成立时间,企业的名称、形式、地点,生产状况,战略合作伙伴。必须描述所要进入的是什么行业,卖什么产品(或服务),谁是主要的客户,所属产业的生命周期是处于萌芽、成长、成熟还是衰退阶段,企业要用独资还是合伙或公司的形态,打算何时开业,营业时间有多长等。

(三)产品和服务

产品和服务部分需要描述你的产品和服务到底是什么,有什么特色,你的产品跟竞争者有什么差异,如果并无特别之处,那为什么顾客要买你的产品。

(四)目标市场

市场首先需要界定目标市场在哪里,是既有的市场既有的客户,还是在新的市场开发新客户,因为不同的市场不同的客户都有不同的营销方式。在确定目标之后,决定怎样上市、促销、定价等,并且做好预算。

(五)地点

一般公司对地点的选择可能影响不那么大,但是如果要开店,店面地点的选择就很重要。

(六)竞争分析

下列三种时候尤其要做竞争分析:第一,要创业或进入一个新市场时;第二,当一个新竞争者进入自己在经营的市场时;第三,随时随地做竞争分析,这样最省力。竞争分析可以从五个方向去做:谁是最接近的五大竞争者,他们的业务如何,他们与本业务相似的程度,从他们那里学到什么,如何做得比他们好。分析本企业在产品、管理、价格、厂址、财务等方面的竞争力,分析竞争对手的竞争力,分析本企业与竞争对手相比,存在着哪些竞争优势与不足。

(七)管理

中小企业98%的失败来自于管理的缺失,企业类型、结构、员工、管理者职责和简历咨询机构等。

(八)人事

其中45%是因为管理缺乏竞争力。管理包括专业机构包括财务企业、法律顾问、其他咨询机构要考虑现在、半年内、未来三年的人事需求,并且具体考虑需要;进哪些专业人才、全职或兼职、薪水如何计算,所需人事成本等。

(九)财务需求与运用

创业者应考虑融资款项的运用、营运资金周转等,并预测未来3年的损益表、资产负债表和现金流量表。写好财务计划,包括:损益预估表,现金流预测,资产负债预估表,资金的来源和应用,盈亏平衡分析。

(十)风险

不是说有人竞争就是风险,风险也是随处可见的,可能是进出有汇兑的风险、餐厅有火灾的风险等,需要注意的是当风险来时如何应对。

(十一)成长与发展

下一步要怎么样,三年后如何,这也是创业计划书所要提及的。企业要持续经营,在规划时就要能够做到多元化和全球化。

例1:"猪肉大王"陈生

陈生毕业于北京大学,十多年前放弃了让人羡慕的公务员职务毅然下海,倒腾过白酒和房地产,打造了"天地壹号"苹果醋,后来悄悄进入养猪行业,不到两年的时间在广州开设了近100家猪肉连锁店,营业额达到2个亿,被人称为广州千万富翁级的"猪肉大王"。

据不完全统计,目前我国大学生创业成功率只有2%~3%,有97%~98%的大学生创业失败,专业人士分析,缺乏相关的创业教育和实战经验,缺乏第一桶金等都是其中的重要原因。然而,对于成功创业的大学生来说极为重要的实战经验及第一桶金都是天上掉下来的吗?为什么陈生进入养猪行业,不到两年的时间里就能在广州开设近100家猪肉连锁店,营业额达到2个亿?这个问题的确值得好好追问。

第一,善于抓住机会。

实际上,之所以能在养猪行业里很短时间就取得骄人成绩,成为拥有数千名员工的集团公司的董事长,还在于陈生此前几次创业并积累了"实战经验":陈生卖过菜,卖过白酒,买过房子,卖过饮料。这使得陈生有着这样独到的见解:很多事情不是具备条件、做好了调查才去做才能做好,而是在条件不充分的时候就要开始做,这样才能抓住机会。

条件不充分时到底怎么才能抓住机会呢?我们来看一下陈生的做法:他卖白酒时,根本没有能力投资数千万设立厂房,可是他直接从农户那里收购散装米酒,不需要在固定设施上投入一分钱便可以通过广大的农民帮他生产,产能却可以达到投资5000万的工厂的数倍。此后,他才利用积累起来的资金开始租用厂房和设施,打造自己的品牌。迅速地进入和占领市场,让他在白酒市场上打了个漂亮仗。当许多人"跟风"学习用陈醋兑雪碧当饮料的方法时,善于"抓住机会"的陈生想到了如何将这种饮料生产出来。经过多次尝试,著名的"天地壹号"苹果醋就此诞生。

当然,资金积累到一定程度时,陈生成功的秘诀更让人难忘:在经济飞速发展的年代,无数企业"抓破脑袋"寻求发展良机,在这样的情况下,只有技高一筹者才能够取得成功。而一些企业运用精细化营销,就是一种技高一筹的做法。于是,从传统的中国猪肉行业里,陈生分析到了其中的巨大商机,因为中国每年的猪肉消费约500亿公斤,按每公斤20元算,年销售额就高达上万亿。与其他行业相比,养猪这个行业一直没有得到很好的整合,基本上没有形成产业化,竞争性不强,档次不高,机会很多。更重要的是,进入这一行业的陈生,机智地率先推出了绿色环保猪肉"壹号土猪",开始经营自己的品牌猪肉。

第二,精细化营销战略。

虽然走的还是"公司+农户合作"的路子,但针对学生、部队等不同人群,却能够选择不同的农户,提出不同的饲养要求。比如,为部队定制的猪肉可肥一点,学生吃的肉可瘦一点,为精英人士定制的肉猪,据传每天吃中草药甚至冬虫夏草,使公司的生猪产品质量与普通猪肉"和而不同"。在这样的"精细化营销"战略下,陈生终于在很短的时间内叫响了"壹号土猪"品牌,成为广州知名的"猪肉大王"。

例2:胡启立的创业故事

胡启立是武汉科技学院电信学院应届本科毕业生,红安农村人。4年前,他借债上大学。在大学期间,他打工、创业,不仅还清了债务,为家里盖起了两层楼房,他本人还在武汉购房买车,拥有了自己的培训学校。

他创业走过了怎样一条路?学校师生对他创业又是如何看待的呢?

第一,从小收购土特产转卖。

胡启立1982年出生在红安县华河镇石咀村一个普通农村家庭,父亲在当地矿上打工,母亲在田里忙活。

在胡启立3岁那年,父亲在矿上出事了,腿部严重骨折瘫痪在床,四处求医问药。三年后,父亲总算能下地走路了,可再也不能干重活、累活。为给父亲看病,几乎家徒四壁。

胡启立的父亲不能下地干活,只得开了家小卖部,卖些日用品。胡启立小小年纪就经常跑进跑出添乱又帮忙,也正是因为这个原因,他从小就接触到了买和卖。

慢慢长大了,胡启立在商业方面开始展现才华。全村20多个同龄小孩儿,他的年龄和个头都不是最大的,但他是"领袖",他经常带着同伴们去挨家挨户收购土特产,如蜈蚣、桔梗、鳝鱼等,卖到贩子手上,挣些零花钱。

2002年,胡启立读高中,学习成绩还不错,正在读高一的弟弟辍学外出打工,给哥哥赚学费。胡启立心里不是滋味,心里暗暗发誓,一定要考上大学,让家里人过上好日子。

胡启立说,他从那时就开始规划自己的大学生活:大一好好学习,尽量多学点东西,从大二开始,寻找机会挣钱,力争大学毕业的时候,自己能当上老板。

高考时,他本打算报考一所商学院,却遭到家人的反对,好在他对电子也有兴趣,最后选择了武汉科技学院电子信息工程专业。

第二,贴海报发现校园商机。

2002年9月,胡启立带着对大学生活的憧憬和从姑姑那借来的4000元学费,到武汉科技学院报到。

进校后,胡启立感觉大学生活比高中生活轻松多了,空闲时间也多,他利用这些空闲时间逛遍了武汉所有高校,也熟悉了武汉的环境,这为他下一步创业打下了基础。大学时间相对充裕,稍不注意就会养成懒散的习惯,胡启立是个闲不住的人,他决定提前走入社会,大一下学期就开始了自己的创业之路,比原定计划提前了半学期。

2003年春季一开学,胡启立开始给一所中介机构贴招生海报,这是他找到的第一份兼职工作,并且交了10元钱会费。

"贴一份0.20元,贴完了来结账。"中介递给他一沓海报和一瓶糨糊,胡启立美滋滋地开始往各大校园里跑。

"贴海报,看起来容易,其实很难做的。"胡启立没想到贴份海报,还要受人管,一些学校的保安轻者驱赶一下,严重的会辱骂甚至动手。

3天后,胡启立按规定将海报贴在了各个校园,结账获得25元报酬。同行的几人嫌少,都退出了,而胡启立却又领了一些海报,继续干起来。不过,他心里也开始在想别的门道了。

一次,他在贴海报时,看到一家更大的中介公司,就走了进去,在那里遇到一位姓王的年轻人。王某是附近一所大学的大四学生,在学校网络中心搞勤工俭学。几个学生商量,能不能利用网络中心的电脑和师资,面向大学生搞电脑培训,网络中心同意了,但要求学生们自己去招生。

"只要你能招到学生,我们就把整个网络中心的招生代理权交给你。"王某慷慨地说。胡启立想,发动自己在武汉的同学帮忙,招几个人应该是没问题,就满口应承下来。做招生宣传要活动经费,胡启立没有经验,找几个要好的同学商量,结果大家都不知道要多少钱。有的说要5000元,有的说要2000元,最后胡启立向王某提出要1800元活动经费,没想到王某二话没说,就把钱给了他。

胡启立印海报,买糨糊,邀请几个同学去各个高校张贴,结果只花了600元钱,稳赚1200元。这是他挣到的第一笔钱。

尽管只花了600元钱,但招生效果还不错,一下子就招到了几十个人。然而,这些学生去学电脑时却遇到了麻烦,因为动静搞大了,学校知道了这个事情,叫停了网络中心的这个电脑培训班。胡启立几次跑到网络中心,都没办法解决这个事情。他无意间发现网络中心楼下有个培训班,也是搞电脑培训的,能不能把这些学生送到那去呢?

对方一听说有几十个学生要来学电脑,高兴坏了,提出给胡启立按人头提成,每人200元。非常意外地,胡启立一下子拿到了数千元钱。

第三,办培训学校,圆了老板梦。

2005年,"胡启立会招生"的传闻开始在关山一带业内传开了。一家大型电脑培训机构的负责人找胡启立商谈后,当即将整个招生权交给他。

随着这家培训机构一步步壮大,胡启立被吸纳成公司股东。但胡启立并不满足,他注册成立了自己的第一家公司——一家专门做校园商务的公司。

胡启立谈起成立第一家公司的目的:"校园是一个市场,很多人盯着,但他们不知道怎么进入。成立公司,就是想做这一块的业务,我叫它校园商务。"

同时,胡启立发现很多大学生通过中介公司找兼职,上当受骗的较多,就成立了一家勤工俭学中心,为大学生会员提供实实在在的岗位。他的勤工俭学中心影响越来越大,后来发展到7家连锁店。"高峰时,每个中心能有一万元左右的纯收入。"2005年下半年,由于业务越做越大,胡启立花20多万元买了一辆丰田花冠轿车,在校园和自己的各个勤工俭学点奔跑。次年9月,他又将丰田花冠换成30多万元的宝马320。记者问他为何换名车,他说:"谈生意,好车有时候是一种身份证明吧。"

在给一些培训学校招生的过程中,胡启立结识了一家篮球培训学校的负责人,开始萌生涉足体育培训业务的念头。经过多次考察比较,2006年底,胡启立整体租赁汉阳一所大学校园,正式进军体育培训。"当年招生100余人,今年的招生规模预计是300人。以前都是为别人招生,这次总算是为自己招生了。"

如今,胡启立已涉足其他类型办学,为自己创业先后已投入200万元左右。

第四,在师生眼里,他是个怪才。

尽管现在成了校园里的创富明星,但胡启立一点也不张扬。

虽然在外面买了房子,但胡启立现在还和以前一样住在学生宿舍,吃食堂,而且他看上去和大多数同学差不多,只不过稍显得老成一些。

只是在学校很难见到他的人,用同学们的玩笑话来说,"谁要想见他,都要提前一个月预约"。他和同学关系都比较好,虽然经常不在学校,但是如果有消息的话,一般不出半天就会通知到他。

"他是个怪才,我们都很佩服他。"胡启立的同学裴振说。其实,班里对胡启立的看法分成两派:一部分人十分羡慕他,大学还没毕业就能自己赚钱买车买房;另一部分人认为他虽然创业成功了,但学习没跟上,而且他现在从事的工作和专业没什么关系,等于放弃了自己的专业,怪可惜的。

胡启立在大学期间,学校也为他创业提供了帮助,从院长到老师,都为其创业和学习付出了相当多的心血。由于忙于创业,耽误了一些课程,学校了解他的特殊情况后,特事特办,按规定允许他部分课程缓考。

班主任杜勇老师谈起自己的这个特殊学生时说:"我带过很多学生,但胡启立是其中最特别的,创业取得的成绩也较大。"他认为在现在大学生就业形势整体不太好的前提下,大学生自主创业,不仅解决了自己的就业问题,做得好的话还可以为别人提供岗位。"但要是能兼顾学业就更好了。"杜老师补充道。

例3:陶立群的"新天烘焙"蛋糕店

在绍兴市新建北路5号,有家"新天烘焙"蛋糕店,与其他蛋糕店有点不同,这家店不仅宽敞明亮,而且在店铺的一角摆放着一张圆桌、两张凳子,桌上还放着几本杂志,有点休闲吧的味道。

这家与众不同的蛋糕店的主人是位刚走出大学校门才两年的年轻人——浙江大学城市学院二〇〇六届毕业生陶立群。毕业后自主创业,25岁的他,已拥有5家蛋糕连锁店和一家加工厂,成为绍兴市里小有名气的创业青年,被评为绍兴市创业之星。

2006年6月,陶立群从浙江大学城市学院工商管理专业毕业时,决定开个蛋糕店。他做出这个决定并不是盲目的——大学期间,他曾经经营过校内休闲吧、小餐厅,而且都做得不错。曾做过"元祖蛋糕"代理的他,对蛋糕市场有所了解,觉得能在这一行闯出一片天地。虽然父母极力反对,但陶立群认准了这条路,决意走下去。2006年夏天,他白天顶着烈日逛绍兴市区大大小小的蛋糕店,看门道、想问题,晚上则躲在房间里查资料,了解市场行情。他还跑到杭州、上海等大城市做蛋糕市场的调查,搞可行性分析。

陶立群的调查有不小的收获:绍兴当时只有"亚都""元祖"两家知名品牌蛋糕店,其余的都是本地小蛋糕店,中高档品牌蛋糕市场相对空缺,而且当时绍兴还没有一家蛋糕店的糕点是现卖现烤的。陶立群的创业梦想定位在打造本地中高档蛋糕品牌上。

2个多月后,当满满9页的《新天烘焙蛋糕店可行性策划书》放在父母面前时,陶立群的父母被感动了,他们拿出积蓄支持儿子创业。2006年年底,第一家"新天烘焙"蛋糕店在绍兴市新建北路5号正式开张,陶立群开始做起了小老板。他将店面分成两部分,前半部分是自选式的透明橱窗,便于顾客自行挑选;后半部分则用来加工糕点,现做现卖。

起早摸黑,对在创业之初的陶立群来说是常事。为节约成本,采购、运货等工作,陶立群都自己一个人做。优质的用料、独特的口味、有人情味的服务,赢得了消费者的喜爱。2007年5月、10月,陶立群先后开了第二、第三家连锁店。2008年9月,又有两家新天烘焙店在绍兴市区开张。在鲁迅故里做讲解员的曹圣药是新天烘焙店的忠实顾客,她说,"'新天'不仅布置得有情调,并且糕点的品种多、口味好,所以经常买"。

谈及今后的打算时,陶立群说,他下一步要在蛋糕店的团队建设上下功夫,并且要不断改善店里的蛋糕品种以及销售服务,打响"新天"品牌,力争开出更多的连锁店。

分析:《新天烘焙蛋糕店可行性策划书》给我们留下了深刻的印象。成功总是留给那些有准备的人,陶立群在正式创业之前,对自己的能力有清醒的认识,对蛋糕行业有详细的调查、分析,这正是他创业初步成功的基础。大学生创业时不能盲目,一定要对即将进入的行业作充分的了解。

在我国目前大学生与社会实践脱节现象比较严重而大学生的创业资金又不够的情况下,那种来自"传统行业"的"新创意"式的创业是值得肯定和学习的。比如,复旦大学计算机本科毕业的顾澄通,在任何人都会的"卖鸡蛋"上,也卖出了"新创意",他成功开发出"阿强"鸡蛋的"网上身份查询系统",满足了大家对鸡蛋的新鲜卫生的需求,打造鸡蛋品牌,推出满足人们追求更高营养需要的"头窝鸡蛋"等等,开拓出了一片"创业新天地"。

此外,建收废品网站"创业",擦皮鞋开连锁店创业,卖铁板烧创建"大学生铁板烧连锁店"创业等,都让一些大学生尝到了创业的成功和快乐。

总结:当前严峻的就业形势让不少大学生萌生了创业的想法。高校应不断增加大学生创业方面的知识培训,有关部门更要不断完善扶持大学生创业的相关政策。作为一个个想创业的大学生,有必要深入学习一下成功大学生的创业之路,"三百六十行,行行出状元",但问题是,怎么去成为这个"状元",必须要从转变观念做起,从哪怕是不起眼的"小事"做起,在传统的行业里开辟出新的创意,只有这样,才能一步步开辟出创业新天地。

虽然这三个案例时间较早,但很具有典型性,思路很值得借鉴,希望广大的毕业生能从中学到一些能够用到自己身上的东西。面对金融危机,面对生活压力,你应该怎么选择。机会靠自己争取,别怕苦、别怕累、别怕碰壁、别怕失败,要自信、要坚持。放弃休息、放弃舒服、放弃单一的理论,用实际的行动、用自己的双手、用自己的创新改变传统,掘取属于你的第一桶金。

第二节 创业计划书制定

一、创业企划书概述

创业计划书,又称商业计划,是创业者表达创业计划意图,以吸引投资者的创业资本为主要目的报告性文件。它通常用于向投资人介绍创业项目，或者企业的发展计划，以期引起投资者的兴趣，达到吸引资金的目的。创业计划书的质量水平，往往直接决定创业发起人能否找到合作伙伴，获得创业资金及其他形式资源的支持。

对于创业者来说，创业计划书犹如旅行者的旅行图。因为创业者就像身处陌生环境的旅行者，眼前面对无数的未知因素，稍有不慎，就可能导致创业失败。一份好的创业计划书可以作为创业者的行动指南。它从企业的产品、营销、市场，以及企业内部的人员、制度、管理等各个方面对即将展开的商业项目进行可行性分析，帮助创业者分析创业的主要影响因素、优势与劣势、机会与成本，以便创业者保持清醒的头脑。

然而，很多创业者并不愿意花费时间撰写创业计划书，如果实在需要向投资者递交，他们更愿意找别人代写。据调查显示，2002年美国大约30%的创业企业有商业计划书，而2003年中国只有8%左右的创业企业有创业计划书。而有创业计划书的创业企业成功率要比没有创业计划书企业的成功率高出100%。

事实上，如果创业者不需要筹集外部资金，也可以依靠座谈会、报告会等语言交流方式与其他创业合伙人共享创业思路，可以不需要撰写规范的书面创业计划。但是，创业作为一种理性的社会活动，不能仅凭一时的热情和冲动。一位风险投资家曾说："如果你想踏踏实实地做一份工作的话，写一份商业计划书能迫使你进行系统的思考。有些创意可能听起来很棒，但是当你把所有的细节和数据写下来的时候，自己就崩溃了。"因此，将创业计划按照规范和严格的要求撰写成创业计划书，不仅可以作为推广创业计划意图、吸引风险投资的有效工具，还可以帮助创业者理顺创业思路、制定目标与战略、发现机会与威胁、综合管理利用各类资源，并作为创业初期和日后经营管理企业的重要参考依据。

二、创业计划书的内容框架

好的创业计划书有两个看似矛盾的关键要素，一是要有创意，二是要有可行性。创意好的创业计划能够引起风险投资者的投资兴趣，而"可行性"往往成为阻碍投资者选择创业项目的主要因素。

创业计划书的内容一般包括执行总结、产业背景和公司概述、市场调查和分析、公司战略、总体进度安排、关键的风险及问题和假定、管理团队、公司资金管理、财务预测、假定公司能够提供的利益十个方面。

(一)执行总结

执行总结是创业计划的简要概括,是创业计划书的第一部分,主要包括:①创业计划的创意背景和项目的简述;②创业机会的概述;③目标市场的描述和预测;④竞争优势和劣势分析;⑤经济状况和盈利能力预测;⑥团队概述;⑦预计能提供的利益。

(二)产业背景和公司概述

产业背景和公司概述主要包括:①详细的产业状况与趋势描述;②市场需求分析;③竞争对手分析;④公司概述,应包括详细的产品或服务描述,以及如何满足目标市场顾客的需求,进入策略和市场开发策略。

(三)市场调查和分析

市场调查和分析主要包括:①目标市场顾客的描述与分析;②市场容量和趋势的分析、预测;③竞争分析和各自的竞争优势;④估计的市场份额和销售额;⑤市场发展的走势。

(四)公司战略

公司战略主要阐释公司如何进行竞争,主要包括:①公司在发展各阶段的发展战略;②通过公司战略来实现预期的计划和目标;③制定公司的营销策略。

(五)总体进度安排

公司的进度安排,主要包括以下领域的重要事件:①收入来源;②收支平衡点和正现金流;③市场份额;④产品开发介绍;⑤主要合作伙伴;⑧融资方案。

(六)关键的风险及问题和假定

①关键的风险分析,包括财务、技术、市场、管理、竞争、资金撤出、政策等风险;②说明将如何应付或规避风险和问题(应急计划)。

(七)管理团队

介绍公司的管理团队。其中,要注意介绍各成员与管理公司有关的教育和工作背景(注意管理分工和互补);绍领导层成员、创业顾问及主要的投资人和持股情况。

(八)公司资金管理

公司资金管理主要包括:①股本结构与规模;②资金运营计划;③投资收益与风险分析。

(九)财务预测

①财务假设的立足点;②会计报表,包括收入报告、平衡报表等;③财务分析,包括现金流、本量利、比率分析等。

(十)嘉定公司能够提供的利益

这是创业计划的"卖点",也是投资人最为关心的问题,主要包括:①总体的资金需求;②在这一轮融资中需要的是哪一级;③如何使用这些资金;④投资人可以得到的回报是多少,以及可能的投资人退出策略。

第三节 创业计划的实施

中国有句古语说"预则立",预计预先,指事先做好计划或准备;立是成就。这说明了计划对于成功的重要性。

要撰写一份高质量的创业计划. 需要创业团队仔细研讨创业构想,分析创业过程中可能遇到的问题和困难,进一步凝练创业计划的执行概要,把创业构想变成文字方案,了解创业计划书的撰写和展示技巧。

一、研讨创业构想

构想指作家、艺术家在孕育作品过程中的思维活动,也指构想的结果。创业构想是创业者在创业想法形成及实施过程中,对创业计划的思考、论证和分析。创业是一个系统工程,在开始之前,创业者需要做许多准备工作,包括对创业构想进行研讨,形成一个完整的创业构想或创业计划等。创业构想涵盖了创业计划的方方面面,本节的第四部分将进行详细论述,这里讨论研讨创业构想时应该明确的问题或把握的原则。要让创业构想在新创企业日后的经营过程中发挥良好作用,创业者至少要从以下几个方面进行深入思考。

(一)确立正确的创业目标

赚钱是重要的目标,但并不是唯一的目标,因为创业本身应该有理念,理念会带动很多新的产品创意和实践冲动。大多数成功创业者的创业目标并不主要是为了赚钱,而是基于自己的兴趣,或者为了解决现实生活中的某些问题。开始研讨创业构想的时候,创业者一定要明确创业的目的是什么,首先厘清创业要做什么、如何做等问题。

(二)寻找适合的创业模式

选择适合的创业模式,是创业成功的关键。准确判断自己的优势和劣势,选择最适合自己的创业模式,可以化解很多不利因素。创业模式是创业者为保障自己的创业理想与权益而对各种创业要素的合理搭配。一个适合的创业模式,未必需投资一大笔资金,未必需要具有很大的规模,甚至未必需要一处办公场所或一个店面。对一个创业者来说,一个真正好的模式,应该是适合自己的,即自己有能力操作而且能把现有的资源有效整合。是通过白手起家的方式,还是通过收购现有企业或进行代理、加盟,在家创业还是网络创业,是研讨创业构想阶段创业者必须明确的问题。

(三)规划合理的创业步骤

规划创业步骤是一个循环的过程。要分析创意从哪里来,怎么会有这个创意,资金怎么找,怎么组建团队,产品的市场营销怎么做。对这些问题的考虑是一个周而复始的修改、完善和论证过程。

(四)制定清晰的创业原则

网络上列出的创业原则非常多,在研讨创业构想的时候,创业团队一定要针对自己的特定情况,制定适合团队和项目的创业原则。一般来说,就像创业不仅仅是为了赚钱一样,在创立公司的时候,创业团队也不应该一直想着什么时候才能赚钱。面对非常艰苦的创业工作,清晰、简洁、能够得到团队成员认可的创业原则,有助于形成团队的凝聚力,帮助创业团队在任何情况下坚持工作。

(五)创造有利的创业条件

创业不一定要有重大的发明或全新的创意,只要有一定的市场需求,对现有资源的整合和再利用也会有助于创业成功。重要的是新创企业未来拟提供的产品或服务,在市场上会不会成功,市场的需求如何,创业团队的能力怎样。合适的人在合适的时间做合适的事情,会形成非常有利的创业条件。在研讨创业构想阶段,创业团队应认真对自己的创业条件进行深入思考,选择对创业有利的自然条件,努力创造有利于创业成功的社会条件。

(六)确定明确的创业期限

充分的准备尽管有助于降低创业风险,但是经过长时间的准备也可能会消磨创业者的意志,降低创业激情。因此,创业初期应确定一个合理的创业期限,包括开始创业活动的时间、将产品和服务推向市场的时间、争取实现盈亏平衡点的时间等。通过精益的创业方式,有助于缩短产品和服务推向市场的时间以及达到盈亏平衡的时间。

(七)建立良好的投资关系

如何寻找合适的外部投资者,以及与外部投资者应该建立什么样的关系等,也是创业构想研讨阶段必须思考的问题。当创业需要外部融资时,创业团队就应该考虑投资者关系管理的问题。通过研讨,要确定好创业团队和外部投资者各自的股份比例,要选择能够和自己站在一起同甘共苦的投资者,要寻找有很大影响力的投资者,这样一方面可以筹集到所需要的创业资金,另一方面可以借助投资者的经验和力量。当然,创业团队还要通过合理的股份构成和分配机制,与投资者建立长久的良好合作关系。

(八)组织高效的创业团队

高效的创业团队中不一定都是最好的人才,事实上只要遵循创业团队的组建原则,做好团队的管理,团队成员适合做新创企业中对应的工作,能够做到优势互补、精诚合作,凝聚在核心创业者的周围.为共同的创业目标而奋斗,就算创业团队水平一般,仍然可以算得上一支优秀的团队。在研讨创业构想阶段,创业者应该了解高效团队的特征,避免日后组建团队过程中的盲目性和不切实际。

二、分析创业可能遇到的问题和困难

不是每个人都适合创业,因此,在研讨创业构想阶段,如果发现自己的特质不适合创业,最好尽快放手,避免日后出现更大的麻烦。如果发现自己适合创业,就要积极应对,认真分析创业过程中可能会出现的问题和困难,做好充分准备,将创业风险降到最低。

综上所述,创业是一个系统的工程,也是一个持续的过程,在创业过程中遇到问题和困难在所难免。这些问题和困难,有些是可以预见和避免的,有些是难以预料和解决的。在开始创业之前对将来可能遇到的问题和困难进行分析,有助于创业者做好充分的心理准备和应对策略,减少创业失败的可能性。

通过市场调查,以及和圈内专家和同行业企业的创业者进行座谈,创业者对未来可能遇到的困难会有所了解。一般来说,创业过程中可能会遇到创业者自身层面以及新创企业层面两大方面的问题和困难。

(一)创业者自身层面的问题

创业者自身层面的问题表现为创业者或团队的身心不适应,知识、能力和资源不够以及对以往社会关系的影响等。

1. 身心不适应

创业初期,创业者可能要在创业活动上投入大量的时间和精力,加班活动习以为常,周末或者节假日工作也不足为奇,因此,健康的身体是创业必不可少的要素之一。否则,创业者会感到吃力,体力上先行吃不消,也就难以在遇到困难的时候坚持下去。如马云所说:"今天很残酷,明天更残酷,后天会很美好,但很多人都死在了明天晚上。"体力透支带来的对创业活动的放弃是很多创业失败的原因之一。

心理上的不适应也是创业过程中遇到的一大难题。从一个普通就业者或者在校大学生走向创业之路,就意味着要在创业活动上花更多的心思,要从全局的观点,站在未来发展的角度看问题,而且无论是战略还是战术层面的问题都需要创业者亲自过问。对企业前途的思考和担忧,对企业工作的安排和布局无时无刻不在创业者的脑海中盘旋,尤其是问题出现时的解决之道更是创业者必须思考的问题。这些问题带给创业者的困扰,加上烦琐的日常工作对原有生活秩序的破坏,可能会使创业者感到身心疲惫,有相当长时间的不适应期。一些意志薄弱者,甚至会因此而放弃。

如果创业初期能找到或组建一支合适的团队,就可以将繁重的创业工作进行合理分配,在一定程度上缩短"断奶期",尽快适应创业的生活状态,降低身心不适应给创业计划造成的困扰。

2. 影响以往的社会关系

在创业活动上大量时间和精力的投入,使创业者无法像原来那样维系以往的社会关系于是可能会使原来要好的朋友变得陌生,原本和谐的人际关系显得不像以往一样融洽;对家庭关注的减少、对家人义务履行得不够也有可能成为创业者另一个沉重的心理负担。

做好时间管理,合理分配用于工作和生活以及社交上的时间,正视压力,增强创业动力,有利于创业者改变这一现状。

3. 知识、能力和资源不充分

在资讯快速发展的当今社会,知识的淘汰率很高。据统计,现在新技术信息每两年增加一倍,意味着大学一年级学生的知识到大学三年级就有一半过时了。如2010年急需的十大职业在2004年根本就不存在,因此,要拥有创业所需要的所有知识和能力几乎不可能。而且随着社会分工细化,每个人拥有的资源也变得有限,拥有创业需要的全部资源成为奢求。这在一定程度上会对创业活动开展造成不利影响。

一支知识和技能互补、资源互补的团队可以解决部分问题,创业者学习能力的提高,终身学习习惯的养成,以及社会关系的正常维护,也可以在一定程度上解决部分问题。

(二)新创企业层面的问题

新创企业层面的问题和困难表现为企业在日后经营过程中可能面临的不同风险,如项目和市场风险、技术风险、团队组建或管理风险、资源风险等。

1.项目不合适或市场较小

当创业者满怀信心宣布企业成立或店铺开张后,可能发现产品销量或顾客数量远非想象中的态势良好。这也许与产品或服务质量不过关、销售方式不对路、市场需求转向、市场环境变化等有关,也许是当初项目选择不合理所致。如果企业比较幸运,顺利地度过初创期,经过一定时间发展,提升了产品质量、顺应了市场需求、扩大了销路、熟悉了市场环境之后,也许还会出现知名企业在同行业跟进、后来者居上的尴尬。市场方面的风险相当致命,如果应对不力,严重时会造成企业破产倒闭。

对创业项目进行详细分析,展开充分的市场调查,制定合理的新产品开发策略,做到"人无我有,人有我优",有利于保持企业的市场竞争力。

2.技术不成熟或陈旧

技术资源的价值具有不确定性,如果技术太过前卫,配套技术或硬件设施无法满足需要,可能会面临现行环境下无法实施的可能性,或者技术自身不够成熟的风险;实验室中纯度很高的产品,也许到中间环节测试时纯度就会大大降低。再到大规模投产时纯度又会大打折扣;即便比较成熟的技术在应用过程中也可能存在风险,机器设备的不够先进、操作人员技术不熟练、配套技术跟不上等,都会使生产的产品无法达到预期标准;对于外购技术,如果创业者不是行内专家,也许无法准确地识别其先进性,从而或许会买到过时的技术。即便不存在以上问题,随着科技的发展和技术进步,现有的技术也会落后,如果新创企业不能够及时更新技术,也会丧失原有的竞争优势。

加强自身能力建设或建立创新联盟可以减少技术风险的发生。提高新创企业技术系统的活力,加强对技术创新方案的可行性论证,建立灵敏的技术信息预警系统,组建技术联合开发体或建立创新联盟,可以减少技术开发与技术选择的盲目性,分散技术创新的风险;重视专利申请、技术标准申请等保护性措施的采用,能够通过法律手段减少损失出现的可能性。

3.团队组建或管理不力

初创期内企业缺乏资金而难以招来人才,发展壮大期内因用人不善、利益不均或员工自身原因而无法留住人才,因此,创业团队构成不合理和团队成员流失就成了两个常见现象。不少企业在初创期,团队成员都会对产品研发和销售倾注大量心血而无暇计较得失,但企业步入正轨之后,创业者可能会发现,因疏于管理,责权不明确、利益不均衡等问题接踵而至。最令人心痛的结果便是团队分裂,企业元气大伤。据国外一家研究机构对100家成长最快的小公司所做的调查结果显示,其中有50%的创业团队没能在公司中共事5年。另一家机构在其所研究的12个创业团队的个案中发现,只有两个创业团队在创立5年以后还保持着创立初期时的完整。有些新创企业中,员工跳槽成了企业的常态,关键性人才的缺失如果正好发生在企业的关键性发展阶段,就更让创业者头痛。

积极寻找合适的团队成员,组建高效创业团队,通过沟通、协调、激励、奖惩、评价、目标设定等多种手段管理团队,在创业团队发展的不同阶段确定相应的管理内容,科学合理地对成员进行绩效评价等有助于解决以上问题。

4.资源不足

资源的有限性和市场的自发性使创业者或新创企业无法拥有所需要的全部资源,导致企业面临资源不足的风险。创业者在资源方面遇到的问题可以表现为人才缺失、客户流失、技术创新性不强、资金断流、财务管理出现漏洞等,这些都有可能使创业者在激烈的竞争中败下阵来。人才资源、客户资源、技术资源等在前面的三个方面都有论述,这里只讨论财务资源不足的问题。财务资源不足的表现是资金短缺,这几乎是任何一家新创企业都会面临的问题。很多人在初次创业时,都面临资源欠缺,特别是启动资金缺乏的困境,企业步入正轨之后,为了发展壮大、扩大规模、增加项目也会导致对资金的需求增加,如果创业者不能够及时筹集到所需的经营资金,就会导致现金流中断,使资金成为影响企业发展的瓶颈。

对创业所需资金进行合理估计,可以避免由于筹资不足影响企业健康成长和后续发展的情况;建立和经营创业者自身和新创企业的信用,可以提高获得资金的概率;设置企业的财务结构,在企业的长远发展和目前利益之间进行权衡,从恰当的渠道获得资金,以及对现金流的良好管理,可以避免现金断流带来的财务拮据甚至破产清算的局面。

第四节 创业政策

一、我国创办企业的法律规定

在全面建设小康社会,开创具有中国特色社会主义事业新局面的新时期,国家为大学生自主创业、开办各种企业提供了一个良好的环境。

(一)按照法律规定选择企业形式

大学生创业可选择独资企业、合伙企业和有限责任公司(企业法人)三种企业的法律形式。独资企业是指由一个自然人投资,财产为投资人个人所有,投资人以其个人财产对企业债务承担无限责任的经营实体。这种企业在法律上为自然人企业,是当今社会最简单的企业形式。合伙企业是由各合伙人订立合伙协议,共同出资、合伙经营、共享收益、共担风险,并对合伙企业债务承担无限连带责仟的营利性组织。有限责任公司,是指由两个以上股东共同出资,股东以其认缴的出资额对公司承担有限责任,公司以其全部资产对其债务承担有限责任。独资企业和合伙企业要发展成大的企业,必须采取有限责任公司的形式。

(二)遵守法律法规

常用法律一览:

1.基本法律

《中华人民共和国票据法》。

2.公司企业法律

《中华人民共和国公司法》《中华人民共和国合伙企业法》《中华人民共和国个人独资企业法》《中华人民共和国企业登记管理条例》等。

3.劳动法律法规

《中华人民共和国劳动法》《中华人民共和国劳动合同条例》。

4.知识产权法律

《中华人民共和国著作权法》《中华人民共和国商标法》《中华人民共和国专利法》。

5.公司企业税法

《中华人民共和国企业所得税暂行条例》《中华人民共和国增值税暂行条例》《中华人民共和国营业税暂行条例》《中华人民共和国税收征收管理法》。

以上只是简单列举创业者常用的法律,在企业实际运作中可能还会遇到大量法律问题。当然创业者可以对这些问题有一些基本的了解,专业问题可以交由律师等专业人士去处理。

二、国家关于大学毕业生自主创业的优惠政策

(一)《国家市场监督理总局关于2003年普通高等学校毕业生从事个体经营有关收费优惠政策的通知》

1.凡高校毕业生(含大学专科、大学本科、研究生)从事个体经营的,除国家限制的行业(包括建筑业、娱乐业以及广告业、桑拿、按摩、网吧、氧吧等)外,自工商行政管理机关批准其经营之日起,一年内免交个体工商户登记注册费(包括开业登记、变更登记、补换营业执照及营业执照副本)、个体工商户管理费、集贸市场管理费、经济合同签证费、经济合同示范文本工本费。

2.高校毕业生申请个体工商户设立登记时,应当向登记机关出示具普通高等学校颁发的毕业证书、个人身份证,以及省级高校毕业生就业工作主管部门签发的《全国普通高等学校本专科毕业生就业报到证》或者《全国毕业研究生就业报到证》(以下简称报到证);登记机关核实无误后,依法办理登记注册手续,并在报到证上注册登记注册时间、加盖登记机关印章后退回本人,在《个体工商户营业执照》经营者姓名后注明:"高校毕业生";高校毕业生可凭《个体工商户营业执照》免交上述规定的有关费用。

3.对高校毕业生从事个体经营实行有关收费优惠政策,是党中央、国务院鼓励高校毕业生灵活就业、自主创业的重要举措。地方各级工商行政管理局机关要通过各种形式,积极宣传高校毕业生从事个体经营有关收费优惠政策,并不折不扣地落实有关收费优惠政策,大力支持、促进高校毕业生自谋职业、自主创业。

(二)《财政部、国家发展和改革委员会关于切实落实2003年普通高等学校毕业生从事个体经营有关收费优惠政策的通知》

1.凡2003年应届高校毕业生从事个体经营的,除国家限制的行业(包括建筑业、娱乐业以及广告业、桑拿、按摩、网吧、氧吧等)外,自工商部门批准其经营之日起1年内免交登记类和管理类的各项行政事业性收费(以下简称"收费")。

2.从事个体经营的高校毕业生免交的具体收费项目主要包括:

(1)法律、行政法规规定的收费项目,国务院以及财政部、国家发展改革委(含原国家计委、原国家物价局,下同)批准的收费项目。

①工商部门收取的个体工商户注册登记费(包括开业登记、变更登记、补换营业执照及营业执照副本)、个体工商户管理费、集贸市场管理费、经济合同签证费、经济合同示范文本工本费。

②税务部门收取的税务登记证工本费。

③卫生部门收取的民办医疗机构管理费、卫生检测费、卫生质量检验费、预防性体检费、预防接种劳务费、卫生许可证工本费。

④民政部门收取的民办非企业单位登记费(含证书费)。

⑤劳动保障部门收取的劳动合同签证费、职业资格证书费。

⑥公安部门收取的特种行业许可证工本费。

⑦烟草部门收取的烟草专卖零售许可证费(含临时的零售许可证费)。

⑧国务院以及财政部、国家发展改革委批准的涉及个体经营的其他登记类和管理类收费项目。

(2)各省、自治区、直辖市人民政府及其财政、价格主管部门批准的涉及个体经营的登记类和管理类收费项目。

3.从事个体经营的高校毕业生,应当向工商、税务、卫生、民政、劳动保障、公安、烟草等部门的相关收费单位出具本人身份证、高校毕业证以及工商部门批准从事个体经营的有效证件,经收费单位核实无误后按规定免交有关收费。

4.对从事个体经营的高校毕业生免收上述有关收费而减少的收入,主要由有关部门和单位调减支出项目自行消化,各级财政原则上不予补助。

5.各省、自治区、直辖市财政、价格主管部门应当通过广播、电视、报刊等新闻媒体,在本行政区域内公布免收的各项具体收费项目,使高校毕业生及时了解和掌握有关收费优惠政策。工商、税务、卫生、民政、劳动保障、公安、烟草等部门应当督促本系统内的有关收费单位不折不扣地落实各项收费优惠政策。

6.各省、自治区、直辖市财政、价格主管部门要在各自的职责范围内加强对从事个体经营的高校毕业生收费优惠政策落实情况的监督检查,凡不按规定落实收费优惠政策的,要依据法律、法规规定予以严肃处理,确保有关收费优惠政策的贯彻落实。

(三)国务院和地方政府鼓励大学生创业的规章制度

地方政府为贯彻党中央和国务院促进大学生就业的方针政策也相继制定了一些鼓励大学生创业的规章制度。

部分省市为鼓励和扶持大学毕业生自主创业,深化大学毕业生就业制度改革,创新就业机制,拓宽就业渠道,制定了实现普通高等学校毕业生充分就业的规定,大学毕业生自主创业可享受的地方税收优惠政策其中包括以下几个方面:

1.普通高等学校毕业生在国务院批准的高新开发区内新办企业,经有关部门认定为高新技术企业的,自投产年度起免征企业所得税两年,免税期满后按15%的税率征收企业所得税。

2.新办劳动就业服务企业,当年安置待业人员(包括普通高等学校毕业生)超过企业总人数60%的,经主管部门税务机关批准,可免征企业所得税三年,免税期满后当年新安置待业人员占企业原从业人员总数30%以上的,可减半征收企业所得税二年。

3.普通高等学校毕业生创办的企业,从事技术转让、技术开发业务和与之相关的技术咨询、技术服务业取得的收入,免征营业税。

4.普通高等学校毕业生创办的企业,年净收入在30万元以下的暂免征收企业所得税;超过30万元的部分,依法缴纳企业所得税。

第六章 创新能力与创新方法

第一节 创新与创新能力

中华民族要想在21世纪中叶基本实现现代化,建成富强、民主、文明、和谐的社会主义国家,达到全面振兴的理想目标,关键就在于能不能创新。而创新的关键在人才,人才的成长靠教育,即教育肩负着提高全民素质和培养创新人才的重要使命。新中国成立七十多年特别是改革开放以来,教育事业的改革与发展取得了举世瞩目的成就。但是,由于主观和客观等方面的原因,我国的教育对学生的创新精神和创造能力的培养是一个突出的薄弱环节。面对世界科技飞速发展的挑战,高校作为培养高级人才的基地,必须加强创新教育,为国家培养大批高素质的创新人才,这也是时代的呼唤。

一、创新的含义

创新是当今生活中出现频率非常高的一个词,从词源上来说,"创新"是一个非常古老的词,意思是创立或创造新东西。最早出现于《南宋·后妃传》:"据《春秋》,仲子飞鲁惠公元嫡,尚得考别宫。今贵妃盖天秩之崇班,理应创新。"又《魏书》有"革弊创新",《周书》有"创新改旧",萧乾《一本褪色的相册》(十二)有"语言创新方面,享有特权的诗人理应是先胡。"

而在英文中,创新(Innovation)一词起源于拉丁语。它有三层含义:①更新;②创造新的东西;③改变。1912年,奥地利经济学家熊彼特(J. A. Schumpeter)最早提出了"创新"的概念。1939年,他完善了自己的理论,提出创新就是"建立一种新的生产函数",也就是说,把一种从来没有过的关于生产要素和生产条件的新组合引入生产体系。他认为创新包括五个方面内容:①引进一种新产品;②采用新的生产方式;③开辟新的市场;④开辟和利用新的原材料;⑤采用新的组织形式。

1985年,被誉为"现代管理学之父"的彼得·德鲁克(Peter Drucker)发展了创新理论。他主张任何使现有资源的财富创造潜力发生改变的行为,都可称为创

- 129 -

新。他认为创新不仅是创造,而且并不一定是技术上的;一项创新的考验并不在于它的新奇性、科学内涵,或它的小聪明,而在于推出市场后的成功程度,即能否为大众创造出新的价值。

创新是指以用现有的思维模式提出有别于常规或常人思路的见解为导向,利用现有的知识和物质,在特定的环境中,本着理想化需要或为满足社会需求,而改进或创造新的事物(包括产品、方法、元素、路径、环境),并能获得一定有益效果的行为。具体是指人为了一定的目的,遵循事物发展的规律,对事物的整体或其中的某些部分进行变革。从而使其得以更新与发展的活动。

二、创新的特点

创新既是由人、新成果、实施过程、更高效益四个要素构成的综合过程,也是创新主体为实现某种目的所进行的创造性的活动。它的主要特征包括以下几个方面:

(一)创造性

创新与创造发明密切相关,无论是一项创新的技术、一件创新的产品、一个创新的构思,还是一种创新的组合。都包含有创造发明的内容。创新的创造性主要体现在组织活动的方式、方法以及组织机构、制度与管理方式上。其特点是打破常规、探索规律、敢走新路、勇于探索。其本质属性是敢于进行新的尝试,包括新的设想、新的试验等。

(二)目的性

人类的创新活动是一种有特定目的的生产实践。例如,科学家进行纳米材料的研究,目的在于发现纳米世界的奥秘,提高认识纳米材料性能的能力,促进材料产业的发展,提高人类改造自然的能力。

(三)价值性

价值是客观满足主体需求的属性,是主体根据自身需要对客体所做的评价。创新就是运用知识与技术获得更大的绩效,创造更高的价值与满足感。创新的目的性使创新活动必然有自己的价值取向。创新活动源于社会实践,义向社会提供新的贡献。创新从根本上说应该是有价值的,否则就不是创新。创新活动的成果满足主体需要的程度越大,其价值就越大。一般来说,有社会价值的成果,将有利于社会的进步,如伦琴射线与X光透视。

(四)新颖性

新颖性,简单理解就是"前所未有"。创新的产品或思想无一例外是新的环境条件下的新的成果,是人们以往没有经历过、没有得到和使用过、没有贯彻实施过的东西。但是,用新颖性来判断劳动成果是否是创新成果时有两种情况。一是指主体能产生出前所未有的成果的特点。科学史上的原创性成果,大多属于这一类。这是真正高手水平的创新。二是指创新主体能产生出相对于另外的创新主体来说具有新思想的特点。例如,相对于现实的个人来说,只要他产生的设想和成果是自身历史上前所未有的,同时又不是按照书本或者别人教的方法产生的,而是自己独立思考或研究成功的成果,就算是相对新颖的创新。二者没有明显的界线,只有一条模糊的边界。正如照相机的发明者埃德·兰德(Ed Herbert Land)所说:"一个人若能达到发明者或思考对自己来说是新东西的程度,那么就可以说他完成了一项创造性行为。"

(五)风险性

由于人们受所掌握的信息的制约和对有关客观规律的不完全了解,人们不可能完全准确地预测未来,也不可能随心所欲地左右未来客观环境的变化和发展趋势,这就使任何一项改革创新都具有很大的风险性。

三、创新的分类

提起创新,人们往往联想到技术创新和产品创新,但是创新的种类远不止这些,创新按照不同的标准可以划分成不同的种类。

依据创新的表现形式可以分为知识创新、技术创新、服务创新、制度创新、组织创新、管理创新等。

依据创新的领域可以分为教育创新、金融创新、工业创新、农业创新、国防创新、社会创新、文化创新等。

依据创新的行为主体可以分为政府创新、企业创新、团体创新、大学创新、科研机构创新、个人创新等。

依据创新的方式可以分为独立创新、合作创新等。

依据创新的意义大小可以分为渐进性创新、突破性创新、革命性创新等。

依据创新的层次可以分为首创型创新、改进型创新、应用型创新。

依据创新道路分为原始创新、集成创新和引进、消化吸收再创新。

原始创新是指前所未有的重大科学发现、技术发明、原理性主导技术等创新成果。原始创新意味着在研究开发方面。特别是在基础研究和高技术研究领域取得独有的发现或发明。原始创新是最根本的创新,是人类智慧的体现,是一个民族对人类文明进步作出贡献的重要体现。

集成创新是利用各种信息技术、管理技术与工具等,对各个创新要素和创新内容进行选择、集成和优化,形成优势互补的有机整体的动态创新过程。集成创新强调灵活性,重视质量和产品多样化。它与原始创新的区别是,集成创新所运用到的所有单项技术都不是原创的,都是已经存在的,其创新之处就在于对这些已经存在的单项技术按照自己的需要进行了系统集成并创造出全新的产品或工艺。引进、消化吸收再创新是最常见、最基本的创新形式,其核心是利用各种引进的技术资源,在消化吸收基础上完成重大创新。它与集成创新一样,都是利用已经存在的单项技术为基础,不同之处在于,集成创新的结果是一个全新产品,而引进、消化吸收再创新的结果,是产品价值链某个或者某些重要环节的更大创新。引进、消化吸收再创新是各国尤其是发展中国家普遍采取的方式,也是我国最为薄弱的环节之一。

四、创新的原理

在创新活动中,创新的原理是运用创造性思维分析问题和解决问题的出发点,也是人们使用各种创造方法、采用各种创造手段的凭据。因此,掌握创新的原理是人们能否取得创新成果的先决条件。但创新的原理不是包治百病的"灵丹妙药",不能指望在涉及创新的原理之后,就能对创新的方法了如指掌并运用自如。就能解决创新的任何问题,只有在深入学习并深刻理解创新的原理的基础上,人们才有可能有效地掌握创新的方法,才有可能成功地开展创新活动。

(一)综合原理

综合就是把事物的不同方而联系或组合在一起。首先,需要对事物进行分析,并按类别、层次、因素、成分等进行分项研究,包括优缺点、经济性、可靠性、社会性、先进性等。其次,按照客观指标进行可行性的综合处理。例如,近年来以计算机为中心的多媒体本身的发展即是一个综合过程,而综合后的产品常表现为体制上的创新,更注重宏观主体的发展和前景。

(二)组合原理

组合原理是将两种或两种以上的学说、技术、产品的一部分或全部进行适当组合,用以形成新学说、新技术、新产品的创新原理。组合既可以是自然组合,也可以是人工组合。在自然界和人类社会中,组合现象是非常普遍的。爱因斯坦曾说:"组合作用似乎是创新思维的本质特征。"组合创新的机会是无穷的。有人统计了20世纪以来的480项重大创造发明成果,经分析发现:30—40年代是以突破型成果为主,而以组合型成果为辅;50—60年代两者大致相当;从70年代起,组合型成果占据主导地位。这说明组合原理已成为创新的主要方式之一。

(三)分离原理

分离原理是把某一创新对象进行科学的分解和离散,使主要问题从复杂现象中暴露出来,从而厘清创造者思路,便于抓住主要矛盾。分离原理在创新过程中,提倡将事物打破并分解,将研究对象予以分离,创造出全新的概念和全新的产品,如隐形眼镜是眼镜架和镜片分离后的新产品。

(四)还原原理

还原原理要求我们要善于透过现象看本质。在创新过程中,能回到设计对象的起点,抓住问题的原点,将最主要的功能抽取出来并集中精力研究其实现的手段和方法,以取得创新的最佳成果。任何发明和革新都有其创新的原点。创新的原点是唯一的,寻根溯源找到创新原点,再从创新原点出发寻找各种解决问题的途径,用新的思想、新的技术、新的方法重新创造该事物,从本原上去解决问题,这就是还原原理的精髓所在。

(五)移植原理

移植原理是把一个研究对象的概念、原理和方法运用于另一个研究对象并取得创新成果的创新原理,"他山之石,可以攻玉"就是该原理能动性的真实写照。移植原理的实质是借用已有的创新成果进行创新目标的再创造。创新活动中的移植根据重点不同,可以是沿着不同物质层次的"纵向移植",也可以是在同一物质层次内不同形态之间的"横向移植",还可以是把多种物质层次的概念、原理和方法综合引入同一创新领域中的"综合移植"新的科学创新和新的技术发明层出不穷,其中有许多创新是运用移植原理取得的。例如,用纸造房屋,经济耐用;用塑料和玻璃纤维取代钢铁来制造坦克的外壳,不但减轻了坦克的重量,而且具有避开雷达的隐形功能。

(六)换元原理

换元原理是指创造者在创作过程中采用替换或代换的思想或手法,使创新活动内容不断展开、研究不断深入的原理。它通常指在发明创新过程中,设计者可以有目的、有意义地去寻找替代物,如果能找到性能更好、价格更廉的替代品,这本身就是一种创新。

(七)迂回原理

创新在很多情况下,会遇到许多暂时无法解决的问题,迂回原理鼓励人们开动脑筋、另辟蹊径。不妨将处在某个难点上的僵持状态暂停,转而进入下一步行动或进入另外的行动,带着创新活动中的这个未知数继续探索创新问题,不要钻牛角尖、走死胡同。因为有时通过解决侧面问题或外围问题以及后继问题,可能会使原来的未知问题迎刃而解。

(八)群体原理

大学生创新小组就是群体原理的一种运用。科学的发展,使创新越来越需要发挥群体智慧,才能有所建树。早期的创新多是依靠个人智慧和知识来完成的,但随着科学技术的进步,要想"单枪匹马、独闯天下"去完成像宇宙飞船、空间试验室和海底实验室等大型高科技项目的开发设计工作是不可能的。这就需要创造者们能够摆脱狭窄的专业知识范围的束缚,依靠群体智慧的力量,依靠科学技术的交叉渗透,使创新活动从个体劳动的圈子中解放出来,并焕发出更大的活力。

五、创新能力

从实践情况来看,大学生创业成功与否与其创新能力与创业能力密切相关,一般创新能力越强、创业能力越高的大学生越容易创业成功。因此,进行大学生创业教育,就必须进行大学生创新能力与创业能力的教育,以推动大学生创新能力和创业能力的培养。

(一)创新能力的概念

创造学和心理学上一般用创造力来表示创新能力,意指创造、创建、生产、造就的能力。事实上,创新能力与创造力在内涵上并不完全相同。

根据中国矿业大学的庄寿强教授的观点,创造力是一种隐性的创造潜力,是人的一种先天性自然属性,与后天的知识和经历并没有直接的关联。而创新能力是一种显性的创造力,是人的一种社会属性,它是在人后天教育或培训的基础上形成的一种能力,与人后天的知识和经历有十分密切的关系。因此,创造力是无法测量的,但创新能力可以测量。

虽然庄寿强教授的观点将创造力与创新能力区分了开来,但他并没有明确指出究竟什么是创新能力。国内学者对创新能力的理解各有不同,他们的观点总结起来大致可分为以下三类。

第一类观点认为创新能力是"个体运用一切已知信息,包括已有的知识和经验等,产生某种独特、新颖、有社会或个人价值的产品的能力"。持这一观点的学者有张宝臣、李燕、张鹏等,他们将创新能力分为创新意识、创新思维和创新技能三部分,并将创新思维看作创新能力的核心部分。

第二类观点认为创新能力是人们获取、改组和运用已有知识的能力,以及研究与发明新思想、新技术、新产品的能力。持这一观点的学者有安江英、田慧云等。

第三类观点认为创新能力是建立在基础知识、专业知识、工具性知识或方法论知识以及综合性知识四类知识结构基础上的能力。持这一观点的学者有宋彬、庄寿强、彭宗祥、殷石龙等。

综合分析这三类观点可以发现,虽然这些观点在表述上各有不同,但都解释了创新能力的某些内涵特征。因此,本书综合以上观点认为,所谓的创新能力就是"在前人发现或发明的基础上,创新主体以已知信息或知识为基础,对客观事物或现象进行重新组合,产生具有新颖独特、有社会和个人价值的产品的能力"。这一概念主要是根据产品来判断创新能力,其判断的标准主要是看产品是否新颖,是否独特,是否有社会或个人价值。若都符合这些标准,则说明其创新能力较强,反之则不然。

(二)创新能力的构成

作为人在创新活动中表现出来的各种能力的总和,创新能力对于创业者的创业实践成功与否具有重要的作用。因此,了解创新能力的构成要素,对于深入理解创新能力的本质特性,训练、培养、开发与提高具有十分重要的意义。

具体来看,创新能力主要由以下几个要素构成。

1.提出问题的能力

一般情况下,进行创新会经过一个"发现问题—寻找资料—弄清问题"的过程,因此,由创新者在已有知识、信息、经验和价值观的基础上针对创新对象的情境、状态和性质提出新问题也是创新能力的一个重要构成。从构成上来看,提出问题的能力一般由以下几方面的能力构成。

（1）抓住经验事实同相关理论的矛盾的能力

每一个新的观察和实验结果以及多数的反常现象均有可能与现有的一些理论、概念等发生冲突,这就需要创新者具有抓住经验事实同相关理论矛盾的能力,以便及时从各种蛛丝马迹中发现这些问题,并运用一些合理的方式将这些问题提出来。

（2）抓住理论内部的逻辑矛盾的能力

一般情况下,理论的内部都应是和谐的,假如理论的内部出现了问题,那么必然会引出两个相互对立的论断,这就需要创新者具有抓住理论内部的逻辑矛盾的能力。

（3）巧问问题的能力

在很多情况下,一些创新者已经发现了问题,但由于提问的方式不对,经常导致提问效果不佳,因此,巧问问题的能力也是创新者科学、合理地提出问题的重要组成。

2.解决问题的能力

不少人都会提出一些问题,其中有不少问题都相当有价值,有些人甚至已经思考出了解决问题的方案,但大多数人或者由于缺乏完成能力而不能将方案付诸实施,或者因解决问题的能力不足,导致创造出的创新产品很粗糙,难以达到预期的效果,最终被淘汰,自然也就达不到真正的创新。可见,只有创新者拥有解决问题的能力,才能完成创新,也才能取得创新的效果。因此,解决问题的能力也是创新能力的构成要素。

所谓解决问题的能力主要指的是在提出问题后,能够不畏艰辛、一丝不苟地完成有价值的创新设想的能力,它是在对所提出的问题尚无现成的方法可用时,把问题的初始状态向目标状态转化直至达成目标的全过程。

一般情况下,解决问题要具备四个因素:一是解决问题的过程是明确、清晰、科学、合理的;二是解决问题的全过程,对操作的已有知识和相关知识的掌握是完备和充分的;三是解决问题必须是个性化的;四是解决问题应是指向目标的。

3.实施创新方案的能力

在提出创新方案后,创新者需要将其付诸实施,这样才有可能获得成功,这就需要创新者要有实施创新方案的能力。具体而言,创新者实施创新方案的能力主要包括以下几方面。

（1）语言表达和写作能力

很多创新方案都需要创新者用文字或语言表述出来，以供人们理解或作为创新成果完成的一种形式，在这种时候，如果创新者的语言和写作能力不强，是很难清楚明白地表达自己的想法和展示思路的。再加上创新方案的撰写与文艺写作是不一样的，它更要求科学的可靠性和逻辑的严密性，要求撰写者逻辑严密、论证充分、结论明确、阐述简洁精练。因此，创新者必须具备一定的语言表达和写作能力，这样才能更好地解决问题。

（2）提高效率的能力

由于提高效率也是提高执行力的一个重要手段，关系着创新者解决问题的成功与否，因此，创新者也需要具备提高效率的能力。一般来说，要提高效率需要节约时间和提高速度，以便在科学合理的时间范围内，快速高效地完成某件事情。此外，要提高自己的效率，还需要将精力、时间集中在当前所做的事情上，以便形成一种能量聚焦效应，推动办事效率的提升。

（3）组织能力

一般情况下，要将自己的方案付诸实施都需要其有一定的组织能力，不仅能够合理组织实施的步骤和节奏，而且能够合理组织实施所需的资源支持等。可见，具备一定的组织能力对创新者而言是十分必要的。

（4）成功益进能力

研究发现，一些失败者最初进行创新时是成功的，却在成功后开始自满，从而故步自封，最终以失败告终。可见，成功是没有穷尽的，要想获取成功，就需要始终保持非常谦虚的学习态度，不因自己的成功而沾沾自喜，要自觉地抵御成功后自己身边环境氛围变化对自己的诱惑，正确对待荣誉、捧场、逢迎、物质和精神享受，不因这些东西而迷失自己。在实施创新方案的过程中，创新者应具有成功益进能力，将成功放在明天，把计划放在今天，把行动放在现在。

（5）精雕细刻能力

一般情况下，创新者提出的创新方案大都是从大处着眼，比较重视方案的原理和巧妙性以及如何实现，而很少考虑细节的尽善尽美。而在实践过程中，不少创新方案最终以失败告终也都是因为在细节处理上不到位，因此创新者需要对每一个细节都予以重视。这就需要创新者在实施这些方案的时候，能够注意各个细节，精心思考、分析、计算和制作每一个细节并注意不同细节之间的关系，以便使每个细节都趋于完善，达到可靠、经济、实用、美观的目的。而这些实际上都归属于精雕细刻能力的范畴。

4.把握机遇的能力

机遇就是在行为或事件过程中偶尔出现的,能够给人带来转机和良好效果的条件。在人的一生中,可能遇到各种机遇和转机,若能够及时抓住这些机遇,那么可能会给人带来意想不到的好处或积极效应。将其放在创新活动中也是一样,若创新者能够及时意识到并抓住机遇,便很有可能实现自己的创新目的。因此,把握机遇的能力也是创新者必备的一种能力。

5.借力的能力

所谓的借力能力就是指将他人的优势借为己用的能力。从创新方案的实施过程和效果来看,创新者若具有借力能力,则能够为创新方案的实施提供一定的支持,因此,创新者具备一定的借力能力是必要的。一般情况下,在创新的过程中,若想运用借力能力,首先,创新者需要清楚自己的优势和劣势,对自己进行正确评估,这样才能科学地借力,也才能对自己的创新活动产生正向的促进作用。其次,创新者要科学选择借力的方向,选择那些能够对自己的创新活动有用的知识或手段来促进自己的创新活动的实施。在实践过程中,创新者可借用的知识或手段主要有最新科研成果、最新或有用信息和社会各界的力量等。

6.创新型学习的能力

创新是一种超越自我、超越当前思维嗅觉,识别生存背景可能发生的各种变化,并主动遵循这些变化来积极驾驭生存状态的活动。它特别强调高瞻远瞩,捕捉学习创新、生活创新、事业创新的方向或主题以及方式、方法,以有效地改善自己的成长环境,促进社会的进步和发展。而从其产生特点来看,创新是创新者为提高自身素质而在创新型生存理念之上建立起来的一种精神和能力,而这种能力的培养或激发都需要创新者进行创新型学习,需要他们将自身的全部活力融入人类"生存源于创新"的永恒序列的崇高理念之中,这样才能通过终身学习获得奋勇创新的力量源泉。从这一层面来说,创新型学习能力也是创新能力产生的基础,更是创新能力的构成要素之一。

第二节 创新思维

创新思维是在已有的知识与经验的基础上进行想象,加以构思,以新的方式解决前人未解决的问题。培养大学生的创新思维对大学生早成才、快成才、多成长有着深远的意义。

一、创新思维的含义

创新思维是相对于常规思维而言的,是指以新颖的、独特的方式来解决问题的高级思维过程。它不仅能够揭示客观事物的本质及其内在联系。而且能够在此基础上产生新颖的、前所未有的思维成果,即创造出新事物、新产品、新理论、发现新规律等。与直接和具体反映客观事物的感觉和知觉不同,作为人类认识的最高形式的思维,创新思维是对客观事物的见解和概括的反映。心理学界目前对创新思维的理解有广义和狭义之分,一般认为人们在提出问题和解决问题的过程中,一切对创新成果及作用的思维活动,均可视为广义的创新思维。狭义的创新思维是指在发明创新中直接导致创新方式的思维活动形式,简而言之,凡是突破传统思维习惯,以超常规甚至反常规的方法、视角去思考问题,以新颖独创的方法解决问题的思维过程,都可以称为创新思维。这种独特的思维常使人产生独到的见解和大胆的决策,进而获得意想不到的效果。

二、创新思维的特征

创新思维作为一种思维活动,既有一般思维的共同特点,又有不同于一般思维的独特之处。创新思维具有以下五个特点:

(一)独特性

思维的独特性,又称新颖性、求异性,是指与别人看到同样的东西却能想出不同的事物。创新思维活动是独特的思维过程,它打破传统和习惯,解放思想,向陈规陋习挑战,对常规事物怀疑,否定原有的条条框框,锐意改革,勇于创新。在创新思维过程中,人的思维极其活跃,能从与众不同的新角度提出问题,探索、开辟别人没认识或者没完全认识的新领域,以独到的见解分析问题,用新的途径、方法解决问题,善于提出新的假说,善于想象出新的形象,思维过程中能独辟蹊径、标新立异、革新首创。可以说,思维的独特性是创新思维的本质特征与重要标志。

(二)批判性

创新思维的批判性可以称之为反思性。创新思维必以怀疑乃至否定为前提，没有怀疑就不会有对传统思维模式和传统指导思想或理论体系的反思与批判。创新思维的批判性是创新思维的本质规定之一。因为所谓创新就是通过对传统思维框架进行批判性的反思而产生的，创新思维必须有反思的批判性，否则就不能称之为创新思维。只有通过对传统思维模式的反思和批判，不断地反思前人设定的界限，才能突破旧有认识、框架和现有的认识范围，才能有所创新，才能开辟出新的认识天地。所以创新思维作为创新意识、首先就是一种反思意识或批判意识，乃至是一种怀疑与否定的意识；而作为一种以创新为取向的思维活动，它是一种反思性的思维活动、批判性的思维活动。没有这一规定性，创新思维，就只能是一种抽象概念，而不可能实现自身、完成自身，证实自身为创新思维。因此，创新思维的前提就是批判、反思旧的东西，用怀疑、批判的眼光去审视前人的成果。可见，创新思维是一个在肯定中否定，在否定中开拓前进的发展过程，它必然以批判性为前提特征。

(三)流畅性

流畅性人称非单一性，是思维对外界刺激做出反应的能力，它是以思维的量来衡量的，要求思维活动畅通无阻，灵敏迅速，能在短时间内表达较多的概念。流畅性反映的是一个人在情境面前反应的速度快还是慢，与创新性紧密联系。创新性以思维流畅性为基础，如提出一个问题，看谁想出答案快，快者思维就流畅，慢者思维就不流畅或不太流畅，一些标准化的测量工具就是依照这一方法来编制的，如托兰斯图形创造思维测验等。

(四)变通性

变通性指的是思路开阔，善于根据时间、地点、条件等的变化，迅速灵活地从一个思路跳到另一个思路，从一种意境进入另一种意境，能够从多角度、多方位探索、解决问题。如一题多解，一个故事多种结尾，一件事情多种写法等。农业机械化在20世纪初就已经被发达国家解决，但自动摘收番茄的机器始终没能研制出来。主要是因为番茄的皮太柔嫩，在摘收番茄时可能会被紧抓的机械装置抓得过紧而使番茄夹碎，怎样才能实现自动摘收番茄呢？有两种不同的思维方式：第一种是致力于研究控制机器的抓力，使其既能抓住番茄又不会将番茄夹碎,但是始终未能成功;第二种是进行思维变通,从问题的源头寻求解决的办法,研究如何才能培育出韧性十足、能够承受机器抓力的番茄。终于有人研制出一种"硬皮番茄",使机器方便摘收。美国吉尔福特的创造力测验及明尼苏达大学的创造力测验,就是采用这种方法编制的。

(五)求异性

求异性也称为叛逆性,是指思路不断突破常规定型模式和超越传统理论框架,指向新的领域和新的客体。创新思维在创新活动过程中,尤其在初期阶段,求异性特别明显。它要求关注客观事物的不同性与特殊性,关注现象与本质、形式与内容的不一致性。一般来说,人们对司空见惯的现象和已有的权威结论怀有盲从和迷信的心理,这种心理使人很难有所发现、有所创新。求异性思维则不拘泥于常规,不轻信权威,以怀疑和批判的态度对待一切事物和现象,对既定事物进行批判性的思考,体现的是一种叛逆精神。求异性是流畅性和变通性的归宿,是创新性思维的最高层次。思维的求异性首先体现在敢于用科学的怀疑精神,对待自己和他人的原有知识,包括权威的论断。其次体现在敢于冲破习惯思维的束缚,敢于打破常规思维,另辟蹊径、独立思考,运用丰富的知识和经验,充分展开想象,这样才能迸射出创造性的火花,发现前所未有的东西。

(六)综合性

综合性是把对事物各个侧面、部分和属性的认识统一为一个整体,从而把握事物的本质和规律的一种思维方法。综合性思维不是把事物各个部分、侧面和属性的认识,随意地、主观地拼凑在一起,也不是机械地相加,而是按它们内在的、必然的、本质的联系把整个事物在思维中再现出来的思维方法。美国在1969年7月16日实现了"阿波罗"登月计划,参加这项工程的科学家和工程师达42万多人,参加单位2万多个,历时11年,耗资300多亿美元,共使用了700多万个零件。"阿波罗"登月计划总指挥韦伯曾指出:"阿波罗计划中没有一项新发明的技术,都是现成的技术,关键在于综合。"可见,阿波罗计划是充分运用综合性思维方法进行的最佳创新。

三、创新思维模式

(一)逆向思维

逆向思维也叫反向思维,它是对现有事物或理论反过来思考以寻求解决问题的方法的一种思维方式。逆向思维是创新思维中最主要、最基本的方式。如司马光砸缸的故事,有人落水。常规的思维模式是"救人离水"。而司马光面对紧急险情,运用了逆向思维,果断地用石头把缸砸破,"让水离人",救了小伙伴性命。

逆向思维具有以下特点:

普遍性。逆向思维在各种领域、各种活动中都有适用性,由于任何事物都是对立统一的,对立统一的形式又是多种多样的,有一种对立统一的形式,相应地就有一种逆向思维的角度,所以,逆向思维也有无限多种形式。如性质上对立两极的转换:软与硬、高与低等;结构、位置上的互换、颠倒:上与下、左与右等;过程上的逆转:气态变液态或液态变气态、电转为磁或磁转为电等。不论哪种方式,只要从一个方面想到与之对立的另一方面,都是逆向思维。

批判性。逆向是与正向比较而言的,正向是指常规的、常识的、公认的或习惯的想法与做法。逆向思维则恰恰相反,是对传统、惯例、常识的反叛,是对常规的挑战。它能够克服思维定式,破除旧经验和习惯造成的僵化的认识模式。

新颖性。循规蹈矩的思维和按传统方式解决问题虽然简单,但容易使思路僵化、刻板,摆脱不掉习惯的束缚,得到的往往是一些司空见惯的答案。其实,任何事物都具有多方面属性。由于受过去经验的影响、人们容易看到事物熟悉的一面,而对其他方面视而不见,逆向思维能克服这一障碍,往往出人意料,使人耳目一新。

我国古代有这样一个故事,一位母亲有两个儿子,大儿子开染布作坊,小儿子做雨伞生意。每天,这位老母亲都愁眉苦脸。天下雨了担心大儿子染的布没法晒干;天晴了又担心小儿子做的伞没有人买。一位邻居开导她,叫她反过来想:雨天,小儿子的雨伞生意做得红火;晴天,大儿子染的布很快就能晒干。逆向思维使这位老母亲眉开眼笑,活力再现。

(二)发散性思维

发散性思维最早是由美国科学家、哲学家托巴斯康恩(Tobascorn)提出并创立的。发散性思维又称辐射思维、放射思维、扩散思维,是指大脑在思考时呈现的一种扩散状态的思维模式,它表现为思维视野广阔,思维呈现出多维发散状态。发散思维是创新思维的核心,是测定创造力的主要标志之一。发散性思维能够产生众多的可供选择的方案、办法及建议,能提出一些别出心裁、出乎意料的见解,使一些似乎无法解决的问题迎刃而解。它不仅是科学研究和科技发明中经常运用的一种重要的思维方式,也是经济社会发展和企业经营中经常运用的一种重要的思维方式,同时,又是每个人事业发展中应当掌握和运用的一种重要的思维方式,是创新的基石。

《刘墉论"夫"》就是发散性思维的体现。某日,乾隆皇帝下江南,见一农夫荷锄而过,即问左右道:"这是何人?"和珅抢前一步答道:"是个农夫。"乾隆又问:"这农夫的夫字怎么写?"和珅微微一怔,不知皇上此问何意,便即答曰:"农夫之夫,即两横一撇一捺,与轿夫的夫、孔夫子的夫、夫妻的夫和匹夫的夫同一写法。"乾隆听罢大摇其头,大摆其手,说:"你身为宰相,纵览经天纬地之才,却如何连一个夫字都不能解!"转脸道:"刘墉,你来说说看,农夫的'夫'字当作何解?"刘墉见皇上点名让他解答,便不慌不忙地上前朗然答道:"农夫是刨土之人。故而上为土字。下加人字;轿夫为肩扛竹竿之人,应先写人字,再加两根竿子;孔夫子上通天文,下知地理,当作天字出头之夫;夫妻是两个人,该是心心相印,二字加人可也;匹夫乃天下百姓之谓也,可载舟亦可覆舟,是为巍巍然大丈夫,理应作大字之上加一才对。用法不同,写法自当有别,岂可混为一谈?"乾隆闻言,抚掌大笑,赞道:"真不愧大学士也。"

(三)联想思维

任何事物之间都存在着一定的联系,这是人们能够进行联想思维的客观基础。联想思维是指人脑记忆表象系统中,由于某种诱因导致不同表象之间发生联系的一种没有固定思维方向的自由思维活动,将表面看来互不相关的事物联系起来,从而达到创新思维的境地。如人们常说的由此及彼、举一反三、触类旁通等。联想思维是创新者在创新思考时经常使用的方法,也比较容易见到成效。

古时候有一个皇帝,有一天他让宫廷画师以"踏花归来马蹄香"为题作画,既要表现出诗意。又不能出现花朵。众画师可谓冥思苦想,不得要领,只有一位画师的作品,使得皇帝龙颜大悦。这位画师的画中,一匹奔腾而归的骏马飞扬的四蹄周围飞舞着几只蜜蜂,没有花朵,但花的意境却跃然纸上。这是联想思维的具体体现。画师先是由香气想到花,再由花联想到绕其飞舞的蜜蜂,最终解决了问题。联想思维,可以使人们扩展思路,升华认识,把握规律。

联想思维有以下几种形式:

1.接近联想。即由一事物联想到在时间上或空间上相接近的另一事物。如由"阳春三月"容易想到"桃花",由"天安门"容易想到"人民大会堂",人们从鸟和蜻蜓的飞行中受到启发,发明了飞机;从鱼儿可以在水中自由沉浮受到启发,发明了潜水艇等。

2.对比联想。即由一事物联想到和它具有相反特点的另一事物。如由朋友想到敌人,由水想到火,由战争想到和平等。

3.相似联想。即由一事物想到另一个在性质上接近或相似的事物。如由大海想到海浪,想到鱼群,想到轮船,想到海底电缆,想到资源的开发和利用等。

4.关系联想。即由事务所具有的各种关系而形成的联想思维。例如,古时候,最早做生意用的货币是贝壳。其价值按贝壳大小、优劣、多少而定。《说文解字》中"至秦废贝行钱"贝壳虽不再用作货币,但汉字中的"贝"字,做偏旁时仍与钱有关。"赚"由"贝"与"兼"组成,"兼"可作"加位""合并"之意。"赚"就是使钱加位、成倍、翻倍。

(四)灵感思维

灵感思维也称作顿悟,是人们借助直觉启示所突然迸发的一种领悟或理解的思维形式。它是指经过长时间的思索,问题没有得到解决,但是突然受到某一事物的启发,问题就被一下子解决的思维方法。诗人、文学家的"神来之笔",军事指挥家的"出奇制胜",思想战略家的"豁然贯通",科学家、发明家的"茅塞顿开"等,都是灵感的体现。灵感来自信息的诱导、经验的积累、联想的升华、事业心的催化。

灵感思维具有以下特点:

1.突发性。灵感往往是在出其不意的刹那间出现,使长期苦思冥想的问题突然得到解决。在时间上,它不期而至,突如其来;在效果上,突然领悟,意想不到。这是灵感思维最突出的特征。

2.偶然性。灵感在什么时间可以出现,在什么地点可以出现,或在哪种条件下可以出现,都带有很大的偶然性而使人难以预测,往往给人以"有心栽花花不开,无意插柳柳成荫"之感。

3.模糊性。灵感的产生往往是闪现式的,而且稍纵即逝,它所产生的新线索、新结果或新结论使人感到模糊不清。

(五)直觉思维

直觉思维是指不受某种固定的逻辑规则约束而直接领悟事物本质的一种思维形式。它是人脑对于突然出现在面前的新事物、新现象、新问题及其关系进行的一种迅速识别、敏锐而深入洞察之后,直接的本质理解和综合的整体判断。简而言之,直觉就是直接的觉察。直觉思维具有迅捷性、直接性、本能意识等特征。直觉作为一种心理现象贯穿于日常生活之中,也贯穿于科学研究之中。阿基米德定律就是凭直觉解决疑问的例证。阿基米德在面临"结构复杂的金冠是否用同等重量的白银掺假"问题时百思不得其解。他知道金与银的比重不同,同重的金与银体积也不同,要想知道金冠中是否含有同等重量的白银时。阿基米德很清楚解决问题的关键就是测知金冠的体积,用怎样的办法才能测出结构复杂的金冠体积呢? 当他带着问题跨入浴缸时,看到浸入水中的身体与浴缸溢出的水就想到两者体积相同,于是便得出了测量金冠体积的办法:把金冠置入水中,被金冠排开的水的体积就是金冠的体积。阿基米德运用的是一种跳跃性的直觉思维,凭直觉使困扰他的疑问迎刃而解。

灵感思维和直觉思维都属于非逻辑思维,它们都表现出跨越推理程序的不连续的跃迁性的特点。它们的主要区别是:灵感在产生之前往往有一段时间对课题的顽强探索,直觉思维则是在很短的时间内对问题的迅速而直接的判断;灵感的产生常常出现在思考对象不在眼前或在思考别的对象的时候。直觉思事务主体意识清楚的时候,也可能出现在主体意识模糊的时候,直觉思维则是出现在主体神志清楚的状态;灵感往往是在某种偶然因素的启发下使问题得以顿悟,直觉思维产生的原因则是为了迅速解决当前的课题;灵感在出现方式上带有突发性,使人出乎意料,直觉思维的产生则无所谓突然,是在人的意料之中;灵感的结果是与解决某一问题相联系,直觉思维的结果则是对该事物做出直接的判断和抉择。灵感思维和直觉思维也并非没有联系,直觉思维往往需要借助灵感思维来实现其对问题的直接的、快速的抉择;而灵感思维又常常需要借助直觉的启示而使问题得到突如其来的顿悟和理解。

(六)聚合思维

聚合思维又称为求同思维、集中思维,是指从已知信息中产生逻辑结论,从现成资料中寻求正确答案的一种有方向、有条理的思维方式。聚合思维是把广阔的思路聚集成一个焦点,探求出一个正确答案的思维方法。它是一种有方向、有范围、有条理的收敛性思维方式。与发散思维相对应。因此,聚合思维对于从众多可能性的结果中迅速做出判断,得出结论是最重要的。聚合思维有同一性、程序性和比较性三个特点。同一性是指它是一种求同性,即找到解决问题的办法或答案。程序性是指在解决问题的过程中操作的程序,先做什么,后做什么,按照严格的程序,使问题的解决有章可循。比较性是指对寻求到的几种解决问题的途径、方案、措施或答案,通过比较,找出较好的途径、方案、措施或答案。

四、创新思维训练

研究表明,大学生创造性思维的发展不是一个自然而然的过程,而是一个需要精心培养的过程。

(一)发散性思维训练

发散性思维是主体面临问题时由一条扩展到多条、由一个方向转移到多个方向的思维方式,即倘若一个问题可能有多种答案,那就以这个问题为中心,思考的方向往外散发,找出适当的答案越多越好,而不是只找一个正确的答案。

在发散性思维的训练过程中,注意拓展学生思维的广度,扩大观察范围,培养群体协作精神,避免一味求同,以使得思维"软化"。发散性思维训练有以下几种方式:

1.头脑风暴法

以集思广益的方式,在一定时间内采用极快速度的联想作用,大量产生各种主意。这是团体训练方式,因而个体能在小组中充分发挥才智与创造力,如小组讨论比单独思考更容易发挥创造力,并且竞争状态下个人创造力易被激发,所以这是一种十分有效的训练方法。其特点和要求包括自由奔放、严禁批判、以量为主、相互激励等。

2.反向构思法

反向构思法从相反的方向出发引出问题,展开思路,得出新观点,是科学技术研究中应用广泛的创造性思维方法之一。人们在运用反向构思法时,可以从已有事物的相反功能去设想新的创造,称为功能性反转;也可以从已有事物的相反结构去设想新的技术创造,称为结构性反转;还可以改变已有事物的因果关系来引发新的创造性设想和思路,称为因果关系反转。

3.类别变动法

类别变动法是用来克服思维定式的影响,以提高思维的变通性。在创造性思维过程中。思维定式是主要障碍之一。克服思维定式的有效方法是进行"生""熟"转化与"顺""逆"转化。当遇到陌生事物难以发现新关系时,可以帮助学生在思想上将其转化为熟悉的事物,消除其陌生因素从而引导新思想迸发出来;相反,面临熟悉事物时有意保持一种认识上的陌生感,使熟悉的认识对象陌生起来,这样往往会引起学生异想天开的想法和见解。

(二)直觉思维训练

在学习过程中,直觉思维表现为有时会提出奇怪的问题,有时是大胆的猜想或一种应急性的回答等。大学生感觉敏锐、想象极其活跃、当出现突如其来的新想法、新观念时,要及时捕捉这种创造性思维的产物,要善于发展自己的直觉思维。直觉思维训练有以下几种方式:

1.大胆设想法

大胆设想法即彻底冲破现存事物和思想的束缚。对当前还没有但有可能产生的事物进行大胆设想的创新方法。它可以是海阔天空的畅想,甚至可以是想入非非,这样便于扩大想象的范围,捕捉创造想象的火花,激发灵感的产生。要大胆构思、探索和对比,将形象思维与逻辑思维有机地结合起来,既要异想天开,又要脚踏实地。

2.还原法

还原法又称回溯思维法,是对已有的结论或事物的结果应用还原和回溯的思考方法,对其产生的原因进行考虑,暴露出其中谬误,以排斥旧的偏见,建立新的学说和观点。这种由果推因的思维方法在科技发明中得到了广泛的应用。

(三)形象思维训练

在教育实践中,结合不同的学科进行不同的训练,能促进学生对视、听、嗅、触等方面形象的陶冶,发展表象系统,提高对事物的敏感性,从而促进形象思维,培养创造力。

形象思维训练有以下几种方式:

1.图像法

图像法是一种运用符号以求转移创造性思维的方法。抽象符号或图像的使用是人类思维的一个巨大进步,也是人类创造性思维能力的一次飞跃性发展:因为符号和图像能把复杂的事物表现得通俗易懂、简明扼要,可以看出事物之间新的关系,可以自由地巡行脱离现实的构思或进行新的组合。

2.联想法

联想法是把已经掌握的知识与特殊的思维对象联系起来,从其相关性中获得启发的思维过程。联想思维方法能够克服两个概念在意义上的差别,并把它们连接起来。经常进行自由联想可以增强想象力,扩展思维空间,为进一步的创造或创新奠定基础。

五、大学生创新思维训练的途径

著名教育学家陶行知说过："处处是创造之地,天天是创造之时,人人是创造之人。"当代大学生必须树立创新意识,掌握创新方法,培养创新思维,逐步提高创新能力,通过各种途径进行自我创新思维训练。

(一)日常生活中的创新思维训练

大学生必须进行长期艰苦的训练,才能启发和引导创新思维的形成。学习创新思维主要靠自己的独立思索,多思多练,形成解决问题的正确思路的习惯性行为。大学生在日常生活中要自觉进行创新思维训练,培养敏锐的观察力、丰富的想象力、灵活的独立思考和创新的能,通过训练提高创新思维能力。

(二)专业学习中的创新思维运用

培养创新思维,必须从构建良好的知识结构开始。没有扎实的知识基础,创新就成了无源之水、无本之木。知识和经验越丰富、越扎实,就越能观察和发现问题,就越能开阔视野,找出解决问题的办法。因此,要创新就必须打好学习基础。对于专业课程的学习,在扎实掌握课堂知识的前提下,要不满足于现成的思想、观点、方法,多换个角度看问题,要经常思考如何在原有基础上创新发明、推陈出新;应该理论联系实际,了解行业的发展趋势,勇于发现、思考并解决问题。

(三)实习实践中的创新工作方法

人们的思想源于实践,实践的发展推动思维的发展。大学生的社会实践主要包括社会调查、志愿者服务和校外实习等,它对于大学生深入社会。通过参与社会生活和生产劳动,了解社会、增长见识、加深对专业的了解、确定适合的职业、增强就业竞争优势、为向职场过渡做准备具有重要意义。因此,大学生应主动参加社会实践活动,在实践中加深对课堂知识的理解,拓展相关学科的知识面,培养信息加工能力、动手操作能力、创新技术的运用能力、创新工作方法能力,进而提高自己的创新能力。

第三节 突破创新思维障碍

创新思维的实质是对传统思维模式的超越,是对创新主体头脑中原有知识、经验、观念、方法等进行新的组合。这种新的组合必然突破原有知识、经验、观念、方法的限制。在这种情况下,创新主体头脑中原有的知识、经历、观念、方法内部及其互相之间的组合方式或结合模式,就会本能地阻碍这种突破,成为思维创新的障碍。如果不突破这些障碍,既无法进行创新思维,也无法提高创新能力。

一、创新思维的重要性

创新思维是将来人类的主要活动方式和内容,其重要性表现如下:

首先,创新思维可以不断地增加人类知识的总量,不断推进人类认知世界的水平。创新思维因其对象的潜在特征,表明它是向着未知或不完全知的领域进军,不断扩大着人们的认知范围,不断地把未被认识的东西变为可以认识和已经认识的东西。科学上每一次的发现和创造,都增加看人类的知识总量,为人类由必然王国进入自由王国不断地创造着条件。

其次,创新思维可以不断地提高人类的认识能力。创新思维的特征已表明,创新思维是一种高超的艺术。创新思维活动及过程中内在的东西是无法模仿的。这内在的东西即创新思维能力,这种能力的获得依赖于人们对历史和现状的深刻了解,依赖于敏锐的观察能力和分析问题的能力,依赖于平时知识的积累和知识面的拓展。而每一次创新思维过程就是一次锻炼思维能力的过程,因为要获得对未知世界的认识,人们就要不断地探索前人没有采用过的思维力法、思考角度去进行思维,就要独创性地寻求没有先例的办法和途径去正确、有效地观察问题、分析问题和解决问题,从而极大地提高人类认识未知事物的能力,所以,认识能力的提高离不开创新思维。

最后,创新思维可以为实践开辟新的局面。创新思维的独创性与风险性特征赋予了它敢于探索和创新的精神,在这种精神的支配下,人们不满于现状,不满于已有的知识和经验,总是力图探索客观世界中还未知的本质和规律,并以此为指导,进行开拓性的实践,开辟出人类实践活动的新领域。相反,若没有创新性的思维,人类躺在已有的知识和经验上坐享其成,那么,人类的实践活动只能停留在原有的水平上,实践活动的领域也非常狭小。

二、影响创新思维的主要障碍

影响创新思维的障碍很多,既有主观障碍也有客观障碍。一般来说影响创新思维的主要障碍是存在于创新主体头脑中的传统的、固定的观念以及思维中形成的习惯和定式。

(一)传统观念

传统观念是创新思维的重要障碍,它顽强地维护着其赖以存在的实践和社会基础,反对思维对现存事物的超越。受传统观念的影响,人们会因循守旧、墨守成规,用老眼光、老办法去面对新问题。所以说,传统观念是阻碍创新思维的重要因素,是创新思维的大敌。

(二)固定观念与传统观念一样,固定观念也是思维创新的主要障碍

所谓固定观念,是指人们在特定的领域内形成的观念C在该领域内某种观念是适用的,如果超出这个范围,它们就可能变得不再适用「。但是,由于观念在思维中的惯性作用,人们总是习惯于用固有的观念去认识、评价面对的问题,而不管这个问题是否超出了原来的领域范围。

就从大学创业这一现象来看,大学生创业所需要的不仅是知识能力,事实证明这还需要有大量的资金成本。那么,从一般大学生固定的思想观念来看,手头上没有钱,怎么办? 于是很多人就放弃了自己的创业梦想,因为他所理解的这种资金成本的定义,很显然是通过观察周围的人或事所得出的结论。事实上,我们还应该看到,这种资金不应该是固定的那么简单,它还可以是流动的,也可以是一种预见性的资金等。由于我们可以看出这种固定的观念,它很强烈地依赖于人们的实践和社会环境,一旦我们所面临的问题超出了我们所熟知的认识框架,那么我们就会用老眼光、老套路去面对这个问题,这种因循守旧、墨守成规的思维模式是很难取得成果的。

(三)思维定式

思维是人脑的机能。人们对同一类事物和现象进行思考往往采用相同或相似的思维方式,得到相同或相似的思维结果。过去的思维结果如果被实践证明是正确的,或者被实践证明是错误的,人们将产生对这种思维方式和思维结果的记忆以后再遇到类似事物和现象时人们仅凭记忆就可以得出结论,这就是通常所说的思维定式。思维定式对于解决常规性问题和例行性工作具有积极意义,它可以使人们在以往经验和模式的基础上驾轻就熟,快速地对问题作出反应。

然而,思维定式对于创造性地解决问题,则只能成为一种障碍,它很容易造成某些主观框框使人思路阻塞、视域狭窄,难以迸发出创新的思想火花,这便是

思维定式可能导致的消极效应。在创新过程中,我们应特别注意思维定式的消极影响,尽量防止或减少以往经验和模式可能产生的束缚作用。冲破思维定式的主要途径是有意识地进行反定式思维,即注意从原有定式不同的方向和角度进行思考。例如,文学巨匠莫泊桑(Maupassant)曾说过:"应该时刻躲避那些走熟了的路,去寻找一条新路。"美国著名的管理专家伯纳姆(Burnham)也曾提出著名的"三问"。他认为对任何一件事情,都要向自己提出三个基本问题:一是能不能取消?二是能不能合并?三是能不能取代?这些发人深思的名句和格言,都说明了反定式思维对于发明创造的极端重要性,同时,对于人们进行创新思维,也具有深刻的启迪作用。

三、突破创新思维障碍的对策

创新思维障碍根源于创新主体的心智模式,并受到创新主体知识、经验和个人素质的制约。因此,突破创新思维的障碍既要注重反思和探寻创新主体的心智模式,又要加强对创新主体创新思维原理的学习和训练。对创新主体来说,突破创新思维障碍的主要途径有以下几方面:

(一)要有怀疑批判精神

由于传统观念、固定观念和思维定式都是存在于创新主体的潜意识之中,使创新主体不知不觉地受到它们的支配。因此,要想克服这些因素,就要求创新主体必须要有反思传统、习惯的自觉意识,要勇于怀疑、批判一切,不仅要有怀疑、批判别人的精神,更要有怀疑、批判自己的胆量和勇气。只有通过不断怀疑和批判,才能使创新主体冲破固定框框的束缚,在怀疑、批判中不断创新。

(二)要克服胆怯心理

破除传统习惯,克服"唯上"的倾向是需要有勇气的。传统的、权威的东西同时也是为多数成员所承认和接受的东西,突破它们就意味着向多数人支持的东西挑战,而这种挑战本身又不能保证次次成功,相反却经常伴随着挫败和失败。因此,这就特别需要创新主体正确对待管理创新过程中的错误和曲折,要努力克服胆怯心理,如果处处怕犯错误,害怕失败,就会陷于保守,就不敢突破原有的界限,也就谈不上开辟创新了。

(三)要学会运用创新思维的原理和方法

为帮助人们突破传统、习惯和思维定式现代创造学总结出一些有用的原理和方法,能够帮助人们自觉地抵制和克服各种创新思维障碍。例如,创新的逆向思维方法,就是把人们通常思考问题的习惯思路反过来,从相反的方向进行思考。逆向思维可以帮助创新主体打破思维定式,寻找到解决问题的新思路。如果创新主体能够善于运用这样一些方法,就可以自觉地抵制传统观念、固定观念及思维定式等的干扰,实现思维的不断创新。

四、培养创新思维的途径及方法

创新是人脑的机能,因此人人都有创新的禀赋。人的潜力或人的潜在的天赋能力是很大的,要把人的潜力开发为人的创新能力,科学的思维方法具有巨大作用。因此,培养创新思维是一切有志创新者的基本功。没有创新思维,就谈不上创新,人们的创新思维一旦形成,就会成为其自觉创新的力量源泉。

(一)积累丰富知识

知识是创新的基础。尤其在知识经济时代,知识就是财富,谁掌握了知识谁就掌握了创新的源泉,谁就赢得了财富。不学无术或知识浅薄可以偶然取得成功,但不可能取得持久成功。成功与财富永远属于掌握知识、勇于创新的人。人类文明所积累的知识是由诸多知识体系组成的,各种知识体系之间纵横交错,形成一种网状结构。

随着人们对自然、社会和自身认识的日益深入,这种网状结构日益呈现出整体化、加速化趋势。由于时间有限,创新主体不可能学会天下所有的知识,只能学好一般知识体系内的一个主体系或更低层次的次亚体系。因此,创新主体在进行知识积累的过程中要根据主观和客观条件建立合理的知识结构,即要有一个主导专业和辅助专业。主导专业决定着知识结构的性质与功能,辅助专业对主导专业具有扶持、支撑的作用。不仅如此,创新主体的知识还应当尽可能广博,尽量做到兼收并蓄,这样,才能使创新主体的思维处于一种比较理想的状态,也才能够专注地进行创新思考。

(二)坚持独立思考

质疑是创新的前提,批判是创新的开始。由于人们认识的局限性,在创新过程中总不免会犯这样那样的错误。从某种意义上来说,人类社会发展的历史就是一部对错误进行批判和否认的历史。可以说,没有否认就不会有创新。而批判和怀疑的关键在于独立思考,它是突破创新障碍、提高创新能力的基本途径。

识别创新主体能否独立思考简便有效的方法,就是创新主体注意随时记录自己想表达的想法,这些想法主要是为了让他人满意或能给他人留下印象。之后,再记录自己没有表达的想法,这些想法主要是担心他人可能会不理解或不同意。过一段时间,创新主体就能够识别出自己的思维模式是"以内心为导向"还是"以他人为导向"。如果创新主体的思维模式是"以他人为导向",说明创新主体不能独立思考,反之则说明创新主体能够独立思考。

(三)冲破习惯束缚

思想僵化和呆板的人不可能具有创新思维。有的人想办法、办事情总是喜欢按照一个固定的思路,套用一个固定的框框,不敢越雷池半步。虽然在各项活动中要遵循一定的规则,但也应该看到有些规则、惯例是不适应时代发展的,如果一味地按部就班,把"规则"和"框框"绝对化,不允许有任何"出格"的行为,那么就不可能有所创新。其实"出格"就是突破了传统的规则,就是不按照常规办事,走出了新的路子。当然"出格"并非都是创新但创新首先必须出格。所以,不许"出格"的思想意识是不利于激发人们的创新意识的。

创新主体只有走出固定的概念世界打破思维模式才会有"惊奇"的发现,如果这个惊奇地发现以及由惊奇发现产生的问题反作用于创新主体的思维,那么,便会使创新主体产生内在的创新渴望,并进而转化为创新行动。

(四)提高联想能力

联想能力是创新的驱动力,创新主体的联想能力越强,就越能把自己有限的知识和经验充分调动起来并加以利用,越能把与某种事物相关联的众多事物联系综合,越能获得别人得不到的东西,进入别人难以进入的领域。然而,在创新实践中,由于受到过分"实际"或"务实"的影响,人们的联想能力常常会在不知不觉中退化。这就要求人们必须不断提高联想能力,要大胆地去设想,大胆地去理解,尽管有时他们是空想,可能不切实际,但是,在人们大胆的设想中,总会有创新的观点,或许有惊人的发现。而提高人们联想能力的方法,首先是增加知识和经验,知识贫乏、经验不足,难以具有丰富的联想能力;其次是采用合理的联想方法,避免杂乱无章、支离破碎地胡思乱想;再次是养成观察事物的良好习惯,善于发现事物与事物之间的联系。尤其重要的是,对一切事物的观察,不仅要觉察其自身的特性,更要注意这一事物与其他事物之间的相互联系。不但要注意同时和同地事物之间的联系,还要注意当前事物与以往事物之间的联系,要注意所遇到的事物与自己的经验和知识的联系。

(五)把握直觉和灵感

在创新思维的道路上,直觉与灵感殊途同归。但直觉和灵感不是天上掉下来的,也不是人们心血来潮、灵机一动的产物,它们是以人们对解决任务的方法的不断探索为前提的,是人们长期孜孜以求的结果。直觉和灵感的本质在于,人们能够超过有意识的思考层次而直接得出结论,因为人们大脑的深层活动能够觉察到令人信服的模式或有说服力的见识,最终使人们学会发现并信任自己敏锐的直觉和灵感,并把它们与无根据的预感区分开来。

人们捕捉与把握直觉和灵感,有赖于自身知识和经验的积累及智力水平的提高,有赖于拥有良好的精神状态与和谐的外部环境。其具体方法是:一是要自觉地拓宽知识面,尽量多掌握有效信息,信息越是及时、强烈、异常,就越能产生新的思维结构;二是要做有心人,随时记录思想火花,并进行深入思考;三是对思考要深入解剖,达到熟能生巧的境界,以激活潜意识;四是一旦直觉和灵感到来不要对它们采取游戏和不负责的态度,而要采取积极的心态,鼓励它们自由发展,对它们进行认识的完善和验证。只有这样,人们才能不断地激发出内在的创新冲动,去发展自身敏锐的直觉和灵感。

第四节 培育创新思维的方法及途径

培育创新思维,是一切有志创新者的基本功。没有创新思维,就谈不上创新,人们的创新思维一旦形成,就会成为其自觉进行创新的力量源泉。

一、积累丰富知识

知识是创新的基础。尤其在知识经济时代,知识就是财富,谁掌握了知识谁就掌握了创新的源泉,谁就赢得了财富。不学无术或知识浅薄可以偶然取得成功,但不可能取得持久成功。成功与财富永远属于掌握知识、勇于创新的人。

知识积累后可以进行各种知识的移植思想,就是将别的领域的知识与思想方法用到自己专注的领域,或者将自己的思想方法拓展到其他领域,也就是学科交叉,甚至学科横断或上升到哲学层次。平时只要有一个习惯,就是一有什么想法,赶紧先记下来,然后不断完善,再然后就思考是不是可以推广到相关领域,或者更宽的领域;其次就是实用性考虑,诸如可不可以用到日常生活或医学研究中去,可不可以申请专利、开发产品或工业化大生产。这样想的时候,也就会连带出更多配套性的问题,思维也就活跃了。

二、坚持独立思考

质疑是创新的前提,批判是创新的开始。由于人们认识的局限性,在创新过程中总不免会犯这样那样的错误。从某种意义上讲,人类社会发展的历史就是一部对错误进行批判和否定的历史。可以说没有否定就不会有创新。而批判和怀疑的关键在于独立思考,它是克服创新障碍、提高创新能力的基本途径,在独立思考时,坚持分解与综合的原则,将关注的事物分解得足够细,越细越好,把大问题分解成无数个小问题,对每一个问题都细致考察一遍,你就可能找到突破口或开辟新的领地。例如,研究生物的,可以将多细胞的行为分解到单细胞水平,甚至单分子水平,这样必定会遇到很多技术问题,但也可能激发你建立新的技术体系。另外,对自己研究的领域,可以这样要求自己,即提出 200 或更多问题,在这 200 个问题中一定会有你的思想火花。爱因斯坦曾说过,提出问题往往比解决问题更重要,因为关键问题的提出,常常表明你已经意识到解决问题的突破口。

三、冲破习惯束缚

思想僵化和呆板的人不可能具有创新思维。创新主体只有走出固定的概念世界,打破思维模式,才会有"惊奇"的发现,如果这个惊奇地发现以及由惊奇发现产生的问题反作用于创新主体的思维,那么,便会使创新主体产生内在创新渴望,并进而转化为创新行动。

下意识地问问自己的思维模式是不是一种定势,是否可以跳出来呢?这样想的时候,也许你可以感悟到自己的局限,并把思维带到另外的角度或方向,甚至可以天南海北自由驰骋,突破常规。

想象一下理想状态会如何,极端条件会怎样,特殊人群会有什么需要,时间起点和终端的情况呢,或者无限夸大缩小一下又如何,变成懒鬼是啥样,故意犯错会怎样,极小极大极多极少时又会如何,等等。这些思考可能会使你的问题简化,或者拓展。例如,你开发一个产品,想象一下要是小孩子拿了就可能猛敲,战场上就可能颠簸和损伤,坏蛋就想搞破坏,你的产品是不是可以往这方面革新。

四、提高联想能力

联想能力是创新的驱动力,创新主体的联想能力越强,就越能把自己有限的知识和经验充分调动起来加以利用,越能把与某种事物相关联的众多事物联系综合,越能获得别人得不到的东西,进入别人难以进入的领域。

胡乱联系,也就是头脑风暴,是一种发散性思维。把大量不相关的东西放在一块,让它们任意组合,胡乱联系一下,再经过筛选分析,启发思维,寻找灵感。所以,有时候随便走走,或者随便翻翻不相关的书刊,和无关的人员聊聊天,都可能启发思维,不一定要老是待在某个地方苦思冥想才叫工作。

第七章 高校学生就业与创新创业方法应用实践

第一节 世界名校就业与创新创业教育的基本经验

由于学校传统、学校规模等方面的不同,世界著名的大学在人才培养、科学研究和学校管理等方面形成了各具特色的传统和经验。尤其是那些古老的大学,无不在维护大学传统的保守性的同时,与时代发展紧密结合,大胆改革,采取多种措施,促进大学的发展。从以上对世界几所有代表性的著名大学创新创业教育的做法进行了梳理,不难发现,大学在创新人才培养方面的经验既有共性的地方,也有个性的地方,在此,把具有代表性的做法和经验加以总结和呈现,以期对我国大学创新创业教育有所启示。

一、大学有创新创业教育理念

大学精神是大学的灵魂,从世界一流大学的创新创业教育经验中不难发现,追求真理,崇尚学术自由,崇尚创新和创造等一直以来就是大学精神的核心。例如广为人们所熟知的哈佛大学的校训是"以柏拉图为友,以亚里士多德为友,更要以真理为友",昭示着该校以求是崇真为办学宗旨,始终明确追求教育的真正价值。不断修订教育思想,追求更真、更优的教育目的,一直是每任哈佛校长和管理人员的努力目标。在追求真理的理念指引下,形成了崇尚自由竞争和个人奋斗,崇尚冒险和创业的风气,崇尚对事业的追求与高度负责的工作态度,强调生活的富有应来自勤奋与努力,强调个人的智慧、毅力、能力和自信心是事业成功的关键因素,注意理性分析,讲求实际和办事成效。

斯坦福大学崇尚自由、学以致用、勇于创新的办学宗旨,斯坦福大学的校训是"愿学术自由之风劲吹",对自由的崇尚是斯坦福大学一个多世纪以来一以贯之的办学理念,前校长卡斯帕尔也明确指出"学术自由是一所大学的根本",斯坦福大学的领导人都深刻明白学术自由对大学来说极为重要,把学术自由看作是大学存在的基础和发展的动力,是办学的最基本的指导性原则,并以各项制度保障学术自由。斯坦福大学通过了"学术自由声明"指出:"斯坦福大学的教学、学习、研究和学术这些中心职责的实施取决于一种环境,在这种环境中探究、思想、表达、出版及和平集会的自由得到充分的保护;最广泛的观点的表达受到鼓励,不受常规及内外势力的压制。此外,教师在受聘斯坦福大学之后,他所享有的受美国宪法保障的权利在任何情况下都不受影响。"学校为此制定了董事会、校长和教授权力分割得清晰的管理体制及评议会制度,从体制上保障学术自由。

学以致用是斯坦福大学的重要传统,在斯坦福大学创建初期,学校就形成了培养社会实用人才的目标和文理渗透、教学和科研相结合、文化教育与职业教育相结合的教学方针。这一办学思想既抛弃了美国东部老牌学校重学轻术的成规,又弥补了农工学院重术轻学的短处,还引进了柏林大学注重研究的经验,为培养高素质的人才开辟出了一条新路。

此外,斯坦福大学在建校之日起就把创新作为学校的办学理念,即追求新的知识、具有冒险精神。斯坦福大学的教育者认为,教育能做出的最重要的一条贡献,就是发展学生追求创造性方法的本能和好奇心,鼓励青年人自己去发现他们追求的答案,不是一种最容易的学习方法,却是回报最丰厚的一种学习方法。斯坦福大学始终坚持在教学和科学研究中以挑战自我,勇于创新的育人法则,以追求知识与技术的不断革新为基点来培养一流的学生。

加州理工学院则以秉承"小而精"的办学理念而著称。它始终遵循"学科不求过多,范围不求过宽,严格保证学生入学和学习质量,宁缺毋滥,精益求精"的办学方针,形成"精而美"的特色,在这种理念指引下,学校办学规模虽小,但在人才培养和科学研究等方面取得了非凡的成就,成为世界著名的高等院校。

而像牛津大学和剑桥大学这样历史悠久的大学,他们既坚守学校创办之初的大学理念,又紧跟时代发展,在原有大学理念的基础上,发展新的大学理念。作为世界上最古老的大学之一,牛津大学秉承了中世纪大学的固有理念,即大学是探索普遍学问的场所,是由学者组成的社团。时至今日,这种理念仍然影响着牛津大学,成为牛津大学理念中最有生命力和影响力的一部分。随着时代的发展,牛津大学的办学理念也有所发展,主要着眼于在教学和科研的每一个领域都达到和保持卓越;保持和发展作为一所世界一流大学的历史地位;通过科研成果和毕业生的技能而造福于国际社会、国家和地方。

剑桥大学同样秉承了它的古老传统。剑桥大学从创建伊始就孕育着叛逆的个性,改革创新是剑桥发展的利剑。剑桥大学在锐意进取中寻求教育自由,强调理性训练和人格塑造的自由教育思想是剑桥大学一贯奉行的教育理念,其核心内容是,强调获取知识和发展智慧是教育唯一和最高的目的,倡导原创性研究,提倡厚积而薄发,反对急功近利的教育功利主义。

如前所述,巴黎高等师范学校也一直坚守"具有创造性"的办学理念,并将这理念渗透在学校的整体氛围中。

不难发现,世界著名大学无不注重大学理念对大学的指导作用,同时,他们的大学理念往往都蕴含着对创造和创新的推崇和重视。无论哈佛大学的"追求真理",还是耶鲁大学的"崇尚自由",都体现了对创造性的鼓励。更不用说斯坦福大学、加州理工学院、巴黎高等师范学校等更是明确地把创造性和创新作为学校的办学理念,并在制度上给予充分的保障。

二、崇尚自由教育

创新与创造需要自由的气息。要培养创新型人才,就需要鼓励教师和学生勇于突破已在有框架和模式,摆脱已有的思维束缚,大胆提出自己的观点和想法,并努力为之探索。大学就是要创造一种自由的氛围,为教师和学生提供自由的空气。

世界著名大学都非常重视自由教育。以耶鲁大学为例,从耶鲁大学众多校长的思想中可以看出他们对自由教育的推崇和重视。海恩斯认为,最好的大学就是最自由的大学,耶鲁大学的自由教育实质就是对真理的忠实。施密特校长认为:"我们热爱知识,认为它本身有价值;我们信奉自由的学术空气,认为它是追求真理的基础。"耶鲁大学前校长 A·巴特利特,吉亚迈蒂认为:"自由教育就是自由地探究思想,自由地表达思想,在探究真理的过程中将自己的思想与其他思想和精神进行联系的教育。自由教育的目的是培养深谋远虑、灵活运用知识、意志坚定、心胸开阔的人;培养对新事物反应敏锐、对使人类进化的传统价值负责的人。自由教育教会我们用理智的判断和仁慈来对待不同的事物和新事物,自由教育是为自由的教育,自由地主张自由的思想,并使所珍爱的思想保持常新的自由。"

牛津大学也把自由教育作为自己重要传统。牛津大学的自由教育传统来自纽曼的自由教育思想。纽曼认为,大学教育是一种自由教育,它应该以理论思考、研究事物为手段,以发展杰出的理智为目的,因此,追求自由的知识是大学的教育目的,大学是一个提供传授普遍性知识的场所。牛津大学的自由教育主要体现为注重培养具有健全精神和理性精神的学生,即绅士,为实现此目标,学校注重古典人文课程的教学并坚决维护大学的自治与自由。即使在现代社会，牛津大学仍然坚持对自由教育思想传统理念的继承和强调，仍以"德行、智慧、礼仪和学问"作为人才培养的出发点。牛津大学鼓励学生独立思考、大胆质疑、重视批判性和创造性思考能力。大学下属的各个学院都各有自己的特性，而且，每所学院都不会试图采取强求一致的政策，而是给学生充分的自由。当前，世界各国政府倾向于对大学进行干预，但英国政府始终只是通过控制拨款经费的方式间接地调节大学，以此影响各高等学校的教学和科研，并不对学校的内部事务进行干涉。这就保证了牛津大学能够始终坚持学校人才培养的传统。享有自治权的英国大学把"自由"作为办学理念，强调学术自由。他们明白对学术自由地强调是更好地坚持和发展学校学术性的前提。

三、重视通识教育课程

在培养优秀的、有创新能力的学生的过程中，课程无疑占据着重要位置。世界著名大学无不重视学校的课程建设。以哈佛大学为例，哈佛大学一直坚持促进所有有益的文学、艺术和科学的发展，借助所有有益的文学、艺术和科学的发展教育青年人，并为教育本国的青年人提供所有其他必要的东西。

哈佛大学本科生以通识教育课程的学习为主要特色，主要在本科生的第一阶段开设，通常被称为"核心课程计划"阶段，通常在大学的第一、第二年进行。核心课程作为一个体系在哈佛大学本科教育中全面执行。这样哈佛大学的课程体系就包含了核心课程、专业课程和选修课程三部分。学校规定本科生必须修满32门学期课程，其中16门是有关专业课程，8门是通识教育课程，其余8门则可依据个人兴趣自由选修。8门通识教育课程必须从哈佛核心课程中选学。在"核心课程计划"中，天文、地理、科学、人文和古今世事无所不包，反映了哈佛大学的教育理念和创新人才培养的理念。首先，无论学生学文、学理，所学知识必须涉猎文、理两大领域的基础知识。这一理念内涵就是在多学科的知识综合中，培养人的综合素质和综合创新能力。其次，既对学生所修科目数量有硬性的规定，又照顾到学生的个人兴趣，体现普通教育的个性化和多样化特点。

坚持通识教育是耶鲁大学特色而光辉的传统，耶鲁大学精心设计了通识教育课程，在培养学生知识的同时，训练他们独立思考、融会贯通的能力，培养他们热爱真理、追寻自由的心智。耶鲁大学通识教育课程体系共分为4个大组，耶鲁大学规定学生必须在一定的期限内分类别选修每组课程中的几门，否则不予毕业。通识教育是对人的教育而不是对个体人的教育，通识教育着眼人性而不看重某项技能;耶鲁大学重视自由教育,也重视职业化专长教育,耶鲁大学在坚持通识教育的同时,为学生开设了1400多门的选修课程,以确保每个人的兴趣都能得到培养,每个人的天赋都能够得到最大限度地发掘。

加利福尼亚州理工学院的课程设置非常强调学生坚实宽厚的基础,努力为学生提供渊博的知识,为学生进行科学实验打下扎实的知识基础。在课程设置上,所有学生必须修习数学、物理学、化学、生物学等必修课程,还可以选修天体学、地质学、环境工程科学、能源科学以及理论数学等自选课程等。

四、跨学科教育

跨学科教育是培养创新人才的重要途径,美国的大学十分重视跨学科教育,许多大学都设立跨学科专业、跨学科课程模块和跨学科课程。例如,马里兰大学从1996年开始设置跨学科的世界课程模块(World Course Program),主要面向大学一年级学生。最初设置的6门课程为:尼罗河、创造力、血统、通信、世界变革、中国美国。目前,世界课程模块的内容有所调整,主要领域集中在四个方面:一是伦理道德,主要探讨在哲学、商业、工程、生命等领域中的伦理道德问题;二是冲突,主要探讨在国际之间、城市与乡村之间、家庭之间及人与人之间等的冲突问题;三是交叉,主要包括文学研究、科学研究或社会科学研究等领域的问题;四是环境,主要探讨与生命科学、社会科学、工程科学等领域有关的问题。与跨学科专业、跨学科课程模块相比,跨学科课程在美国大学更为普遍,而且成为跨学科专业、跨学科课程模块的组成部分。

斯坦福大学非常重视跨学科教育,打破学科之间的障碍,进行跨学科和交叉学科教育的创新。斯坦福大学在学科建设中,既注意保持院系基础结构的相对稳定,又适时调整了学院设置,使得基础结构能够适应学科发展的需要,同时还推进制度创新为跨学科的发展提供了必要的制度保障,斯坦福大学的工程师培养计划充分体现了"优异与广博"的办学理念。正是这种跨学科培养工程师的做法使斯坦福大学成为世界上少数高度重视工学院而又使其与很强的人文和社科环境融合在一起的大学之一。斯坦福大学在促进跨学科发展中还做了大胆的制度创新。

加利福尼亚州理工学院非常重视基础学科建设和学科之间的交流,主张科学研究应该打破并超越旧的学科界限。这也是加利福尼亚州理工学院一直坚持小而精的办学理念的主要原因。由于学校规模小,每个领域真正带头的教授不多,在一起交谈很方便,所以学科容易交叉。在加利福尼亚州理工学院,化学家定期参加物理研讨会,物理学家通过观察宇宙来检验化学演化的理论,天文学家和物理学家、化学家一起破解星球的奥秘。

加利福尼亚州理工学院一直坚信科学研究应该打破并超越旧的学科界限观念,非常重视基础学科建设和学科之间的交流,在重视数学、物理和化学等基础学科的教学和研究工作的基础上非常注重学科的交叉,在只有6个系的情况下设立了10个交叉学科项目。遗传学家摩尔根在加利福尼亚州理工学院时,鼓励研究者同生物化学家协作攻关。他反对学科间各自为政,力主把遗传学、动物学、胚胎学、生理学合并为生物学,他还提倡生物学同化学、物理学相结合。

在牛津大学,学生一上大学就要选定专业(course),该校现设50种专业,有些专业是单学科的,如生物科学、化学、计算机科学等;有些则是跨学科的综合性专业,如考古学与人类学、生物化学、分子学与细胞学等。大多数专业学制三年,部分专业学制四年,医学专业学制六年,还有些专业(如物理学、现代语言、数学、地学、经典名著与现代语言等)既有三年制的课程计划,又有四年制的课程计划。由于专业性质、学科范围、修业年限不同,各个专业的课程计划有很大的差异。以颇受欢迎的哲学、政治与经济专业为例,该专业学制三年,第一年哲学、政治、经济3个学科并重,主要学习导论课,使学生掌握每个学科的基本工具、方法,发展自己的兴趣,为进一步学习奠定基础,在第二年和第三年,学生仍可以3个学科齐头并进,也可集中学习其中两个学科甚至以1个学科为主,但无论怎样选择,都必须修完核心课程。哲学方面的核心课程是从亚里士多德到康德的哲学史、伦理学。3个学科并重者可以只修完伦理学。政治学方面的核心课程是比较政府论、20世纪的英国政治和政府、政治学理论、国际关系、政治生态学,学生可以选择其中2门。经济学方面的核心课程是宏观经济学和微观经济学2门课程。在核心课程之外,导师会指导学生选修一些课程。但是,核心课程和选修课加起来必须达到8门。3个学科并进者修习3个领域的5门核心课程和3门选修课;而选择其中两个学科者,则学习其中两个学科领域的4门核心课程,外加这两个领域的4门选修课。另外,在本科期间,学生在学习某个专业的同时,还可以选择其他一两个专业作为辅修。

五、教学与科研相结合

自洪堡德在柏林大学开创了教学与研究相结合的大学理念以后,教学与科研相结合逐渐成为大学教学的一项基本原则。世界级的一流大学无一不是研究型大学,从牛津大学、剑桥大学,到哈佛大学、耶鲁大学莫不如此。相比之下,美国顶尖大学的研究色彩更为强烈。所谓研究型,即重学术研究决不轻于重教学,提倡教研相长:以教学激发研究,以研究提高教学,哈佛大学非常重视教师的科研能力,"科研本身就是一个效率很高和非常有力的教学形式",大学的教授或教师,他们的任务不仅仅是知识的传授,还应该负担起生产新知识并把新知识传授给学生的任务。"没有参与知识创造和发现过程的人是不能胜任大学教学的,只有真正的研究者才能做好教师。"总之,能达到培养创新人才的教学一定是建立在科学研究基础上的,牛津大学非常重视研究和教学相结合,教授也就是研究员。每学期牛津大学都要求教师通过多种形式汇报自己的研究成果。教师要通过大量的科学研究为学科内容增添新的理论和方法。教师只有在系统掌握、熟练运用本学科的基本知识、基础理论及相应的方法技术基础上,亲自进行科学研究,站在学科领域的最前沿,才能不断获取新的知识,提出新的理论和科学思想,促进学科的发展,最终使得牛津大学的人才培养取得高质量的成效。

六、本科生参与科研

本科生参与科研是培养创新人才的一个有效措施。美国研究型大学本科生教育委员会在《重建本科生教育:美国研究性大学发展蓝图》报告中提出10条改革本科生,教育的建议,其中第一条就是"以研究为本",强调教育转变到重视学生科研能力上。

学生大一就尽可能多地在科研项目中参与科研活动。为了确保本科生科研的顺利开展,美国大学一般都把本科生科研纳入课程计划,并鼓励学生参加研究项目,例如,哈佛大学十分注重学生的科研能力,本科生既可以跟随教师,加入教师的研究小组,担任教师的助理,又可以自己提出项目方案或独自承担校方提供给学生的项目。麻省理工学院为了加强本科生科研,提出教学、科研与校园社区相结合的原则,重新评估和更新本科教学计划,删除和压缩不重要的材料。为了实现所有本科生都在学习期间有机会参加研究的目标,在教师聘任和提升过程中,把参加大学生研究机会计划和新生研究指导等项目看作教学任务的一部分,要求各系鼓励教师积极参与这些活动。加州大学伯克利分校本科生科研是教学计划的一部分,学生可以通过"指导下的小组研究""指导下的独立研究""实地研究""四年级论文""荣誉毕业生四年级论文"等研究性课程,获得20个以上的学分,占总学分的20%以上。加州理工学院实施的"大学生研究奖学金(SURF)计划"为本科生提供了从事科研的机会。该计划自建立以来,至今已有5200名学生参加,为加利福尼亚州理工学院的学生甚至是校外的本科生提供了科研的机会。计划的参与者与高年级学生、博士后或者教授一起共同进行为期10周甚至更长时间的项目研究。

七、产、学、研相结合

产、学、研相结合是大学培养创新人才的重要途径。例如,斯坦福大学十分注重教学和科研相结合,并在"实用"教育思想的指导下与生产紧密联系,逐渐形成了产、学、研一体化的治学模式。为了加强教学、科研、生产结合,探索办学新途径,创办了斯坦福工业园区——"硅谷"(Silicon Valley)。斯坦福大学不仅乐于从事与当地产业关系十分紧密的应用性工业项目研究,而且通过和工业界签订长期的"学位合作计划",积极为各种规模的企业提供不同层次的教育和培训服务,并鼓励自己的研究人员将技术成果商业化,企业则通过"工业联盟计划"引进斯坦福大学基础研究和应用研究的尖端技术及人才,对有价值的工程研究计划或重要的基础研究领域提供足够的经费资助,工程师造就硅谷,斯坦福造就工程师。通过教学、科研、生产三者的紧密结合,斯坦福大学在向社会输送合格人才的同时,也为其后来的发展奠定了坚实的基础,并带动了区域甚至整个美国的经济发展。斯坦福大学把产、学、研合作教育作为一项制度加以贯彻实施,通过产、学、研合作建立起来的硅谷为斯坦福大学提供了充足的实训、实验基地和研究、开发基地,为师生创业搭建了一个广阔的平台。又如,剑桥大学与当地政府合作建立了全英第一个科学工业园区,并设立了"工业联系和技术转移办公室",专门促进大学科研成果产业化。目前,剑桥大学科学工业园里已有60多家高技术公司,其中许多高新技术来自剑桥大学的实验室,有些公司甚至就是由剑桥大学科研人员建立的。

八、重视案例教学和实践教学

哈佛大学的案例教学闻名于世,其所收集和编写的案例都是紧密结合当代社会政治、经济、文化、科技发展的经典之作。中国联想集团的企业文化与发展模式已被收入哈佛的教学案例,联想总裁柳传志也应邀到哈佛讲学。案例教学使学生面对一个又一个的现实问题进行分析和判断,使知识和能力紧密结合,常常会迸发出智慧的火花,对于培养学生的创新意识无疑是起到了积极的作用。

国外著名大学特别重视实践教学,例如,哈佛大学公开鼓励教师有20%的时间在外兼职,为政府部门及公司企业服务,将理论与实践的结合引向更高层面。从事自然科学的,必须经常与大企业、大公司挂钩,有针对性地进行科研和教学;从事社会科学的,必须经常深入社会,了解美国的各种社会问题,并提出行之有效和独创性的解决办法。这方面的严格要求,使哈佛大学的教学和科研始终与社会要求密切结合,在美国乃至全世界学术界保持领先地位。

又如,斯坦福大学非常注重通过实践教学的形式培养学生的职业技能,在教学上非常重视实验教学和现场模拟教学。斯坦福大学商学院的高级教务长戴维·克雷普斯曾指出,MBA课程要越来越注重"体验式"学习,即在实践中学习,而不是坐在课堂里听讲座。

斯坦福大学教师教学计划要求研究生每周至少进行20小时的科研或助教活动,以此来提高学生的实践能力。斯坦福大学还建立了许多社会实践的项目,例如,社区服务勤工俭学项目(The Community Service Work-Study Program,CSWS),为学生提供了丰富而有意义的工作岗位和学习的机会,通过选择与他们专业相近或感兴趣的工作岗位,在实践中使专业技能更加熟练,并且对服务领域有一个更深层次的理解。通过实践教学使斯坦福大学的学生在校期间就对社会有了一定的接触,为以后的创业以及更快地适应工作打下了良好的基础。

九、学院制

学院制可以追溯到12世纪的巴黎大学,最初的学院并不是教学机构,只是一个捐资修建的收容所或者宿舍,为那些不能自己支付住宿费的贫困学生提供栖身之所,后来,学院通过自身吸引了许多大学活动,从而成为学校日常生活和教学的中心。学院成为学生学习、住宿和日常生活的基本单位。在巴黎,早在1180年就有了第一所学院。牛津大学和剑桥大学继承和进一步发展了学院制,学院生活无疑是大学生活最具特色的方面。学院实际上几乎把对社会生活的指导以及所有教学任务都纳入自己的掌控中。学院制产生以来一直延续至今,受此影响,美国的哈佛大学、耶鲁大学等都实行学院制。

哈佛大学的住宿学院建于20世纪初。到1919年,哈佛共建有4个学院。每个学院都有餐厅、活动室、图书馆等。每个房间住1~5人,为了让最贫穷的学生都能住进学院,参加学生的各项社会性活动,房间采取不同的价格,每个学院有一个由教授担任的院长,另有若干名导师负责指导学生的学习和生活,使学院成为学生生活、成长和学习的重要场所。现在哈佛大学共有12个这样的学院。

耶鲁大学的住宿学院建于20世纪30年代。20年代,由于耶鲁大学学生人数激增,一方面,致使教师与学生的接触相应减少,教师不能像从前那样辅导学生,使学生失去了受到全面教育与影响的机会,耶鲁大学认为这存在着潜在的危险;另一方面,还导致了学生年级意识的削弱,相互间交往的减少。为解决这一问题,1925年耶鲁大学校长詹姆士·安吉尔提议仿照剑桥大学模式建立住宿学院。新生入学后被随机分配到任何一所学院,但与其他学院又非相互隔绝,每个学生都可以随时到其他学院的食堂去用餐、访友或参加活动。这样便出现了学生在自己所在的系吸取专业知识,同时又在学院领略各种人生经验的奇妙景象。目前耶鲁大学共有12所住宿学院,每个学院都能容纳四五百人。

大学学院结构有利于保持大学独立和自治的传统;各学院在交流与竞争中形成的学院精神是推动大学发展的一种重要的内在动力;各学院中实行的导师制是最有效的教学手段之一;而学院内的所谓"学院式的生活"在塑造学生全面的文化气质方面的作用更是其他任何教学方式都无法替代的。作为居住生活的场所,住宿学院为在规模庞大的综合性大学中各部门的学生营造了一个小型的学习生活环境,增强了学生间的交往,有利于形成集体、合作的氛围,并对学生性格养成、学术兴趣、价值取向等产生影响。英国前首相玛格丽特·撒切尔在回忆自己当年选择牛津大学的原因时坦言:"牛津大学对我还有一种吸引力,那就是它的学院制度,这种制度至今对我仍具吸引力。"英国著名的生物化学家、科学史家李约瑟说,当一名剑桥大学学子之所以优越,最主要的是那里实行按楼梯安排学生宿舍的制度。可以说,剑桥大学的每一所学院,都是由学系不同、社会出身不同、政治立场和宗教信仰不同的人混合而成的,这些学院将整个剑桥大学变成了一个奇妙的熔炉。

十、导师制

导师制发端于14世纪的牛津大学和剑桥大学,是随着学院制的产生而产生的,直到今天仍是牛津大学,剑桥大学及许多大学教学过程的核心。受牛津大学和剑桥大学的影响,世界上许多知名的大学都采取这一制度,美国哈佛大学仿照剑桥大学伊曼纽尔学院建立。哈佛大学建校后,因财政的限制虽未从整体上复制牛津大学和剑桥大学的导师制,但仍延续了这一中世纪的教学传统。1名导师不仅负责指导全部课程,而且他的报告还直接决定着学生的升降级。

1737年,哈佛大学废除了由1名导师教授1个班级全部课程的做法,4名导师分别承担着不同的科目。18世纪末和19世纪初,哈佛任命了42名导师。1909年,洛厄尔任哈佛大学校长,建立了"集中与分配课程、寄宿制、导师制和荣誉学位"制度,导师制与哈佛大学实施的集中与分配课程密不可分,这使哈佛大学的导师制有了新的特点。首先,就目的而言,建立导师制是为了帮助学生准备从1914年开始实施的集中与分配课程的考试,因此,每一部门配备导师的数量依学习集中课程的学生数量而定。其次,导师制是一种职能,而不是职称。不但年轻的教师要做导师,教授也要做导师。在洛厄尔离任之前"导师制不仅使哈佛大学的导师们树立起了更好地培养有抱负的学者的信念,也使学生们对学习的态度产生了巨大的变化,极大地提高了学习成绩,每个毕业班大约有40%的学生在专业领域获得了荣誉学位"。20世纪50年代哈佛大学规定每个导师带6个学生,今天的哈佛大学仍实行导师制。

普林斯顿大学的导师制建于20世纪初。1902年,伍德罗·威尔逊成为普林斯顿大学第十三任校长,引进了导师制。虽然威尔逊的导师制源于牛津大学,但与牛津大学的导师制相比又不尽相同。具体的做法是将高年级的学生分成小组,每一小组同一名导师建立密切的联系,在导师的指导下,通过个人阅读和小组讨论来补充课堂教学的不足。学生们按照生活态度、训练背景、学习兴趣和成绩来分组。导师大多是刚刚获得博士学位的年轻学者,他们不仅是学生学习上的导师,更是学生的伙伴和引路人。随着导师制的发展,今天普林斯顿大学的导师制已不再局限于高年级的学生,在低年级每个攻读学士学位的学生通常都有一位由本院教授担任的学习指导做他的低年级导师,负责帮助学生制订学习计划,介绍专业情况和选择课程,在生活方面,每20名新生配有1名由研究生或高年级学生担任的生活指导,负责帮助新生适应校园生活。当学生进入专业学习阶段后,导师则由所在系内专业对口的教授担任,负责帮助指导学生的专业课程安排和独立研究工作,在研究工作中,导师与学生的关系比课堂上教与学的关系要密切得多,学生不仅可以在学业上获得导师的各种启迪,通过导师的言传身教还可以学会在日常生活中如何与他人相处,在学业和为人方面变得更加成熟。

1998年,美国研究型大学本科教育委员会在其报告《重建本科生教育:美国研究型大学发展蓝图》中建议,每个学生都要有一名导师,导师与学生间一对一的关系对学生智力发展会产生最有效的影响,个人的表现受到观察、纠正、帮助和鼓励。这种形式应该在所有的研究型大学推广开来。正如普林斯顿大学本科生院院长格尔格斯所言,这是现代教育必不可少的部分。"教育不仅仅是知识的传授,更重要的是人格的培养,过分实用的教育不可能产生高层次的人才。自信心、责任心、组织能力和献身精神这样的素质,只有在良好的大环境中长期潜移默化,才能逐渐形成。"对学校来说,这样的环境一旦形成,它便成为学校的品格与灵魂的载体、成为绵绵不竭的办学底蕴;对学生而言,一旦置身于这样的环境,长期浸润其中,从导师的教诲中所获得的不仅仅是要学习的知识,还有研究事物和带着批判精神从事学习的态度及影响其一生的思维方式,并在与导师交流的过程中达到心灵与精神的契合,使学生"在保持尊严、施展能力的同时形成履行社会职责所需的知识、修养、表达能力、性格、风度以及各种相当均衡和成熟的品质"。这些从形式上看似与一流人才或创造性人才培养无直接关系的因素,恰恰是一名学生成为一流人才或创造性人才的基础。

巴黎高等师范学校则把导师制发挥到了极致,实行一人导师制,每一位学生都由名师辅导,且一位老师只辅导几名甚至一名学生,师生间有相当充分的交流。在导师的帮助和指导下,学生可以参加众多高质量的研讨班和实验室工作,接受全球知名专家持久的、全方位的指导。

十一、注重国际交流与合作

以巴黎高等师范学校为例,巴黎高等师范学校一直把国际化当作自己的使命,这不仅在国内而且在国外均开展得生动活泼。

巴黎高等师范学校拥有一支学识渊博、敬业心强的师资队伍,除本校教师外,还有来自全法国各大研究机构的学者及外籍教师和客座嘉宾学校与众多国家的大学、企业建立了合作关系。学校通过法国外交部的国际交流计划,热诚邀请近百余名外国教授参与学生培养,进行课程教学。目前,巴黎高等师范学校已有数以千计的研究者来自世界各国,巴黎高等师范学校的每一名文科学生都有一年的机会赴国外知名大学进行教学和研究,理科学生则可以在国外进行半年的实验室研究。

印度理工学院和香港科技大学的发展在很大程度上更是得益于走国际化战略。印度理工学院除了聘请一流的学者到学院任教,帮助培养本校的优秀师资外,还选派本校教师到世界著名大学进修学习,而且学院聘请国外知名学者的费用也是通过国际合作获得的资金。香港科技大学则是聘请世界著名大学的中国留学生为主,构建本校高水平的教师队伍。

十二、建设高水平师资队伍

高等院校发展壮大的关键是拥有一批高水平的教师队伍和一些大师级的学术带头人。哈佛大学校长洛厄尔曾言:"大学的荣誉,不在它的校舍和人数而在于它一代又一代教师的质量。"他们的话源于他们对大学管理的真实的内心感受,表明高等院校高水平师资队伍对于创新人才培养的重要性。"哈佛大学之所以成为一流,是因为它有一支世界一流的教授队伍,哈佛大学校长的理念是,拥有最好的教授就不愁没有研究经费,就不愁没有校友的捐助,就不愁招不到好学生"。在人才聘任方面,哈佛大学聘任教师的最重要标准就是学术价值,即看教师是否具有学术创造力和是否具有很高的学术造诣,从而保证了哈佛大学的教授都是杰出的学者,都是各自学科或领域的学术权威或学科带头人,在人才使用方面,要求教师必须参加社会实践,如从事自然科学的必须经常与大企业合作,有针对性地进行科研和教学,从而使教学和科研始终与社会要求密切结合。为了提高教授的教学与科研效率,哈佛大学为教师提供事务性工作的服务,使他们能把有限的时间用于高强度的工作中,实行秘书制,每3~4位教师共用一个秘书,负责一切打字、复印、电话、约会等事务性工作。

斯坦福大学认为优秀的教师能够吸引优秀的学生和做出高水平的研究成果,不断提升学校社会学术声誉和地位,还能够取得最大限度的外界支持,聘请世界级的教授是"提高斯坦福声望的唯一最关键因素",学校始终重视引进最优秀的教师,并给予非常丰厚的待遇。学校通过与工业界之间建立密切的合作关系,在产学研一体化办学中培养高质量科技与创新人才,还从国内外企业聘请一批优秀科研人员为该校的顾问教授,让他们承担一部分教学任务。

加利福尼亚州理工学院之所以能以如此小的学校规模获得世界大学前列的地位,是因为学校的历届校长都是著名的科学家,一方面他们起到了在科学界的领军作用,极大地促进了加州理工学院科学研究的进步;另一方面,由于校长都是著名的科学家,懂得如何发展科学,非常重视聘请一流的人才来学校任教和科研。在加利福尼亚州理工学院所聘请的人才中,像物理学家密里根、地震学家古腾伯格斯、美国航空技术的先驱人物冯·卡门、两次获得诺贝尔奖的鲍林等都是世界一流的科学精英,严格地筛选一流的人才是加州理工学院保持高水平的学术研究的一个重要保证。而且为了避免"近亲繁殖",该校90%以上的教授来自其他世界一流高等学校和研究机构,并全部具有博士学位。

巴黎高等师范学校通过良好的学校研究环境吸引法国国内诸多知名学者

担任教师,并聘请外籍教师和客座嘉宾从事教学和科学研究工作,并不遗余力地为学生开设各类讲座。

如果说像哈佛大学、牛津大学等古老的世界名校在吸引世界顶级人才方面有天然的优势,那么对于像印度理工学院和香港科技大学这样的年轻大学而言,在面对不利的条件下,依然能够吸引世界一流的人才,从而使学校在短时期内发展为世界一流名校,他们的经验更值得借鉴。印度理工学院的做法是选派教师到西方大学学习和攻读学位;多方面争取经费,以支持优秀学者到印度理工学院任教,或做几年的短期工作;创造良好的校园环境和学术环境,印度理工学院各分校的校园都极其优美,教师的居住、生活、娱乐、科研条件都非常方便舒适,不但如此,学校还具有浓郁的学术氛围。香港科技大学的经验主要是依靠聘请著名的大学校长及团队并通过"一流的人才吸引一流的人才"的办法吸引世界著名大学的中国留学生,并提高教师的生活待遇,为教师提供各种便利条件。

十三、校园文化活动

世界著名的大学都非常重视校园文化活动的开展。例如哈佛大学的校园文化活动丰富多彩,如拉德克利夫管弦乐队、巴赫管弦乐队、哈佛大学乐队、爵士乐队,哈佛合唱俱乐部、学院乐队等学生社团组织的文娱活动,有各体育团体组织的体育活动,有菲利普斯·布鲁克斯舍友协会等学生社会服务机构组织的社会服务活动,也有一些国际关系、政治等方面的学术性活动,又如,耶鲁大学广泛开展音乐、戏剧、体育和各种宗教活动。据不完全统计,耶鲁大学每年要举行1000多场音乐会,耶鲁大学还有许许多多学生自己组织的艺术创作活动,其中戏剧和音乐活动最具盛名。最具特色的是耶鲁大学的体育活动,约有80%的学生参加各种形式的体育活动。

牛津大学的校园文化活动丰富多彩,这是牛津大学的重要特色和对学生有吸引力的重要原因。牛津大学现有200多个俱乐部和社团组织,既有体育、音乐、戏剧方面的体育娱乐性组织,又有辩论、宗教、学术方面的组织,学生可以根据自己的兴趣爱好参加各种组织,参加各种课外活动。牛津大学主要由各学院组织各种各样的课外活动。这样不但可以丰富学生的课外生活,为学生提供发展兴趣爱好的空间,促进学生的全面发展,而且使得学生在规模巨大的大学中可享受到小学院的人文关怀和文化氛围,在重个人主义的社会中找到集体的感觉,增强学院的凝聚力。

十四、丰富的图书馆和博物馆资源

世界著名大学都非常重视图书馆和博物馆建设。条件优良的图书馆和博物馆为学校师生提供一流的生活和学习条件,为学生的自主学习和创新创造条件。例如,哈佛大学图书馆是美国最古老的图书馆,也是世界上藏书最多、规模最大的大学图书馆、最热门的图书馆。哈佛大学的图书馆在全美馆藏最丰,连国会图书馆也甘拜下风。哈佛大学有大大小小、分门别类的近百家图书馆。不仅学校的每个学院都有自己的图书馆,而且还有各类专业图书馆。分馆大部分设在哈佛大学校园内,有的远在美国首都华盛顿,甚至意大利的佛罗伦萨。各馆都有其无可替代的特色,充分显示哈佛大学不是中心化的体制。不同的图书馆藏书各不相同,面向不同的学者,侧重于不同的领域,而且各馆的经费也来自不同的渠道。

耶鲁大学拥有完备的图书馆系统,其中最大、最古老的斯特林纪念图书馆收藏人文学科图书及其他普通读物,别耐克稀有书籍和手稿图书馆是美国大学中英文古籍收藏最多的图书馆。此外,耶鲁大学的博物馆和艺术画廊也非常著名。皮波迪自然历史博物馆是北美最大的自然科学博物馆之一。耶鲁大学不列颠艺术中心,则专门从事不列颠文化研究。

牛津大学是世界上图书馆最多的高等学府之一,目前拥有100余所独立的图书馆。牛津大学有4个各具特色的博物馆,即阿什莫利思博物馆、大学博物馆、皮特河博物馆和科学史博物馆,丰富的图书馆和博物馆资源蕴含了深厚的人文性,既陶冶了师生的性情,又开拓了师生的视野,有利于师生人格的全面协调发展以及创造力的提高。

巴黎高等师范学校也拥有数家藏书丰富的图书馆。郭尔姆路文科图书馆是学校最古老的图书馆,是一座令人神往的古老的图书殿堂。如尔丹图书馆是一个为研究和了解基础文化常识的图书世界,蒙特鲁吉图书馆的主要功能则是帮助理科方面的应试者(数学、物理、化学)准备终身教师资格文凭的考试。除了上述3家主要图书馆外,理科专业各系内部也设有图书阅览室,这些阅览室由各系自主管理,既向本专业学生提供便利也向其他专业学生开放。所有这些图书馆和其中丰富的藏书构成了巴黎高等师范学校的一大优势和良好的硬件环境。

第二节 高校学生创新创业成功启示
——以湖南科技学院生物化工团队实践为例

一、生物化工团队的介绍

湖南科技学院的生物化工团队是由覃佐东在2013博士毕业后组建起来的,团队现由生物化工专业的3名博士、4名硕士与多名本科生组成,主要从事"生物质的高效炼制"与"生物肽的生化制造"相关研究和成果转化工作。团队自成立以来,初步形成了"精诚合作,求实创新"的文化氛围,获得了国家自然科学基金等资助项目,获得了第五届中国创新创业大赛"全国优秀团队"等荣誉,团队根据地方产业发展需求,协助企业建设建成了省级工程技术研发中心。

二、生物化工团队的创新创业旅程

覃佐东于2010年进入南京工业大学攻读博士学位,主修生物化工专业,师从欧阳平凯院士。博士论文开题的时候,导师问道:通过研究能够开发出什么新型产品呢? 产品未来的市场占有率可以做到多少呢? 这两个问题让覃佐东开始了对科技创新的执着追求。

(一)入侵植物秸秆也能托起一吨重的产品

2010年的深秋,南京的天气已经转凉,苏北大丰港树木的叶片也已凋零。坐在由南京开往大丰港的列车上,阵阵寒风未能吹灭年轻人的梦想火花。大丰港的高楼大厦如雨后春笋,黄海滩涂上的金黄色互花米草秸秆随风起舞,似乎是在招呼年轻人的智慧与之共舞。

只身一个人来到苏北的大丰区大丰港,覃佐东在想:该如何开展工作? 该怎样把科研思路在这里得到实践并且弄出点成绩呢? 第二天,他找到了大丰港对接的管委会领导,拿出自己的初步方案,进行了深入的交流。可方案归方案,这里科研的条件基本没有,从零开始建设谈何容易,短时间出产品的希望基本为零。虽然希望渺茫,但作为"80后"的年轻人覃佐东干劲十足。他第二天拿起电话,就开始询问设备厂家,进行实验设备的购置、实验室的设计与装修。他在不懂方言、饮食不习惯的情况下,就这样连续工作了14天,人瘦了5斤,脸黑了很多。导师来现场了解情况的时候,第一句话就说:"如果我再晚半个月来,估计一时半刻认不出你了!"

来大丰一个月了,团队来了个小师弟,实验室基础装修开始动工了。植物秸秆的测试工作带回南京,也取得了初步的实验结果。团队着力开始根据秸秆特性进行产品的创新开发。首先,团队要明确要做哪些类型的产品,做出来的产品未来能够有多大市场。大丰港的合作者们也非常关心这些问题。而一时半会儿,谁也不能马上准确回答。因为科技创新的成果拿到市场检验需要时间,需要过程,尤其是对于这样的新团队。接下来的时间里,双方团队主要是根据可以开发的纤维产品类型及产品市场,展开广泛的调研,拜访专家、走访市场、合作交流等工作一个一个开展,让覃佐东忙得不亦乐乎。功夫不负有心人,经过多次的调研与市场对接,他们的产品与市场定位就是利用大丰港的丰富植物纤维原料,通过纤维改性与产品成型,生产轻质物流,托架,用于替代木头或者塑料的物流托架。

开发纤维生物质轻型物流托架(承重1.0吨)的过程是曲折的,因为产品体积大、质量高、脱模难、防水防变形的要求高,之前近40多天的工作,效果都不是很理想。随后团队又拜访了华南理工大学与江南大学的专家,一起召开视频会议,与研究防水防潮的专家进行联合攻关。按照物流托架的国家标准,他们做出来的产品能够达到800千克的承重,但是变性与否还需要时间论证,所以科技创新与深度研发的工作,他们没有停歇。又过去了3个月,合作伙伴把他们的研发产品联合质检院等权威机构进行测试,发现其静态承重已经完全达标,但动态运载过程中的承重指标,还是不能满足产品质量要求。此时的团队,不得不又寻找新的配方和开展产品加工新工艺方法的探索。就这样一遍又一遍地修改方案和实验,团队最终做出了合格的产品。公司也启动了大规模生产线的建设,加快了产品实施产业化的进度。12个月后,覃佐东及其合作伙伴们一起见证了正常生产出来的合格生物质轻型物流托架产品,大家激动得抱在了一起。的确不容易,从熟悉的地方来到陌生的城市,从什么都没有,到一年后的这一天,他们看到了创新创业成果的初步呈现,这就是奋斗的结果、劳动的结晶。

2011年,覃佐东同志获得大丰区人民政府"十佳科技标兵"荣誉称号;2013年,他获得了盐城市科技进步三等奖。

(二)烟尘生物质亦能"玩出新花样"

"这是第三次来潮水铺村了,这里的烟尘种植价值还有很大的上升空间。"正在说话的是湖南科技学院化学与生物工程学院生物工程系的主任覃佐东,他长相斯文、鼻梁上架着一副黑框眼镜,今年34岁的他已是生物化工学院科研团队的中坚力量。2014年以来,覃佐东随学校领导和老师到永州新田县调研,烟草是当地的主要经济作物,然而烟叶的种植技术尚未成熟,烟农们的收成也并不可观。每年收获后,剩余烟尘生物质被丢弃或者焚烧,不仅资源被浪费还污染了当地的生态环境。于是他们决定在新田县的潮水铺村进行试点研究,争取实现烟尘地变废为宝,早日提高烟农收成。

从湖南科技学院到新田县潮水铺村约150公里,山道崎岖,单程行车需要近2个小时。在两年多的时间里,覃佐东与其团队科研人员,以及10来名学生,不辞辛苦地来到新田县潮水铺村做动员、搞调研、做测试,最终以科技攻关对烟尘纤维生物质进行分析,发现其富含仅60.0%的综纤维素。团队成员以生物质模塑技术干法工艺,实施生物质育苗盘产品开发。烟尘生物质的高效转换不仅将遭遇废弃的烟尘重新定义,更使永州新田、宁远、蓝山的贫困县城的烟叶产量有所增加,带动了当地农业经济的发展。

覃佐东告诉老百姓,永州的烤烟每年种植量有几十万亩,每年剩余的烟尘生物质资源量上百万吨,进行该类原料的高效转化与产品加工制造是提升废弃烟尘生物质原料的有效创新之一。

覃佐东带领着湖南科技学院的学生,将废弃的烟尘进行了多次实验与产品试制,功夫不负有心人,他们将一度被烟农废弃的烟尘制成了当地种烟、种油茶苗需要的育苗盘。育苗盘由烟尘生物制品代替传统的塑料制品,既节能环保,又合理利用了资源,提高了附加值,提升了碳原子的经济性。烟尘育苗盘可与植物根系融为一体,自然降解,是花卉、药材、果树育苗的最佳选择,具有显著提高幼苗成活率与减少缓苗期的巨大优势。同时产品结合生物保水保肥核心技术,可广泛应用在土壤贫瘠与缺水的地域,具有良好的市场推广价值与社会效益。

2016年11月,覃佐东带领大学生团队的"玩转烟杆生物质"项目在比赛中一路过关斩将,最终荣获2016年第五届中国创新创业大赛全国优秀团队奖与湖南省二等奖,带领的学生团队参加全国"三下乡"社会实践活动,获得了全国优秀团队奖。

(三)油茶渣里怎能开出鲜花来

永州是我国的油茶之乡,年油茶籽产量达到10余万吨,茶油产量在2.5万吨以上,榨油后剩下的油茶壳、油茶饼等残渣则高达7.5万吨。如何处理这7.5

万吨废料？老办法是就地掩埋或焚烧,既污染环境又容易给土地造成病虫害。覃佐东博士带领团队,利用农林生物质高效转化技术,在油茶渣里"开"出了鲜花。

"我们与湖南天球油茶公司合作,利用油茶渣生产生物质模塑产品－纤维花盆,部分替代塑料制品,废弃资源环保利用的同时还为公司找到了新的利润增长点。"覃佐东说。

传统的农林生物质转化技术,一般是将废料转化成燃料或制成纤维板材,损耗较高,但制作纤维花盆,1吨原料能得到0.9吨产品,基本做到对原料的"吃干榨净"。

"不会对环境造成二次污染。"覃佐东说,"前不久,我接到了深圳某创投公司负责人的电话,商量投资合作建设生物质高效利用与产品加工厂公司。"

三、生物化工团队的创新创业故事

(一)生物化工团队易林林的创新创业之旅——三年初创,不断超越自我

两年前,也就是2015年的6月12日,易林林等一群学生跑到覃佐东办公室,说道:"听说覃老师有项目在做,可否带着我们大家一起做呢?"易林林不知道从踏进办公室门的那一刻开始,她的人生轨迹即将改变,至少在大学的最后两年,易林林将变得不一样,遇见一群有梦想的大学生,从此走上创新创业之路。

2014年9月,李克强总理提出"大众创业,万众创新"的全新理念席卷中国大地,推动着国民创业走向全面化、改革化、创新化的进程。当大学生一个个投身到创业大军时,易林林选择汇聚团队的力量,拧成一股绳往前冲。当时并没有想到会给自己带来怎样的改变,只知道未来会给有准备、有干劲的人,于是易林林团队做好了所有的准备,转听老师的意见和建议,在创业的天地里争奇斗艳,积极地准备和参加了"互联网+"大学生创新创业的比赛。

"与其说是合伙人,我更加愿意把所有的人当作一个团队、朋友或者是亲人,而不是简单的合伙人。"覃佐东饱含深情地说。

比赛初期,情怀更胜于商业,易林林并没有任何的创业经验,一切从零开始。功夫不负有心人,经过不断地探索与研究,他们开始越来越了解怎么去完成一个优秀的商业计划书,怎么寻找到商业计划书的亮点,怎么把商业计划书落入实践,怎么发挥团队的最大效力,怎么做团队的负责人,等等。就像覃佐东

时常说的"不要想着如何赚钱,而是如何让自己值钱",所以当你不知道干什么的时候,就去先学习,先模仿,再改善,再超越。

2015年下半年,易林林团队第一次聚齐,他们心里都很清楚,这无疑是在抵押大学的最后两年人生。当然这不是赌博,而是信念,坚信自己能够在这条道路上走下去,并且会越来越好。

接下来易林林团队一路过关斩将,第一次全体出动去长沙比赛,项目主体是废弃农林资源的价值提升和产品转化,主要目的是心系三农,与农民、农业共同发展。也正是因为这样的情怀,得到了领导的支持与帮助,让他们一步一个脚印,在赛道上愈战愈勇,披荆斩棘,最后走到了决赛的舞台上。希望每一种废弃的生物质资源都能得到利用,希望科学家的每一个成果都能得到转化,这就是易林林生物化工团队的目标。比赛期间,覃佐东老师无微不至的关怀为这个"初生牛犊不怕虎"团队扫清了一切障碍,给予了他们勇往直前的动力和勇气。很多个深夜,覃佐东仍然在耐心地为大家分析比赛形势,照顾团队每个人的情绪,让他们以最好的状态去面对所有的挑战。

2016年是团队快速发展的一年,很多博学多才、实战经验丰富的导师和优秀的学子陆续加入,团队越来越强大,情怀却没有变,商业攻坚战日夜不休。他们自己跟自己拼,自己跟自己较劲,内部的创意,先自己跟自己反复斗争,不打磨到最好不敢往上交,责任感一直在心里。

这个团队开始变得更有战斗力,他们坚持团队理念,不断挑战自己的能力底线,导师们都看在眼里。为了呈现出团队最独具匠心的一面和最精致的作品,导师不厌其烦地解答他们的困惑,领导们也被他们这种"自找麻烦"的精神所感动。

当商业被赋予感性,连自己都感动不了的作品,又何以感动客户?何以感动消费者?他们孤注一掷地坚持换来了那一年"大学生创新创业华中地区一等奖"、首届"互联网+大学生创新创业大赛三等奖"。

2016年,是生物化工团队高速发展的一年。团队开始思考新模式、开始接触资本、开始关注行业未来、开始幻想并且也明白了现实和意外的含义是什么。

经历了上一年的实践和思考,2017年易林林开始渐渐懂得了沉淀与冷静,懂得了什么才是重点。正是在资本市场不景气的时候投资人依然相信易林林团队,给予他们莫大的支持,才有了今日之生物化工团队。随后的5月份,生物化工团队在科院509有了独立的办公室,意味着新的开始。生物炼制团队找到了新起点、踏上了新征程。

2017年对于易林林来说无疑是重要的一年、充满期待的一年,目标在提升作品质量的合作才能共赢。以开放的心态与这个行业的各个环节合作,整合最好的资源,去中间化,才能为客户提供最好的解决方案,同时为行业建立最好的协作与服务平台。只有市场足够大,大家才能携手开拓更大的市场。

人走在沙漠里,最后常常会渴死在水源附近,因为希望已经不在。易林林时常觉得自己的团队就身处于创业的大漠里,更多时候,不是遇见补给与绿洲,而是遇见绝望与绝境。创业没有技巧和秘诀,只有脚踏实地,希望定会永不熄。心的方向就是路的方向,团队的意志就是团队永不止步的动力,"大漠孤烟直,长河落日圆",这是创业的孤独之美。每当这个时候,易林林总会忍不住朝左右两边一看,那么多兄弟姐妹正肩并肩,与她一起望着远方,大踏步向前,此生足矣。

(二)生物化工团队王司齐的创新创业之旅——从零到一,收获成长

马云说:"今天我回过来想,我看见很多游学的年轻人是晚上想想千条路,早上起来走原路。晚上出门之前说明天我将干这个事,第二天早上仍旧走自己原来的路线。如果你不去采取行动,不给自己梦想一个实践的机会,你永远没有机会。所以我稀里糊涂走上了创业之路。""给梦想一个实践的机会"这句话给正在创业路上摇摆不定的王司齐注入一针强心剂。

1.成长在路上,理想永不忘

这道题简单,你用这个公式换算出来,再把结果带入基本定律就能解出来了。

同学们在学习中遇到的难题在"学霸"的热心指导下总能迎刃而解。她就是来自湖南科技学院化学与生物工程学院生物技术专业大三的学生王司齐,专业成绩第一的她在大学期间获得过国家励志奖学金等多项荣誉。

但在她心中始终都有一个创业梦,希望将自己的专业知识与生物产业结合,利用生物技术带动创业就业,造福社会。湖南科技学院位于永州,她说永州是她的第二故乡,在她参加学院三下乡活动期间,发现永州新田县的烟农将大量烟尘丢弃田间或者将烟尘直接焚烧,造成了资源的严重浪费。在覃佐东博士的指导下,团队成员共同研究出了《一种利用烟杆生产可降解育苗盘的办法》并且获得了专利(专利号CN201510606895.8)。可降解育苗盘是用废弃烟尘生产的,具有成本低、可完全降解、减少受虫害侵袭的特点,于是她想把这个育苗盘产品先工业化生产,再将产品商业化,最后进行售卖,这没准行得通。在产生这个想法的那一刻,她的创业梦被点燃。

2.风雨共相随,拼搏永不放弃

企业家陈镇光说过:"事在人为。也就是说,办事就要找人,而且要找对人;人找得多了也不行,少了也办不成事;办不同的事找不同的人。"创业可是件大事,找对人更是关键。在老师的推荐下,王司齐联系到来自湖南科技学院各个院部的4名优秀同学,开启了创业之旅。

在指导老师的带领下,团队报名参加了"建行杯"第二届湖南省"互联网+"大学生,创新创业大赛。走出实验室,迈向赛场,是对这个新生团队前所未有的考验。他们见过长沙两三点的夜,也见过早上5点的太阳,商业计划书、答辩PPT一次又一次地制作和修改,但他们依然斗志昂扬,阔步向前。漫漫长夜,苦咖啡和凉水是他们最好的陪伴。

比赛前一天,老师点评项目说道:"王司齐,你们团队做的PPT不行啊! 简直就是原地踏步的模仿,明天早上7点前必须交一个令我满意的版本。"整个思路被推翻且时间紧迫,她感觉到前所未有的压力。但压力是躲不掉的,王司齐没有辜负老师对她和团队的期望,他们遇强则更强,迅速地安排好团队分工,然后坐在电脑前开始了紧张的修改工作。马云说过:"一个企业家要耐得住寂寞,耐得住诱惑,还要耐得住压力,耐得住冤枉,外练一层皮,内练一口气,这很重要。武林高手比的是经历了多少磨难,而不是取得过多少成功。"于是团队不断地向老师请教,针对PPT模板的美观度、内容欠缺等问题进行修改、完善。最终,在团队和老师们的共同努力下,在与国防科大、中南大学等一流高校的角逐中获得湖南省一等奖和最佳创意奖的好成绩。谈起成绩,王司齐感慨最多的不是一路夺奖的艰辛和喜悦,而是对于团队成员深深地感谢和整个团队的成长。在此之前,大概没有人曾陪着她这样不分白天黑夜地奋战,大概没有人在她面前为了一个项目细节跟她争得面红耳赤,大概她也没有像现在这样懂得互相信任的美好。她是个出生于1997年的女孩子,团队成员却总叫她老王,互相这么叫着,似乎也不怕被叫老了年纪。但是做事的时候,他们确实挺老练的。潘仁博不仅仅要做好自己的财务和营销,还要帮助其他成员修改PPT、审核讲稿;黄鹏总是离不了电脑,因为手稍一松开,就感觉哪里还没有做到最好,要再去看一遍,更别谈之前的一次次删改。讲稿总是最后才出来,所以李静要在别的成员稍稍松口气的时候抓紧熟悉PPT和讲稿,她喜欢把自己一个人关在房间里疯狂地记忆。大家都握着一个信念——同时间和体力、精力做着艰苦而又坚定的斗争。风雨共相随，才是对这个团队最好的形容。

3.目标牢记心间，梦想永不止步

王司齐很喜欢一句诗，"栽得梧桐树，自有凤凰来"，意思是要不断完善自身，才会吸引更好的事物。而当他们习得一身本领的时候，却又有了对于自己所学不能所用的迷惘和质疑。身边的同学们起早贪黑地作着研究论文，写着实验报告，能看到的只是一个个数据，一个个结论，学到的东西好像只有在实验室里才有意义。然而这并不是王司齐想要的，于是她将烟杆生物质转化技术应用到农业上。当她成功解决了烟农的烟尘处理问题以后，才真正感受到了科学技术的力量，才真正领悟到自己作为一名生物化工专业学生的作用。于是她带动身边的同学，用心地投入现实生活问题的研究当中：有致力于提高油茶亩产的，有研究生物结构预防病虫害的，也有研究将保水保肥技术融入育苗盘增加土地肥力的，等等。压在同学们求学为民的梦之芽上面的大石头已经被搬开，他们全都积极地投入研究之中。其实很多时候，他们并不是没有能力，也不是没有机会，缺的只是向前迈出一步的勇气而已，当有一个人率先打破了那个固步自封的魔咒，每个人都会是创新的生力军。王司齐正是那个第一个吃螃蟹的人，追逐着自己内心的创业梦，不论前路有多少艰难险阻，她都坚定不移地前进着。途中，她身边的队伍在不知不觉地壮大着，从最先的团队伙伴，到班级同学，再到整个学院都掀起的一股创新创业的浪潮。有梦的地方就有希望，相信他们一定会在"大众创业，万众创新"的路上越走越远，直到实现他们自己的梦想！

（三）生物化工团队陈海峰创新创业之旅——在实践中蜕变，在坚守中成长

经常提醒自己，再忙也要回眸一下走过的脚印，一年365天，8760小时，525600分钟，31536000秒，每一秒都在变化，在这个时间轴上，有很多美好的故事、很多触人心弦的情节，而他加入生物化工这个团队，绝对是这个轴上最重要的一笔。

2014年9月，陈海峰来到湖南科技学院求学，在这里他遇到了人生的第一位真正意义上的导师——覃佐东博士。陈海峰第一眼见到覃佐东，就被覃佐东独有的气质与魅力深深地吸引了，他甚至觉得眼前的这位老师不像是一位老师，反而像是朋友，又或者更像是亲人，当覃佐东得知他的母亲在常德卷烟厂工作后，立马就对陈海峰说："正好我最近在研究烟尘生物质的开发利用，这个烟尘就是你们做烟的烟叶收割后剩下的秕子，你对这个有兴趣吗？愿意加入我们吗?""我愿意。"当时他毫不犹豫地说。

自幼成长在农村,纯朴的农村生活给陈海峰留下了深刻的印象。那片热土让陈海峰学会了独立和坚强,现在这样机缘巧合地加入了生物化工团队,在烟尘的这片海洋里陈海峰清楚地找到了自身的定位与方向,在大学四年里从一而终。

初入化工团队,一切都是从零开始,老师们交代的任务,只能依靠自己去摸索,去向团队的学长学姐们请教。通过不断地学习与实验研究,陈海峰发现烟尘真的是一种很好的生物质,宽而扁的木质化纤维,有较好的韧性,含碳量之高足以将其加以利用来取代木材。这不仅将产生巨大的经济效益,而且还具有较大的社会效益与环境效益。陈海峰还记得自己大一的那个暑假,与老师一起去永州新田调研烟的种植与烟尘的处理情况。远远地就看到一股滚滚黑烟直冲云霄,就好似一场激战刚结束后的硝烟,现场一片狼藉,那场面至今仍让陈海峰印象深刻。走近才知道,那是烟农们在处理废弃的烟尘,通过询问得知,烟杆不是被焚烧就是被丢弃在田间地头,没承想陈海峰眼中的宝贝就被如此"糟践",这让陈海峰对烟尘开发研究的想法更加坚定。

通过团队的努力,他们根据烟尘的特性(含有天然杀虫剂——烟碱)将其开发成育苗盘、花盆等产品,将其榨干用尽,并于2015年9月成功申请了发明专利。当陈海峰第一次看到用烟尘加工制作出来的育苗盘和花盆时,他知道这就是他们想法的结晶,他们的努力没有白费。可这样的产品到底有没有实际应用价值呢?与市场上的同类产品相比又有何优势呢?问题接踵而至。于是他们在学校找了一块空旷的土地,用烟杆育苗盘培育起了藏红花,一天、两天……半个月过去了,和陈海峰预期的一样,育苗盘已降解了一半。一个月后,育苗盘完全降解,藏红花也长势甚好。当他们对用了育苗盘和没用育苗盘的藏红花成活数进行统计后发现,用了育苗盘的成活率比没有用的足足高了80%。

技术和产品都有了,生物化工团队开始着手于成果转化和技术落地,用生物技术服务"三农"、服务社会。为了让更多的人深入了解他们的技术与产品,他们下乡进行产品宣讲,与永州烟科所洽谈合作,参加首届"互联网+"大学生创新创业大赛。可谓是"以赛促学",虽然在这次比赛中并未能很好地将他们的想法展示出来,但让他们学会了如何撰写一份优秀的创业计划书,学会了如何挖掘创业计划书中的亮点,学会了如何将自己的想法更好地展示给世人。

就这样,陈海峰在老师的指导和学长学姐们的带领下不断成长,完成了从一个在团队中打酱油的角色到能带领团队参加国赛的蜕变。2016年,在覃佐东的指导下,陈海峰带领团队参加了2016"创青春"大学生创新创业大赛,有了前面的基础,他们准备起来更加得心应手,团队成员心手相连,同舟共济,多少次走村访户进行调研,多少个彻夜长谈准备材料？最终在省级舞台上斩获金奖,并作为湖南省唯一公益项目角逐全国总决赛。生物化工团队的项目还得到全国总决赛中一位评委的青睐,要与其洽谈合作。一路的艰辛终于得到了肯定,没有什么比这来得更值。

2017即将过去一半,几多欢喜几多愁,摒弃烦心往事,珍藏宝贵的经历,不管过去发挥得怎么样,但是生物化工团队的友谊将会天长地久,他们用最纯洁、最善良的行径为自己以及周围的人创造美好的生活。人要有远大的目标和崇高的理想信念,希望创业之梦从生物化工团队起步,事业也可以在这里起步并且更上一层楼,不断提高自己的专业素养和综合能力,用最好的自己、最热情的自己和生物化工团队一起成长。因为适合自己的东西就是最好的,适合社会的东西就是有益的。陈海峰深知自己可能做不到最好,但他们将竭尽全力做到更好。

(四)生物化工团队长创新创业之旅——一分耕耘,一分收获

张星始终相信上天是公平的,在你失去一样东西时,必会在未来的某一天得到同等的回报。第一次高考的失败,曾一度让张星跌入人生的谷底,复读之后的她被湖南科技学院录取,于是张星遇到了覃佐东——张星人生的良师益友。风起于青萍之末,浪成于微澜之间。在国家"大众创业,万众创新"的新浪潮下覃佐东诚邀张星加入生物化工团队,自此走上创业的这条道路。

1.2015年湖南省"创青春"大赛

经调查,湖南种植的烟杆农户较多,烟尘的原始焚烧处理随处可见。那么,在当今推崇环保为主的观念下,在湖南省对建设"资源节约型、环境友好型"两型社会的策略下,张星一直在思考,他们到底要该如何处理这类废弃生物质呢？如何将其转化为高附加值的产品呢？眼光让他们选对方向,坚持让他们走向成功。生物化工团队将目光投向烟尘,通过生物转化利用途径,利用烟杆生物质生产系列高附加值的绿色创新产品,如环保育苗盘、可降解花盆、活性炭等,从而达到烟尘农林生物质高附加值利用,对建设湖南省"资源节约型、环境友好型"两型社会具有重要的科学价值与社会意义。每项产品的研发都离不开技术的支持,富有竞争价值的核心技术是创业成功的一大关键。在整个技术的研发、创新、专利申请、产品试验等过程中,他们坚持了下来,从而让他们有了取得更大成就的机会。

当然,所有的创业灵感都是在一定的机缘下产生的,对于张星来说也是一样。在无数次科研探讨中,在老师激情澎湃的解说中,一个创业灵感产生了,他们找到了方向—生物质高效炼制。在老师的引领下,一群有创业梦的大学生犹如一盘散沙凝聚到了一起,团队于2014年成立,成立初期,他们并没有感受到凝聚的力量,因为大家什么都不懂,彼此不了解,只知道每天学习模仿,那时的他们只想达到老师的要求。

经过团队一年的磨合,在2015年的"双创"时代潮流下,他们接受了创业这一挑战,2015年是推进创新创业的发力之年,团队每个人共同发力,参与了"湖南省大学生创新创业大赛";创业不仅是创造社会财富,更是一种精神追求和人生阅历,是一个不断克服困难、挑战自我、实现价值的过程。从这个意义上讲,创业本身就是一种宝贵的财富,无论是否取得商业上的成功,都能让张星在精神上得到磨炼和提升,全面提高自我认知水平、发展能力和意志品质、核心竞争力。

课余时间张星和小伙伴们一起探讨,许多个夜晚他们负重前行,她最喜欢的还是晚上11点钟回宿舍的那条路,人美、景美、心情美。怀揣着老师和同学的期望,她和团队第一次踏上省赛的征途,紧张的两天在他们的布展答辩中度过,最后获得了湖南省"金奖",成功晋级全国赛,在整个过程中他们又解决了很多项目问题,同时也发现了很多需完善的问题。

2.2016年全国"创青春"大赛

进入决赛,张星变得更忙了,在2016年的暑假,由校长曾宝成教授带队参加永州市新田县公益实践,进行了产品宣讲与试用,烟尘相关知识普及等活动,村民反映的问题及时得到处理,为他们的项目进行了更完善的修正。

如何进行视频剪辑?如何让展板设计得更美观简洁?诸如此类的问题让前期准备工作很繁重,但每个人都在坚持,坚持做到更好更完美。决赛前一个星期,张星随团队奔赴了成都。在那一个星期里,他们和往常一样与老师们一遍又一遍地修改着答辩稿,一遍又一遍地排练,他们每天都必须吃金嗓子,每天都感觉睡眠不足。创业是一群人的狂欢,让彼此的思想肆无忌惮地碰撞,而激情则是每个创业者应有的姿态,他们高昂的斗志,让他们走过了决赛,最后以"银奖"完成了这场比赛。为了得到更多人的肯定,团队永远保持创新的态度,不断参加更多的比赛,不断增加自身的含金量,努力向前,从未停止。

四、生物化工团队的创新创业梦想

梦想还是要有的,万一实现了呢? 全国大力倡导"大众创业,万众创新"的历史机遇下,生物化工团队秉承"精诚合作,求实创新"的精神,着力围绕"生物质的高效炼制与生物的生化制造"开展研究,并将研究成果对接地方产业发展,力争"把论文写在大地上",真正地为地方产业发展作出应有的贡献,实现新时代学子们"科技兴国"的梦想。

五、案例分析——以"大学里走出的青年创客"为例

来自河南偏远农村的王世超2011年考入广东海洋大学航海学院。同年考入海大"双百工程"创新实验班并任班长,学校广播站记者,并在海大第一饭堂申请勤工助学。2012年被评为"校优秀学生干部""三等奖学金"等荣誉。2013年担任轮机工程专业的班主任助理。大学里,他就表现出了卓越的创业才能。当时国家刚刚提出大众创业、万众创新的口号,而他也不想死读书,就想着找点事情做。王世超在大学的创业经历可谓丰富多彩,做过暑假工、订票网站、旅游代理,虽然只是小打小闹,但从中收获了不少的经验,这为以后的创业打下了坚实的基础。

2014年在学校领导的大力支持下,广东海洋大学创业协会成立,王世超当选为首任会长。在一群热血青年的推动下,协会以飞一般的速度发展。在创业协会工作的这段时间,成为王世超人生中重要的发展节点。通过协会的各种活动,他得到了政府和许多企业家的关注,积累了丰厚的人脉,这其中很多人成为他创业路上的导师。更为重要的是,王世超完成了从一个大学生向社会人转变的过程,他开始用更加成熟的思维来看待问题。

2015年大四上学期正式成立湛江超体企业策划公司,并成功走出来落地在湛江高新区科技创业孵化基地。当年入选广东省团省委组织的"青年创新创业100人领袖计划"。2016年担任湛江市电子商务商会副秘书长,并评选为湛江市优秀创客、湛江市哲学政治经济学学会常务理事。2017年成立广东青创网络科技公司,落户在赤坎海田的湛江市科技企业孵化器,主做政务新媒体服务和在线上线下营销湛江农特产品的苏宁易购·湛江馆,并评选为湛江市优秀创业导师。2018年创立湛江海稻红管理公司,从事广东海洋大学科研成果海水稻新品种海红香米产业化的运营,并融入精准扶贫和乡村振兴的国家政策,年产值

超千万,带动40人创业就业。创业公司的营业额也从几千元到几万元、到几十万元,在到几百万元、一直到今年公司做到千万元,可能明年会做到上亿的产值。在创业的路途中,参加创新创业比赛给与他们团队更多机会。2014年大三时参加了广东挑战杯大学生创业大赛,并拿到广东省银奖。2015年参加湛江人社局举办的首届湛江创新创业大赛,获得企业组二等奖。2017年12月,获得广东人社厅举办的粤西创新创业大赛一等奖,2018年,又接连获得了广东众创杯创业大赛二等奖、广东创青春青年创业大赛二等奖,广东领头雁创业大赛一等奖。今年10月份,代表广东参加第五届中国青年创新创业大赛,获得全国银奖,并被评选为中国最具品牌影响力创业项目。可以说是创业大赛启迪了他的思路,开拓了他的视野,并让他对项目有一个更全面深刻的认识。

俗语说"男怕入错行、女怕嫁错郎",青年人在选择创业项目时,更应选择促进社会进步、为人类创造价值的项目,展示当代青年人有理想、有抱负、有担当的新形象。从事海水稻海红香米项目以前,他一直在做互联网、电商行业相关的创业项目,2017年9月,在参加湛江双创周时,看到了广东海洋大学的展区有海水稻海红香米,因为他本身也是海大毕业的,觉得海水稻这个产品非常有意义,于是回到海大找到了研发海红香米的方良俊教授、周鸿凯教授和投资该项目的李杰师兄,当向两位教授和师兄深入了解海水稻海红香米项目之后,他内心十分感动。二十余年的坚守,将海边的盐碱地变为良田,改善生态,提升粮食产量,同时保留海红香米极高的营养价值。他在网上查了资料后得知,湛江有50万亩的盐碱地,广东有500万亩的盐碱地,而整个中国又有一亿多亩的盐碱地,如果海水稻能在这样的盐碱地里种出来,这将为中国的粮食安全做出巨大贡献,这确实是一个利国利民的好项目。而且稻米又是中国老百姓的主食,每天都要吃,如果得到大家的认可,那消费量将会是不可估量,也蕴含着极大的商业价值。当即他向教授和投资人沟通,他想要带团队做这块的项目推广,将这么好的产品推广到千家万户。这样他和教授和投资人也是一拍即合,大家共同努力推广海水稻海红香米。

接手项目之后,他就一直在想,如何将这么优秀的产品结合"互联网+""大学生创业""现代农业"等热门话题,用新的商业模式来助推成果转化。项目开始要做,人才是个大问题。为了解决人才难题,他把身边的人想了一遍,既要有事业心,吃的了创业的苦,又要有营销的专业技能,秉承着三项原则,他列出来了名单,一个个去拜访。当然这其中,也遇到了很多不认可这个项目的人。当时对他打击还是挺大的。不过他总觉得如果大家都觉得是好项目的话,可能就轮不到他来做这个事情了。苦心人、天不负,用了一个多月的时间,他基本找到了志同道合,认同海水稻项目的创始营销团队。2017年12月,在湛江市人民政府、广东海洋大学、大参林医药集团等单位的共同支持下,他们团队在2017中国海洋经济博览会上策划了海水稻海红香米的新闻发布会,向外界传递他们海红香米产学研一体化正式启动。更为可喜的是,在他们团队的积极努力下,广东海洋大学在2019年5月份成功举办了首届中国海水稻论坛,并在论坛后的6月,广东海洋大学成功聘任了杂交水稻之父-袁隆平院士作为海水稻团队的首席专家,同时和湖南杂交水稻中心签署了战略合作协议。

在营销上,他们定位"线上+线下+会员"的新零售模式,在线上他们逐步对接了苏宁、天猫、淘宝、京东等大型电商平台,湖南电视台、山东电视台、广东电视台等多家卫视购物频道,同时也对接了每日一淘、点筹网、一亩田等专业的垂直农产品电商平台。确保可以让全国人民快速的买到他们的产品。在今年的双十一,他们产品在电商上一天销量突破了50万。在线下,他们和上市公司大参林集团合作,运用他们全国近4000家门店的优势资源,全部上架他们的产品。他们以湛江为大本营,开设实体店,并相继在各大活动中宣传推广,同时赞助他们的产品作为礼品。以珠三角和长三角地区为重点消费市场,开拓城市经销商。会员方面,他们和广东知青会、湛江知青联谊会等重点人群组织合作,以高品质的产品赢得了他们的信赖。

产品方面,他们一直在努力不懈的以海红香米为原料,积极研发海红香米的衍生产品,满足更多消费者的需求。目前已开发出海红香米米粉、海红香米米糊、海红香米米饼、海红香米米茶、海红香米米酒等新产品,受到了广大消费者的一致喜爱。

在大学生创业方面,因为海红香米是高校产学研的项目,他们又是一个极具创新创业精神的大学生创业团队,在广东海洋大学和湛江市的支持下,参加了全国一系列的创新创业大赛,并拿到了非常优秀的成绩。在比赛中,很多领导、评委和观众了解了他们的项目,并成为他们项目的忠实粉丝。他们曾获得以下荣誉。

2017年12月,荣获广东省粤西创业创业大赛一等奖。

2018年5月,荣获广东"挑战杯"大学生创新创业大赛银奖。

2018年6月,荣获湛江市机关技能大赛一等奖。

2018年6月,荣获湛江市"创客中国"创新创业大赛二等奖。

2018年9月,荣获广东省"创青春"青年创新创业大赛二等奖。

2018年9月,荣获广东省"互联网+"大学生创新创业大赛铜奖。

2018年9月,荣获广东省"中国创翼"创业创新大赛优胜奖。

2018年9月,荣获广东"众创杯"创新创业大赛二等奖。

2018年9月,荣获茂名市"税务杯"创新创业大赛二等奖。

2018年9月,荣获广东省"乡村振兴"贡献奖。

2018年9月,荣获广东"领头雁杯"创业大赛一等奖。

2018年10月,荣获第五届中国青年创新创业大赛银奖。

2018年10月,荣获第五届中国青年创新创业大赛"最具品牌影响力"项目。

2018年10月,荣获第六届广东省直单位机关技能大赛第二名。

2018年12月,荣获2018中国青年餐饮业创新创业大赛第二名。

2020年11月,荣获第六届中国国际"互联网+"大学生创新创业大赛青年红色筑梦之旅赛道全国金奖。

在参加众多的比赛中,不得不提今年10月份参加在苏州举办的2018年中国青年创新创业大赛,本次大赛他们代表广东省成功拿到了全国银奖。在这个系列的国家级比赛中,他们首先是代表湛江市参加广东省青年创新创业大赛,并拿到了省里的二等奖,并经由广东省推荐到团中央参过国赛。接到可以参加国赛的消息,他们整个企业都很振奋。终于可以有机会到全国的舞台上展示介绍他们广东海洋大学二十多年的科研成果,这一直是他们的心愿。为了此次比赛,他们做了许多精心的准备。当他把这一消息告诉他们的方良俊教授和周鸿凯教授时,两位老教授甚至比他都更开心。他问两位教授是否可以和他一起到苏州参加国赛,两位教授都很乐意,二十多年的心血,终于可以在国家级的舞台上展示。但由于周教授还有学生要辅导上课,并有科研项目在做,只能遗憾的错过国赛。他和方教授便一起踏上了去苏州的征途。因为他们是10月9号晚上的飞机先飞上海,10号早上在坐高铁到苏州,八号的下午他突然接到市领导的通知,9号晚上湛江要开2018年的双创周启动仪式,希望他可以到场做创业代表发言。他看了一下飞机票的时间是晚上九点半,开幕式发言的时间是晚上八点,能不能赶得上呢,做了一番思想斗争,他觉得可以赌一把,因为这次的发言地点是在海大,对于项目和他个人来说意义都很大,他不想错过任何一个机会。好在所有的事情都一切顺利,发言后急忙赶往湛江机场,顺利赶上去上海的航班。在比赛的几天里,方教授和他每天大概只能睡四个多小时,从初赛、复赛到决赛,每一场比赛都很关键,每天都是高度紧张的气氛,而每一场赛事都觉得非常温暖。决赛的前一天晚上,方良俊教授和他为准备决赛的汇报内容一直忙到凌晨两点。10月份苏州的天气到凌晨是很冷的,他一边裹紧他的衣服,一边修改路演PPT,越修改发现越有精神。到了凌晨两点,竟然一点也不觉得困,反而更精神了,不知道是专注的精神还是被冻得精神了。最感动的是方教授已经60多岁了,还一直陪他到深夜。方教授从1996年着手海水稻的研究开发,一生致力于为广东盐碱地改良寻找耐盐水稻品种,学识和品德都非常令人敬佩。比赛的搭档方教授和在苏州的海大蔡祥良师弟,和他一起度过这五天惊心动魄的日子,而师弟还意外成为了他们产品在苏州的代理商。全国银奖对于他们又是一个全新的起点。

他们的项目获奖后很快得到了多家媒体的关注。新华网、中央人民广播电台、中央电视台、广东电视台、南方日报、湛江电视台、湛江日报、腾讯网、新浪网、网易网等主流媒体都邀约他们进行采访。PP视频《寻味中国》栏目组还专程赶到湛江为他们拍摄了一集专题片,播放点击量超千万。在2018广东农博会和中国海博会上,广东省省委领导接连两次莅临他们展区来了解他们的海水稻产品。2019年在郑州举办的中国粮食博览会上,国家粮食和物质储备局领导亲临展位,表示大力支持海水稻作为国家粮食安全的一部分。湛江市委、茂名市委等领导都仔细了解和关注他们的项目。

他说从小就有个梦想:希望因为团队的努力,可以让整个社会变得更加美好。非常幸运遇到海水稻海红香米的项目,让他们团队可以全力以赴去实现梦想。通过一直的努力,让梦想更加接近现实。或许就如马云所说,"梦想还是要有的,万一实现了呢"。展望未来,他们对海水稻海红香米项目充满信心,再接再厉,将海水稻海红香米项目做大做强,成为展示湛江海洋农业发展的新名片,为国家盐碱地改良、精准扶贫、乡村振兴做出他们的贡献。

（资料来源：创业者自述）

参考文献

[1]敖永春,张振卿. 高校思想政治教育与创新创业教育的融合[J].中共山西省委党校学报,2019(4):112-116.

[2]鲍威,陈得春,岳昌君.青年就业扶持政策的国际比较——对后疫情时代中国高校毕业生就业政策的启示[J].教育发展研究,2020(23):66-76.

[3]陈池.对"大众创业、万众创新"环境下高校创业教育热的思考[J].教育探索,2015(10):91-94.

[4]陈刚.大学生就业创业指导[M].北京:北京理工大学出版社,2017.

[5]陈士玉,马晓明,周佳峰.大学生就业指导[M].上海:上海交通大学出版社,2010.

[6]董保利.大学生就业指导[M].北京:航空工业出版社,2018.

[7]段敏.高校毕业生就业行为影响因素与决策机制研究[D].北京交通大学,2016.

[8]高健,南亚娟,倪慧玲.大学生就业指导与创业教育[M].天津:天津科学技术出版社,2018.

[9]国务院办公厅.关于深化高等学校创新创业教育改革的实施意见[Z].2015-05-04.

[10]郝文静,宋之霞.大学生就业指导[M].北京:科学技术文献出版社,2015.

[11]黄赤兵.大学生就业指导[M].厦门:厦门大学出版社,2012.

[12]黄明霞,余仕良,康瀚月.大学生就业指导与创业咨询[M].北京:中国纺织出版社,2018.

[13]惠太望,薛峰,姚颖超.大学生就业指导[M].北京:北京航空航天大学出版社,2011.

[14]吉小燕,刘爱军.大学生创业意愿的影响因素研究[J].高教探索,2016(9):113-120.

[15]贾强,包有或,李毅,高雅静,王立杰.大学生就业创业指导[M].北京:中国医药科技出版社,2017.

[16]贾杏.大学生就业指导[M].北京:北京交通大学出版社,2017.

[17]焦留成.大学生就业指导[M].开封:河南大学出版社,2017.

[18]李建宁,邢敏.大学生就业指导[M].北京:北京理工大学出版社,2017.

[19]李涛.论大学生职业发展与就业指导服务体系建设[J].教育与职业,2019(12):54-57.

[20]刘志,邹云龙.大学生非理性就业决策问题的分析与应对[J].思想教育研究,2017(09):113-117.

[21]罗莹.当代大学生就业能力与就业质量的关系研究[J].中国青年研究,2014(09):85-88+92.

[22]毛灵苑.地方本科高校毕业生就业质量问题研究[D].广州:华南理工大学,2020.

[23]梅伟惠,孟莹.中国高校创新创业教育:政府、高校和社会的角色定位与行动策略[J].高等教育研究,2016,37(8):9-15.

[24]孙莉玲.大学生就业法律问题指导[M].南京:东南大学出版社,2018.

[25]唐瑶."新常态"下对我国大学生就业的审视及思考[J].黑龙江高教研究,2019(3):61-64.

[26]王炼.大学生就业指导[M].北京:北京理工大学出版社,2018.

[27]王倩.大学生就业能力及其培养研究[D].武汉:武汉理工大学,2015.

[28]王元福.大学生就业创业教育[M].北京:北京理工大学出版社,2020.

[29]王占仁,吴晓庆.创新创业教育对大学生思想政治教育的重要贡献论析

[J]. 思想教育研究,2016(8):33-37

[30]王占仁.创新创业教育的核心要义与周边关系论析[J].国家教育行政学院学报,2018(01):21-26.

[31]魏彦吉.三全育人"理念下的大学生就业[J].人民论坛,2020(15):204-205.

[32]文雅,赵佳雯.基于生涯建构理论的大学生就业能力探究[J].学校党建与思想教育,2021(10):79-80+83.

[33]谢学.以创新创业能力为核心的高校就业指导模式探析[J].教育与职业,2017(12):71-73.

[34]岳昌君,夏洁,邱文琪.2019年全国高校毕业生就业状况实证研究[J].华东师范大学学报(教育科学版),2020(4):1-17.

[35]赵明.我国大学生就业质量提升的对策研究[J].江苏高教,2019(10):67-72.

[36]钟云华,吴立保,夏姣.大学生创业意愿的影响因素及其激发对策分析[J].高教探索,2016(2):86-90.

[37]邹春霞.创新创业能力培养视角下大学生就业指导探析[J].教育与职业,2018(14):84-87.

附录

附录一：国务院关于推动创新创业高质量发展打造"双创"升级版的意见

国发〔2018〕32号

各省、自治区、直辖市人民政府,国务院各部委、各直属机构:

创新是引领发展的第一动力,是建设现代化经济体系的战略支撑。近年来,大众创业万众创新持续向更大范围、更高层次和更深程度推进,创新创业与经济社会发展深度融合,对推动新旧动能转换和经济结构升级、扩大就业和改善民生、实现机会公平和社会纵向流动发挥了重要作用,为促进经济增长提供了有力支撑。当前,我国经济已由高速增长阶段转向高质量发展阶段,对推动大众创业万众创新提出了新的更高要求。为深入实施创新驱动发展战略,进一步激发市场活力和社会创造力,现就推动创新创业高质量发展、打造"双创"升级版提出以下意见。

一、总体要求

推进大众创业万众创新是深入实施创新驱动发展战略的重要支撑、深入推进供给侧结构性改革的重要途径。随着大众创业万众创新蓬勃发展,创新创业环境持续改善,创新创业主体日益多元,各类支撑平台不断丰富,创新创业社会氛围更加浓厚,创新创业理念日益深入人心,取得显著成效。但同时,还存在创新创业生态不够完善、科技成果转化机制尚不健全、大中小企业融通发展还不充分、创新创业国际合作不够深入以及部分政策落实不到位等问题。打造"双创"升级版,推动创新创业高质量发展,有利于进一步增强创业带动就业能力,有利于提升科技创新和产业发展活力,有利于创造优质供给和扩大有效需求,对增强经济发展内生动力具有重要意义。

（一）指导思想

以习近平新时代中国特色社会主义思想为指导,全面贯彻党的十九大和十九届二中、三中全会精神,坚持新发展理念,坚持以供给侧结构性改革为主线,按照高质量发展要求,深入实施创新驱动发展战略,通过打造"双创"升级版,进一步优化创新创业环境,大幅降低创新创业成本,提升创业带动就业能力,增强科技创新引领作用,提升支持平台服务能力,推动形成线上线下结合、产学研用协同、大中小企业融合的创新创业格局,为加快培育发展新动能、实现更充分就业和经济高质量发展提供坚实保障。

（二）主要目标

——创新创业服务全面升级。创新创业资源共享平台更加完善,市场化、专业化众创空间功能不断拓展,创新创业服务平台能力显著提升,创业投资持续增长并更加关注早中期科技型企业,新兴创新创业服务业态日趋成熟。

——创业带动就业能力明显提升。培育更多充满活力、持续稳定经营的市场主体,直接创造更多就业岗位,带动关联产业就业岗位增加,促进就业机会公平和社会纵向流动,实现创新、创业、就业的良性循环。

——科技成果转化应用能力显著增强。科技型创业加快发展,产学研用更加协同,科技创新与传统产业转型升级结合更加紧密,形成多层次科技创新和产业发展主体,支撑战略性新兴产业加快发展。

——高质量创新创业集聚区不断涌现。"双创"示范基地建设扎实推进,一批可复制的制度性成果加快推广。有效发挥国家级新区、国家自主创新示范区等各类功能区优势,打造一批创新创业新高地。

——大中小企业创新创业价值链有机融合。一批高端科技人才、优秀企业家、专业投资人成为创新创业主力军,大企业、科研院所、中小企业之间创新资源要素自由畅通流动,内部外部、线上线下、大中小企业融通发展水平不断提升。

——国际国内创新创业资源深度融汇。拓展创新创业国际交流合作,深度融入全球创新创业浪潮,推动形成一批国际化创新创业集聚地,将"双创"打造成为我国与包括"一带一路"相关国家在内的世界各国合作的亮丽名片。

二、着力促进创新创业环境升级

(三)简政放权释放创新创业活力

进一步提升企业开办便利度,全面推进企业简易注销登记改革。积极推广"区域评估",由政府组织力量对一定区域内地质灾害、水土保持等进行统一评估。推进审查事项、办事流程、数据交换等标准化建设,稳步推动公共数据资源开放,加快推进政务数据资源、社会数据资源、互联网数据资源建设。清理废除妨碍统一市场和公平竞争的规定和做法,加快发布全国统一的市场准入负面清单,建立清单动态调整机制。(市场监管总局、自然资源部、水利部、发展改革委等按职责分工负责)

(四)放管结合营造公平市场环境

加强社会信用体系建设,构建信用承诺、信息公示、信用分级分类、信用联合奖惩等全流程信用监管机制。修订生物制造、新材料等领域审查参考标准,激发高技术领域创新活力。引导和规范共享经济良性健康发展,推动共享经济平台企业切实履行主体责任。建立完善对"互联网+教育""互联网+医疗"等新业态新模式的高效监管机制,严守安全质量和社会稳定底线。(发展改革委、市场监管总局、工业和信息化部、教育部、卫生健康委等按职责分工负责)

(五)优化服务便利创新创业

加快建立全国一体化政务服务平台,建立完善国家数据共享交换平台体系,推行数据共享责任清单制度,推动数据共享应用典型案例经验复制推广。在市县一级建立农村创新创业信息服务窗口。完善适应新就业形态的用工和社会保险制度,加快建设"网上社保"。积极落实产业用地政策,深入推进城镇低效用地再开发,健全建设用地"增存挂钩"机制,优化用地结构,盘活存量、闲置土地用于创新创业。(国务院办公厅、发展改革委、市场监管总局、农业农村部、人力资源社会保障部、自然资源部等按职责分工负责)

三、加快推动创新创业发展动力升级

(六)加大财税政策支持力度

聚焦减税降费,研究适当降低社保费率,确保总体上不增加企业负担,激发市场活力。将企业研发费用加计扣除比例提高到75%的政策由科技型中小企业扩大至所有企业。对个人在二级市场买卖新三板股票比照上市公司股票,对差价收入免征个人所得税。将国家级科技企业孵化器和大学科技园享受的免

征房产税、增值税等优惠政策范围扩大至省级,符合条件的众创空间也可享受。(财政部、税务总局等按职责分工负责)

(七)完善创新创业产品和服务政府采购等政策措施

完善支持创新和中小企业的政府采购政策。发挥采购政策功能,加大对重大创新产品和服务、核心关键技术的采购力度,扩大首购、订购等非招标方式的应用。(发展改革委、财政部、工业和信息化部、科技部等和各地方人民政府按职责分工负责)

(八)加快推进首台(套)重大技术装备示范应用

充分发挥市场机制作用,推动重大技术装备研发创新、检测评定、示范应用体系建设。编制重大技术装备创新目录、众创研发指引,制定首台(套)评定办法。依托大型科技企业集团、重点研发机构,设立重大技术装备创新研究院。建立首台(套)示范应用基地和示范应用联盟。加快军民两用技术产品发展和推广应用。发挥众创、众筹、众包和虚拟创新创业社区等多种创新创业模式的作用,引导中小企业等创新主体参与重大技术装备研发,加强众创成果与市场有效对接。(发展改革委、科技部、工业和信息化部、财政部、国资委、卫生健康委、市场监管总局、能源局等按职责分工负责)

(九)建立完善知识产权管理服务体系

建立完善知识产权评估和风险控制体系,鼓励金融机构探索开展知识产权质押融资。完善知识产权运营公共服务平台,逐步建立全国统一的知识产权交易市场。鼓励和支持创新主体加强关键前沿技术知识产权创造,形成一批战略性高价值专利组合。聚焦重点领域和关键环节开展知识产权"雷霆"专项行动,进行集中检查、集中整治,全面加强知识产权执法维权工作力度。积极运用在线识别、实时监测、源头追溯等"互联网+"技术强化知识产权保护。(知识产权局、财政部、银保监会、人民银行等按职责分工负责)

四、持续推进创业带动就业能力升级

(十)鼓励和支持科研人员积极投身科技创业

对科教类事业单位实施差异化分类指导,出台鼓励和支持科研人员离岗创业实施细则,完善创新型岗位管理实施细则。健全科研人员评价机制,将科研人员在科技成果转化过程中取得的成绩和参与创业项目的情况作为职称评审、岗位竞聘、绩效考核、收入分配、续签合同等的重要依据。建立完善科研人员校

企、院企共建双聘机制。(科技部、教育部、人力资源社会保障部等按职责分工负责)

(十一)强化大学生创新创业教育培训

在全国高校推广创业导师制,把创新创业教育和实践课程纳入高校必修课体系,允许大学生用创业成果申请学位论文答辩。支持高校、职业院校(含技工院校)深化产教融合,引入企业开展生产性实习实训。(教育部、人力资源社会保障部、共青团中央等按职责分工负责)

(十二)健全农民工返乡创业服务体系

深入推进农民工返乡创业试点工作,推出一批农民工返乡创业示范县和农村创新创业典型县。进一步发挥创业担保贷款政策的作用,鼓励金融机构按照市场化、商业可持续原则对农村"双创"园区(基地)和公共服务平台等提供金融服务。安排一定比例年度土地利用计划,专项支持农村新产业新业态和产业融合发展。(人力资源社会保障部、农业农村部、发展改革委、人民银行、银保监会、财政部、自然资源部、共青团中央等按职责分工负责)

(十三)完善退役军人自主创业支持政策和服务体系

加大退役军人培训力度,依托院校、职业培训机构、创业培训中心等机构,开展创业意识教育、创业素质培养、创业项目指导、开业指导、企业经营管理等培训。大力扶持退役军人就业创业,落实好现有税收优惠政策,根据个体特点引导退役军人向科技服务业等新业态转移。推动退役军人创业平台不断完善,支持退役军人参加创新创业大会和比赛。(退役军人部、教育部、人力资源社会保障部、税务总局、财政部等按职责分工负责)

(十四)提升归国和外籍人才创新创业便利化水平

深入实施留学人员回国创新创业启动支持计划,遴选资助一批高层次人才回国创新创业项目。健全留学回国人才和外籍高层次人才服务机制,在签证、出入境、社会保险、知识产权保护、落户、永久居留、子女入学等方面进一步加大支持力度。(人力资源社会保障部、外交部、公安部、移民局、知识产权局等和各地方人民政府按职责分工负责)

(十五)推动更多群体投身创新创业

深入推进创新创业巾帼行动,鼓励支持更多女性投身创新创业实践。制定完善香港、澳门居民在内地发展便利性政策措施,鼓励支持港澳青年在内地创新创业。扩大两岸经济文化交流合作,为台湾同胞在大陆创新创业提供便利。积极引导侨资侨智参与创新创业,支持建设华侨华人创新创业基地和华侨大数据中心。探索国际柔性引才机制,持续推进海外人才离岸创新创业基地建设。启动少数民族地区创新创业专项行动,支持西藏、新疆等地区创新创业加快发展。推行终身职业技能培训制度,将有创业意愿和培训需求的劳动者全部纳入培训范围。(全国妇联、港澳办、台办、侨办、人力资源社会保障部、中国科协、发展改革委、国家民委等按职责分工负责)

五、深入推动科技创新支撑能力升级

(十六)增强创新型企业引领带动作用

在重点领域和关键环节加快建设一批国家产业创新中心、国家技术创新中心等创新平台,充分发挥创新平台资源集聚优势。建设由大中型科技企业牵头,中小企业、科技社团、高校院所等共同参与的科技联合体。加大对"专精特新"中小企业的支持力度,鼓励中小企业参与产业关键共性技术研究开发,持续提升企业创新能力,培育一批具有创新能力的制造业单项冠军企业,壮大制造业创新集群。健全企业家参与涉企创新创业政策制定机制。(发展改革委、科技部、中国科协、工业和信息化部等按职责分工负责)

(十七)推动高校科研院所创新创业深度融合

健全科技资源开放共享机制,鼓励科研人员面向企业开展技术开发、技术咨询、技术服务、技术培训等,促进科技创新与创业深度融合。推动高校、科研院所与企业共同建立概念验证、孵化育成等面向基础研究成果转化的服务平台。(科技部、教育部等按职责分工负责)

(十八)健全科技成果转化的体制机制

纵深推进全面创新改革试验,深化以科技创新为核心的全面创新。完善国家财政资金资助的科技成果信息共享机制,畅通科技成果与市场对接渠道。试点开展赋予科研人员职务科技成果所有权或长期使用权。加速高校科技成果转化和技术转移,促进科技、产业、投资融合对接。加强国家技术转移体系建设,鼓励高校、科研院所建设专业化技术转移机构。鼓励有条件的地方按技术合同实际成交额的一定比例对技术转移服务机构、技术合同登记机构和技术经纪人(技术经理人)给予奖补。(发展改革委、科技部、教育部、财政部等按职责分工负责)

六、大力促进创新创业平台服务升级

(十九)提升孵化机构和众创空间服务水平

建立众创空间质量管理、优胜劣汰的健康发展机制,引导众创空间向专业化、精细化方向升级,鼓励具备一定科研基础的市场主体建立专业化众创空间。推动中央企业、科研院所、高校和相关公共服务机构建设具有独立法人资格的孵化机构,为初创期、早中期企业提供公共技术、检验检测、财税会计、法律政策、教育培训、管理咨询等服务。继续推进全国创业孵化示范基地建设。鼓励生产制造类企业建立工匠工作室,通过技术攻关、破解生产难题、固化创新成果等塑造工匠品牌。加快发展孵化机构联盟,加强与国外孵化机构对接合作,吸引海外人才到国内创新创业。研究支持符合条件的孵化机构享受高新技术企业相关人才激励政策,落实孵化机构税收优惠政策。(科技部、国资委、教育部、人力资源社会保障部、工业和信息化部、财政部、税务总局等按职责分工负责)

(二十)搭建大中小企业融通发展平台

实施大中小企业融通发展专项行动计划,加快培育一批基于互联网的大企业创新创业平台、国家中小企业公共服务示范平台。推进国家小型微型企业创业创新示范基地建设,支持建设一批制造业"双创"技术转移中心和制造业"双创"服务平台。推进供应链创新与应用,加快形成大中小企业专业化分工协作的产业供应链体系。鼓励大中型企业开展内部创业,鼓励有条件的企业依法合规发起或参与设立公益性创业基金,鼓励企业参股、投资内部创业项目。鼓励国有企业探索以子公司等形式设立创新创业平台,促进混合所有制改革与创新创业深度融合。(工业和信息化部、商务部、财政部、国资委等按职责分工负责)

(二十一)深入推进工业互联网创新发展

更好发挥市场力量,加快发展工业互联网,与智能制造、电子商务等有机结合、互促共进。实施工业互联网三年行动计划,强化财税政策导向作用,持续利用工业转型升级资金支持工业互联网发展。推进工业互联网平台建设,形成多层次、系统性工业互联网平台体系,引导企业上云上平台,加快发展工业软件,培育工业互联网应用创新生态。推动产学研用合作建设工业互联网创新中心,建立工业互联网产业示范基地,开展工业互联网创新应用示范。加强专业人才支撑,公布一批工业互联网相关二级学科,鼓励搭建工业互联网学科引智平台。(工业和信息化部、发展改革委、教育部、科技部、财政部、人力资源社会保障部

等按职责分工负责）

（二十二）完善"互联网+"创新创业服务体系

推进"国家创新创业政策信息服务网"建设，及时发布创新创业先进经验和典型做法，进一步降低各类创新创业主体的政策信息获取门槛和时间成本。鼓励建设"互联网+"创新创业平台，积极利用互联网等信息技术支持创新创业活动，进一步降低创新创业主体与资本、技术对接的门槛。推动"互联网+公共服务"，使更多优质资源惠及群众。（发展改革委、科技部、工业和信息化部等按职责分工负责）

（二十三）打造创新创业重点展示品牌

继续扎实开展各类创新创业赛事活动，办好全国大众创业万众创新活动周，拓展"创响中国"系列活动范围，充分发挥"互联网+"大学生创新创业大赛、中国创新创业大赛、"创客中国"创新创业大赛、"中国创翼"创业创新大赛、全国农村创业创新项目创意大赛、中央企业熠星创新创意大赛、"创青春"中国青年创新创业大赛、中国妇女创新创业大赛等品牌赛事活动作用。对各类赛事活动中涌现的优秀创新创业项目加强后续跟踪支持。（发展改革委、中国科协、教育部、科技部、工业和信息化部、人力资源社会保障部、农业农村部、国资委、共青团中央、全国妇联等按职责分工负责）

七、进一步完善创新创业金融服务

（二十四）引导金融机构有效服务创新创业融资需求

加快城市商业银行转型，回归服务小微企业等实体的本源，提高风险识别和定价能力，运用科技化等手段，为本地创新创业提供有针对性的金融产品和差异化服务。加快推进村镇银行本地化、民营化和专业化发展，支持民间资本参与农村中小金融机构充实资本、完善治理的改革，重点服务发展农村电商等新业态新模式。推进落实大中型商业银行设立普惠金融事业部，支持有条件的银行设立科技信贷专营事业部，提高服务创新创业企业的专业化水平。支持银行业金融机构积极稳妥开展并购贷款业务，提高对创业企业兼并重组的金融服务水平。（银保监会、人民银行等按职责分工负责）

（二十五）充分发挥创业投资支持创新创业作用

进一步健全适应创业投资行业特点的差异化监管体制，按照不溯及既往、确保总体税负不增的原则，抓紧完善进一步支持创业投资基金发展的税收政策,营造透明、可预期的政策环境。规范发展市场化运作、专业化管理的创业投资母基金。充分发挥国家新兴产业创业投资引导基金、国家中小企业发展基金等引导基金的作用,支持初创期、早中期创新型企业发展。加快发展天使投资,鼓励有条件的地方出台促进天使投资发展的政策措施,培育和壮大天使投资人群体。完善政府出资产业投资基金信用信息登记,开展政府出资产业投资基金绩效评价和公共信用综合评价。(发展改革委、证监会、税务总局、财政部、工业和信息化部、科技部、人民银行、银保监会等按职责分工负责)

(二十六)拓宽创新创业直接融资渠道

支持发展潜力好但尚未盈利的创新型企业上市或在新三板、区域性股权市场挂牌。推动科技型中小企业和创业投资企业发债融资,稳步扩大创新创业债试点规模,支持符合条件的企业发行"双创"专项债务融资工具。规范发展互联网股权融资,拓宽小微企业和创新创业者的融资渠道。推动完善公司法等法律法规和资本市场相关规则,允许科技企业实行"同股不同权"治理结构。(证监会、发展改革委、科技部、人民银行、财政部、司法部等按职责分工负责)

(二十七)完善创新创业差异化金融支持政策

依托国家融资担保基金,采取股权投资、再担保等方式推进地方有序开展融资担保业务,构建全国统一的担保行业体系。支持保险公司为科技型中小企业知识产权融资提供保证保险服务。完善定向降准、信贷政策支持再贷款等结构性货币政策工具,引导资金更多投向创新型企业和小微企业。研究开展科技成果转化贷款风险补偿试点。实施战略性新兴产业重点项目信息合作机制,为战略性新兴产业提供更具针对性和适应性的金融产品和服务。(财政部、银保监会、科技部、知识产权局、人民银行、工业和信息化部、发展改革委、证监会等按职责分工负责)

八、加快构筑创新创业发展高地

(二十八)打造具有全球影响力的科技创新策源地

进一步夯实北京、上海科技创新中心的创新基础,加快建设一批重大科技基础设施集群、世界一流学科集群。加快推进粤港澳大湾区国际科技创新中心建设,探索建立健全国际化的创新创业合作新机制。(有关地方人民政府牵头负责)

(二十九)培育创新创业集聚区

支持符合条件的经济技术开发区打造大中小企业融通型、科技资源支撑型等不同类型的创新创业特色载体。鼓励国家级新区探索通用航空、体育休闲、养老服务、安全等产业与城市融合发展的新机制和新模式。推进雄安新区创新发展,打造体制机制新高地和京津冀协同创新重要平台。推动承接产业转移示范区、高新技术开发区聚焦战略性新兴产业构建园区配套及服务体系,充分发挥创新创业集群效应。支持有条件的省市建设综合性国家产业创新中心,提升关键核心技术创新能力。依托中心城市和都市圈,探索打造跨区域协同创新平台。(财政部、工业和信息化部、科技部、发展改革委等和各地方人民政府按职责分工负责)

(三十)发挥"双创"示范基地引导示范作用

将全面创新改革试验的相关改革举措在"双创"示范基地推广,为示范基地内的项目或企业开通总体规划环评等绿色通道。充分发挥长三角示范基地联盟作用,推动建立京津冀、西部等区域示范基地联盟,促进各类基地融通发展。开展"双创"示范基地十强百佳工程,鼓励示范基地在科技成果转化、财政金融、人才培养等方面积极探索。(发展改革委、生态环境部、银保监会、科技部、财政部、工业和信息化部、人力资源社会保障部等和有关地方人民政府及大众创业万众创新示范基地按职责分工负责)

(三十一)推进创新创业国际合作

发挥中国–东盟信息港、中阿网上丝绸之路等国际化平台作用,支持与"一带一路"相关国家开展创新创业合作。推动建立政府间创新创业多双边合作机制。充分利用各类国际合作论坛等重要载体,推动创新创业领域民间务实合作。鼓励有条件的地方建立创新创业国际合作基金,促进务实国际合作项目有效落地。(发展改革委、科技部、工业和信息化部等和有关地方人民政府按职责分工负责)

九、切实打通政策落实"最后一公里"

(三十二)强化创新创业政策统筹

完善创新创业信息通报制度,加强沟通联动。发挥推进大众创业万众创新部际联席会议统筹作用,建立部门之间、部门与地方之间的高效协同机制。鼓励各地方先行先试、大胆探索并建立容错免责机制。促进科技、金融、财税、人才等支持创新创业政策措施有效衔接。建立健全"双创"发展统计指标体系,做好创新创业统计监测工作。(发展改革委、统计局等和各地方人民政府按职责分工负责)

(三十三)细化关键政策落实措施

开展"双创"示范基地年度评估,根据评估结果进行动态调整。定期梳理制约创新创业的痛点堵点问题,开展创新创业痛点堵点疏解行动,督促相关部门和地方限期解决。对知识产权保护、税收优惠、成果转移转化、科技金融、军民融合、人才引进等支持创新创业政策措施落实情况定期开展专项督查和评估。(发展改革委、中国科协等和各地方人民政府按职责分工负责)

(三十四)做好创新创业经验推广

建立定期发布创新创业政策信息的制度,做好政策宣讲和落实工作。支持各地积极举办经验交流会和现场观摩会等,加强先进经验和典型做法的推广应用。加强创新创业政策和经验宣传,营造良好舆论氛围。(各部门、各地方人民政府按职责分工负责)

各地区、各部门要充分认识推动创新创业高质量发展、打造"双创"升级版对于深入实施创新驱动发展战略的重要意义,把思想、认识和行动统一到党中央、国务院决策部署上来,认真落实本意见各项要求,细化政策措施,加强督查,及时总结,确保各项政策措施落到实处,进一步增强创业带动就业能力和科技创新能力,加快培育发展新动能,充分激发市场活力和社会创造力,推动我国经济高质量发展。

中华人民共和国国务院

2018年9月18日

附录二:广东省人民政府关于强化实施创新驱动发展战略进一步推进大众创业万众创新深入发展的实施意见

粤府〔2018〕74号

各地级以上市人民政府,各县(市、区)人民政府,省政府各部门、各直属机构:

为贯彻落实《国务院关于强化实施创新驱动发展战略进一步推进大众创业

万众创新深入发展的意见》(国发〔2017〕37号),进一步优化创新创业生态环境,充分释放全社会创新创业潜能,在更大范围、更高层次、更深程度上推进大众创业、万众创新,制定本实施意见。

一、创建珠三角国家科技成果转移转化示范区

打造科技成果转移转化区域高地,加强粤港澳大湾区科技创新合作及成果转移转化,鼓励与港澳联合共建国家级科技成果孵化基地、青年创新创业基地等成果转化平台。加快建设华南技术转移中心,打造华南地区最具活力和影响力的技术转移与成果转化平台。建立全省统一的科技成果信息公开平台,完善重大科技成果转化数据库,推动技术标准成为科技成果转化的重要表现形式和统计指标。加快完善技术转移服务体系,培育市场化、专业化的技术转移机构和人才队伍。进一步完善科技成果转移转化激励政策,建立省财政资助的应用类科技创新项目成果限时转化机制。在项目立项时明确约定成果转化期限。健全广东省首台(套)重大技术装备推广应用制度,推动创新产品的推广应用。建设国家军民科技协同创新平台,争取军民融合创新资源落户广东。(省科技厅、省发展改革委、省经济和信息化委、省财政厅按职责分工负责)

二、建设知识产权保护和运营中心

按照"一产业一方案"原则,实施重点产业专利导航工程,大力培育知识产权密集型产业,推动知识产权与产业融合发展。实施高质量专利培育工程,培育建设一批产学研与知识产权服务协同式高价值专利育成中心,扶持各类创新中心开展高质量专利培育工作。加快建设中国(广东)、(佛山)知识产权保护中心,构建重点产业知识产权运用和快速协同保护体系。支持"全国知识产权运营公共服务横琴特色试点平台"开展国家知识产权运营试点、示范培育项目。加快建设中国(南方)知识产权运营中心、广州知识产权交易中心等交易运营平台,构建市场主导的知识产权运营体系。推动商标审查协作广州中心建设,推进国家商标注册便利化改革试验区和国家商标品牌创新创业(广州)基地建设。持续办好广东知识产权交易博览会。(省知识产权局、省新闻出版广电局、省工商局按职责分工负责)

三、推进高校、科研院所创新创业资源共享

加强与港澳的科技合作,共同实施粤港澳大湾区核心技术基础研究攻关计划,开展重大基础研究、应用基础研究和关键技术协同攻关。探索建立稳定增长的投入机制,加强对高校、科研院所基础研究与应用基础研究的系统支持。推动重大科技基础设施开放共享,深入推进科研仪器设施开放共享,探索建立仪器设备所有权和经营权分离机制,加强第三方运营机构建设,构建政府指导与市场运行、线上与线下服务有机结合的共享服务体系。全面实施创新券补助政策,支持中小微企业购买科技成果、技术创新服务、共享仪器设备。(省科技厅、省教育厅、省财政厅按职责分工负责)

四、开展投贷联动等融资服务模式创新

积极争取我省成为国家第二批投贷联动试点地区。支持银行机构探索投贷联动业务,加强与创业投资、股权投资机构的合作,强化信息和资源共享,推动科技创新企业的发展。支持银行机构参与设立各类产业投资基金,对基金所投企业提供贷款融资。深入开展科技信贷风险补偿工作,建立融资担保风险分担和补偿机制。深入推进专利保险试点,推广"政府+保险机构+服务机构"联动模式。引导和支持金融机构按市场化方式建立"贷款+保险+财政风险补偿"的专利权质押融资模式。(省科技厅、省金融办、省知识产权局、人民银行广州分行、广东银监局、广东保监局、深圳银监局按职责分工负责)

五、打造国际风投创投中心

探索建立天使投资风险补偿制度,引导创业投资更多向创业企业起步成长前段延伸。发挥省创新创业基金引导作用,重点投向初创期、早中期创新型企业,引导更多社会资金助推创新创业。改革省政策性引导基金的出资方式和管理模式,鼓励加大让利幅度,允许基金归属财政出资部分的收益全部让渡给社会资本出资方。规划建设一批股权投资集聚区,大力吸引具有丰富科技企业投资经验的天使投资人、创业投资基金、股权投资基金落户。支持国有创业投资企业开展混合所有制改革试点,深化与国内外风投创投机构合作。制定实施财政资金、国有资本参与创业投资的配套政策,完善绩效评价体系。(省发展改革委、省科技厅、省财政厅、省国资委、省金融办按职责分工负责)

六、实施工业互联网协同创新行动

实施企业创新创业协同行动,组织实施工业互联网应用创新专项,建设工业互联网创新中心,打造一批跨行业、跨领域的工业互联网平台和企业级工业互联网平台,提供企业生产优化、行业协同、产业资源共享配置等服务。鼓励大中型企业通过生产协作、开放平台、共享资源、开放标准等方式,带动上下游小微企业和创业者发展。推动基于互联网的国家级制造业"双创"平台建设,培育一批制造业新模式新业态。建设省级工业互联网网络安全监测平台和中小企业网络安全公共服务平台,构建自主可控的工业互联网安全保障体系。推广"制造产能+创新创业"模式,支持地市开展"制造产能券"试点,构建制造能力与创新成果资源对接机制,促进新技术、新成果、新项目与广东制造深度对接。(省经济和信息化委、省科技厅、省通信管理局按职责分工负责)

七、大力发展分享经济

组织开展共享经济示范平台建设,鼓励企业、高校和科研机构分享人才智力、仪器设备、实验平台、科技成果等创新资源。推动交通出行、无车承运物流、快件投递、旅游、医疗、教育等领域利用互联网技术优化组织运营模式,促进传统生活服务行业分享经济发展。大力推进"互联网+汽车"发展,加快车联网建设。加快建设互联网教育关键技术及应用国家工程实验室,打造面向基础教育、职业教育、在线培训等领域的互联网教育平台。鼓励打造平台型医院,发展远程医疗协作网,实现优质医疗服务开放共享,促进共享医疗规范发展。规范新就业形态劳动者与企业间法律关系,完善新就业形态劳动者参加社会保险权益保障机制。(省发展改革委、省卫生计生委、省教育厅、省人力资源社会保障厅、省交通运输厅、省旅游局按职责分工负责)

八、大力发展数字经济

制订实施数字经济发展规划,加快形成以创新为主要引领和支撑的数字经济。依托广东"数字政府"建设,推动政府数据向社会开放,鼓励引导公众和社会机构对政务数据、公共服务领域数据进行社会化开发利用。鼓励大数据、互联网、电子商务龙头企业和基础电信企业向创业者开放数据资源和云平台,支持中小微企业和创业者创新创业。推动建设一批人工智能小镇,发展人工智能产业和应用,打造集产业链、投资链、创新链、人才链、服务链于一体的人工智能创新创业生态系统。鼓励中小微企业和创业者围绕农业、制造业、服务业的数字化、网络化、智能化转型升级,开发基于互联网、大数据、人工智能、区块链等信息技术的创新应用解决方案。依靠信息技术创新驱动,不断孵化和催生智能网联汽车、智能无人机、智能机器人、智能传感器,以及移动支付、新零售、共享经济、平台经济等新产业新业态新模式,培育一批数字经济创新型中小微企业。依托广东省大数据开发者大会、"云+未来"峰会等组织开展数字经济创业创新

竞赛,激发企业创业创新活力。(省经济和信息化委、省发展改革委、省科技厅、省商务厅按职责分工负责)

九、推进生态环保领域创新发展

组建环境研究院,加强大气、水污染治理、土壤修复等重点领域环保科技专项研究,推动先进成熟技术成果转化和推广应用。实施节能环保产业重大技术装备产业化工程,推动低碳循环、治污减排、监测监控等核心环保技术、成套产品、装备设备的研发。推广水环境治理、土地整备开发、投融资三位一体的模式和政府主导、企业总包规划—设计—建设—运营—管理的方式,探索市场化的治水治污新模式。(省环境保护厅、省经济和信息化委、省科技厅、省财政厅按职责分工负责)

十、支持返乡下乡人员创新创业

落实金融服务、财政税收、医保社保、用地用电等扶持政策,鼓励支持各类返乡下乡人员对接新产业新业态,发展共享农庄农场、创意农业。创建省级现代农业产业园和农产品加工示范区,聚集要素,共享资源,为农村双创提供实习、咨询、孵化等服务,推动形成产业集群。开展农村创业创新人才培训行动,评选全省十大杰出新型职业农民、推介农村创业创新优秀带头人典型案例,发挥示范带动作用。(省农业厅、省科技厅、省人力资源社会保障厅按职责分工负责)

十一、大力引进高层次人才

聚焦关键核心领域高层次人才需求,推进重点产业人才队伍建设。大力实施"珠江人才计划""广东特支计划"等重点人才工程,积极引进培养创新创业团队和领军人才、高端经营管理人才、金融人才、青年拔尖人才。创新柔性引才机制,实施海外专家来粤短期工作资助计划,鼓励有条件的地市建设海外人才离岸创新创业基地。实施海外青年人才引进计划,吸引世界知名高校博士来粤开展博士后工作。深入推进全国人才管理改革试验区(粤港澳人才合作示范区)建设,推进港澳台青年创新创业基地建设,支持港澳台青年人才和高等学校毕业生来粤创新创业。建设汕头华侨试验区等华侨华人创新创业基地,探索建立华侨华人创新创业综合服务体系。实施留学人员回国创新创业启动支持计划,大力吸引"海归人员"来粤创新创业。落实国家对外国留学生的创业政策,鼓励外国留学生来粤创新创业。实施省人才优粤卡政策,给予持卡的高层次人才本地居民待遇,并提供各类优惠便利服务。深入推进外国人来华工作许可制度,全面实施出入境便利措施,完善外国高层次人才由工作居留向永久居留转换机制,实现工作许可、签证和居留有机衔接。(省委组织部、省教育厅、省科技厅、省公安厅、省人力资源社会保障厅、省港澳办、省台办、省侨办按职责分工负责)

十二、激发科研人员创新创业活力

落实我省深化职称制度改革实施意见,加大创新成果转化评价权重,下放职称评审权限。加大对高校、科研院所科研人员的绩效激励力度及收入分配倾斜,建立健全科技成果转化内部管理与奖励制度,探索完善绩效工资总量核定办法并建立动态调整机制,科技成果转化转让收益用于科研团队(个人)的激励部分、单位承担的各类财政资助科研项目的间接费用于科研人员的绩效支出部分暂不列入单位绩效工资总量调控管理,横向课题经费给予科技人员的报酬及结余经费可以全部奖励项目组,科技人员的报酬及项目结余经费奖励支出不纳入单位绩效工资总量管理。进一步完善科研人员兼职取薪、离岗创业、工资待遇等政策,落实国家相关社保政策。制定贯彻落实国家机关事业单位基本养老保险关系转移接续实施意见,完善科研人员在企业与事业单位间流动时社保关系转移接续政策。(省人力资源社会保障厅、省教育厅、省科技厅、省财政厅按职责分工负责)

十三、构建全链条创新创业孵化育成体系

实施孵化育成体系提质增效行动,加快构建"众创空间—孵化器—加速器—科技园"全链条孵化育成体系。大力建设专业孵化器群,引导孵化器、众创空间建立专业化服务体系,支持骨干企业、高校、科研院所围绕细分领域建设平台型众创空间。推动创业投资机构与孵化器、众创空间全面对接,实现全省孵化器和众创空间科技金融服务的"全覆盖"。深入实施省科技企业孵化器、众创空间后补助试行办法,支持创投孵化器享受科技企业孵化器的相应扶持政策。开展全省大型骨干企业"双创"示范建设,制造业企业利用存量工业房产发展生产性服务业以及兴办创客、创新工场等众创空间的,可在5年内继续按原用途和土地权利类型使用土地,5年期满涉及转让需办理相关用地手续的,可按新用途、新权利类型及市场价以协议方式办理。(省科技厅、省经济和信息化委、省国土资源厅按职责分工负责)

十四、加快建设"双创"示范基地

深入推进广州高新技术产业开发区科学城园区、深圳南山区、深圳福田区、汕头华侨经济文化合作试验区、中山火炬高新技术产业开发区等国家级"双创"示范基地建设,实施省创业孵化基地提升发展行动,打造一批创新创业要素集聚、服务专业、布局优化的"双创"重点区域和支撑平台。建设30家高水平省级"双创"示范基地,构建多元化的"双创"生态体系。推进江门市国家小微企业创业创新基地城市示范建设,整合创建一批小型微型企业创业创新示范基地。办好全国"双创"活动周系列活动和"创客广东""众创杯""创青春"等创新创业大赛。(省发展改革委、省科技厅、省财政厅、省经济和信息化委、省人力资源社会保障厅、团省委、省科协按职责分工负责)

十五、优化创新创业政务环境

实行市场准入负面清单制度,负面清单以外的行业、领域、业务等,各类市场主体皆可依法平等进入。深化商事制度改革,统筹推进"证照分离"和"多证合一"改革,进一步压缩开办企业环节和时间。拓展电子营业执照应用,推行商事登记银政直通车服务。各级政府部门在制定政策措施的过程中全面实行公平竞争审查,及时废止或修改妨碍全国统一市场和公平竞争的政策措施,加大对行政性垄断案件的执法查处力度。制定完善"一单两库一细则"(随机抽查事项清单,市场主体名录库、执法检查人员名录库,规范"双随机"抽查工作细则),实现市场监管检查和执法检查事项随机抽查全覆盖。实施办税便利化措施,持续升级广东省电子税务局,完善涉税信息交换共享制度。(省编办、省发展改革委、省工商局、省法制办、省税务局按职责分工负责)

各地级以上市政府要根据本地实际完善相关配套政策,确保各项举措落到实处。省有关部门要细化工作任务和进度安排,加大政策实施力度。省发展改革委要适时开展跟踪评估,及时总结推广经验做法。

广东省人民政府

2018 年 8 月 20 日

附录三:湛江市一次性创业资助操作办法

一、补贴对象(符合以下任一项即可申请)

(一)在校及毕业5年内的普通高等学校、职业学校、技工院校学生;

(二)领取毕业证5年内的出国(境)留学回国人员;

(三)军转干部;

(四)复退军人;

(五)登记失业人员;

(六)就业困难人员;

(七)返乡下乡创业人员;

(八)在乡镇创办驿道客栈、民宿、农家乐的人员。

二、补贴条件

以上补贴对象成功创业的(在本市领取工商营业执照或其他法定注册登记手续,本人为法定代表人或主要负责人),并正常经营6个月以上。

注:1.本办法成功创业指创办初创企业。"初创企业"是指在我市登记注册3年内的小微企业、个休工商户、民办非企业单位和农民专业合作社、家庭农场等。

2.资助对象属就业困难人员,按粤人社规[2019]8号文规定的对象范围确定,包括具有本省户籍、在法定劳动年龄内,处于无业状态、有劳动能力和就业意愿的大龄失业人员(女40周岁以上、男50周岁以上)、残疾人员、享受最低生活保障待遇人员、城镇"零就业家庭"人员、农村零转移就业贫困家庭人员、失地农民、连续失业一年以上人员、戒毒康复人员、刑满释放人员、精神障碍康复人员、退役士兵(登记失业6个月以上)、需赡养患重大疾病直系亲属人员,以及省、市政府规定的其他人员。

3.资助对象属普通高等学校、职业学校、技工院校学生的,提出资助申请时须是在校或毕业5年内;资助对象属出国(境)留学回国人员的,提出资助申请时须是领取毕业证5年内。人力资源社会保障部部门递交申请材料时间为界点计算。

4.资助对象属登记失业人员的,须先登记失业后成功创业;资助对象属就业困难人员的,须先认定就业困难人员后成功创业。

5.资助对象属返乡下乡创业人员,指①在本市所辖乡镇(不含街道)创业的各类劳动者(以营业执照所载地址为准);②户籍地为本市,离开本市外出求学、务工后返回本市创业的劳动者。

6.资助对象属创办驿道客栈、民宿、农家乐的人员,指创业者在乡镇(不含街道)登记注册(以营业执照所载地址为准)3年内的驿道客栈、民宿、农家乐(营业执照经营范围包含餐饮业、住宿业或民宿,并取得相应许可证,其中,经营范围属"餐饮业"的,具有食品经营许可证;经营范围属"住宿业""民宿"的,具有特种行业许可证)。

7.本补贴有申报时间要求(详见办理流程),符合条件者应及时提交申请。

8.不享受资助对象:符合条件合伙创业的人员,只能以营业执照法人代表或主要负责人为申请人,其余人员不享受创业资助。

三、补贴标准

每户10000元。

四、补贴期限

符合条件人员每人只能享受一次。每家企业(或其他创业实体)只能申报一次。

五、申请渠道

按创业实体法定登记证书(如企业工商营业执照)向同级人力资源社会保障部门申请。如县(市、区)市场监管局颁发营业执照的企业,向县(市、区)人力资源社会保障部门申请;市市场监管局颁发营业执照的企业,向市人力资源社会保障部门申请。

六、申请资料(一式一份)

(一)《一次性创业资助申请表》(此表在"广东省就业创业专项资金补报平台"自动生成);

(二)申请人的身份证复印件及相关证明:

1.属普通高等学校、职业学校、技工院校在校生的应提供学生证复印件或学校出具的身份证明(如申请时已毕业可提供毕业证复印件)。

2.属普通高等学校、职业学校、技工院校毕业生的应提供毕业证书复印件。

3.属留学回国人员的应提供教育部授权机构出具的最高学历学位)鉴定证

明、我国驻外使(领)馆出具的《留学回国人员证明》、毕业证书复印件。

4.属复退军人、军转干部的应提供相关证明材料复印件。

5.属登记失业人员、就业困难人员的应提供《就业创业证》复印件,其中属登记失业人员应在《就业创业证》载明登记失业,属就业困难人员的在《就业创业证》载明就业困难人员认定。

6.属返乡下乡创业人员的,其中在本市所辖乡镇(不含街道)创业的各类劳动者提供所载地址为本市所辖乡镇(不含街道)的营业执照或其他登记证明复印件;属外出求学人员提交户口本、毕业证书复印件;属外出务工人员的提交户口本复印件、在外地就业的登记凭证或参保证明。

7.属创办驿道客栈、民宿、农家乐的人员,提供所载地址为乡镇(不含街道)和经营范围包含餐饮业、住宿业或民宿的营业执照或其他登记证明复印件。以及取得相应许可证的复印件(经营范围属"餐饮业"的,提供食品经营许可证复印件;经营范围属"住宿业""民宿"的,提供特种行业许可证复印件。)

(三)营业执照或其他登记注册证明复印件(如与第2项材料重复的可不再提供);如工商执照有变更情况,需提供市场监督管理部门《核准变更登记通知书》复印件。

(四)申请人银行账户凭证复印件;

(五)税务登记证复印件及社会保险登记证复印件(已领取加载统一社会信用代码营业执照的可不再提供)。

以上材料属复印件的须提供原件审验。所提交的复印件统一使用A4纸,并由初创企业盖章确认与原件一致。

七、办理流程

各类资助对象须在工商营业执照(或其他法定注册登记手续)登记注册之日起6个月后、3年内提出资助申请,以向人力资源社会保障部门提交申请时间为界点计算。营业执照存在变更法人后符合补贴条件情况,应从变更法人后计算正常经营6个月时间。流程如下:

(一)网上申报(预受理)

登陆"广东省就业创业专项资金补贴申报平台"(http://www.gdhrss.gov.cn),个人用户注册,注册后登录系统。申报对象应自行妥善保管好账号、密码。如实、完整填写补贴申报信息并提交申请,注意资金系统中"受理地点"按申报渠道选取市或相应县(市、区)。

（二）提交纸质资料（受理）

在网上提交申请后，按湛人社[2019]173号文第五条规定，在10个工作日内向人力资源社会保障部门提交纸质材料。对申请表格等材料，应填写清晰、完整、准确，以免影响补贴申领。

（三）审核

人力资源社会保障部门受理纸质资料申请后，按月集中汇总审核，于每月前5个工作日内完成上月受理申请的审核工作。应注意审核工商营业执照（或其他法定登记证书）有关变更情况对享受补贴条件的影响。

（四）公示

对符合条件的，将享受补贴的单位名称或人员名单（含身份证号码，注意隐藏或遮挡身份证号码部分数字）、补贴标准及具体金额等信息通过政府或人力资源社会保障部门网站等渠道进行公示7天。

（五）审批

经公示无异议的，人力资源社会保障部门（审批机构）在3个工作日内在《一次性创业资助汇总审批表》上出具审批意见，并发出拨款意见。拨款意见应包括有关资金统计信息。

（六）资金划拨

人力资源社会保障部门（财务机构）自收到拨款意见5个工作日内将资金按规定办理拨付手续。

八、其他事项

（一）本办法涉及就业失业登记、就业困难人员认定等。